高等学校“十三五”规划教材

基础会计学

（第二版）

主　编　沈春伟
副主编　金　燕　万　迈　黄玉英

西安电子科技大学出版社

内容简介

本书根据当前会计改革的最新成果，遵循最新《企业会计准则》和其他有关法规制度来阐述会计理论，内容以必需与够用为度，坚持理论紧密联系实际，注重会计基础知识和实际操作技能的培养，突出实用性、可读性和可操作性。此外，本书尽量与现行政策相互衔接，与会计专业资格考试基本接轨，体现会计人才职业化的要求。

本书共有12章，从会计要素和会计等式、会计账户与复式记账、借贷记账法的应用、会计凭证、会计账簿、财产清查、账户的分类、财务会计报告、财务处理程序、会计电算化、会计工作组织等方面对会计进行阐述。每章一开始设“内容提要”，每章末设“本章小结”“思考题”和/或“练习题”，以利于学生了解本章的基本框架，深入思考和巩固所学知识。本书以应用能力的培养为主线来组织每章的内容，这种内容架构有利于学生理解记忆和灵活运用知识。

本书可作为经济管理类专业尤其是财务管理、会计学专业的基础和入门教材，还可作为经济管理人员的自学参考书。

图书在版编目(CIP)数据

基础会计学 / 沈春伟主编. —2版. —西安：西安电子科技大学出版社，2019.12
ISBN 978-7-5606-5511-6

Ⅰ. ① 基⋯ Ⅱ. ① 沈⋯ Ⅲ. ① 会计学—高等学校—教材 Ⅳ. ① F230

中国版本图书馆CIP数据核字(2019)第251792号

策划编辑 李 伟
责任编辑 韩春荣 阎 彬
出版发行 西安电子科技大学出版社(西安市太白南路2号)
电 话 (029)88242885 88201467 邮 编 710071
网 址 www.xduph.com 电子邮箱 xdupfxb001@163.com
经 销 新华书店
印刷单位 陕西天意印务有限责任公司
版 次 2019年12月第2版 2019年12月第5次印刷
开 本 787毫米×1092毫米 1/16 印 张 14.5
字 数 339千字
印 数 6301～8300册
定 价 45.00元
ISBN 978 - 7 - 5606 - 5511 - 6 / F
XDUP 5813002-5
如有印装问题可调换

前　言

随着我国全面深化改革步伐的加快，会计和税收的改革也不断深化。所以，《基础会计学》(本书第一版)的有关内容已不再适用，需要进行适时修订，以便不断更新和完善。

本书主要阐述会计基本理论、基本方法和基本操作技术，为学生学习会计专业课打下基础。会计基本理论是对会计实践的高度概括和总结，同时又指导实际会计工作。会计基本方法主要阐述会计核算方法，即会计记账、算账、报账的程序和方法，它是取得会计信息的手段。会计基本操作技术是实际从事会计工作时应具备的基本技能，本书主要阐述手工操作技术，同时简要介绍了计算机操作技术。

相较第一版，本次修订的主要内容是：部分会计科目名称；会计报表有关项目名称及填列方法；企业和其他经济组织会计档案保管期限。

本书在编写过程中力图做到深入浅出、通俗易懂、理论与实践相结合，主要特点如下：

• 最新。根据当前会计改革的最新成果，遵循最新《企业会计准则》和其他有关法规制度来阐述会计理论，体现会计人才应具备的基础知识。

• 实用。通过案例、思考题、练习题等形式，提高实用性与可操作性，做到理论与实际紧密结合，体现会计人才应具备的基本技能、基本素质。

• 接轨。尽量与会计专业资格考试接轨，体现会计人才职业化的相关要求。

本书由浙江树人大学的沈春伟担任主编，金燕、万迈、黄玉英担任副主编。其中，第一章、第二章由沈春伟编写；第三章、第八章由黄玉英编写；第四章、第九章由万迈编写；第五章、第六章由金燕编写；第七章由沈琪编写；第十章、第十一章由朱幼凤编写；第十二章由徐美光编写；尉玉芬参加了核对工作。

尽管我们做了最大努力，但由于水平的限制，书中定存在疏忽和不当之处，恳请读者批评指正。

编　者

2019年8月

目　录

第一章

总 论

内容提要

本章以《企业会计准则——基本准则》为理论框架，主要阐述会计的基本理论和基本方法。通过本章的学习，读者应了解会计产生与发展的历史、会计的职能与作用、我国现行会计准则体系、会计方法；熟悉会计的概念、会计目标、会计对象和会计核算方法；掌握会计基本假设、会计基础和会计信息质量要求。

第一节 会计概述

物质资料的生产是人类社会生存和发展的基础。在生产活动中，资源的稀缺性和人类社会发展需求的无限性的矛盾，导致人们总是力求以尽可能少的劳动耗费，取得尽可能多的劳动成果。基于此目的，对生产活动的具体内容进行计算、计量和记录就显得非常必要。因此，会计是因人类社会生产实践和经济管理的客观需要而产生和发展的。会计的产生和发展，经历了一个漫长的过程，从会计萌芽时期到古代会计、近代会计、现代会计，已经有几千年的历史。

一、会计的产生和发展

(一) 会计萌芽时期

原始社会早期会计的萌芽表现为对经济活动数量的简单计算与记录行为，如“结绳记事”“刻木记数”等现象。据考证，大约距今四千年前的古巴比伦时代，人们就开始在金属或瓦片上记录商业交易。在公元前三四千年前，古埃及法老已设有专职的“录事”，其职责就是详细地记录宫廷的赋税收入和各项军饷、官吏俸禄等支出。

这种原始的计量、记录行为，已经蕴含着会计行为的萌芽。但此类原始的计量、记录行为，还只是“生产职能的附带部分”。换言之，当时的会计是生产职能的一个组成部分，是在生产活动中附带地把劳动成果和劳动耗费记录下来，还不是一项专门的工作。

(二) 古代会计

到了原始社会的中期和后期，生产力发展到了有剩余产品和物物交换，以及有了商品生产和以某种商品为“一般等价物”进行的交换行为，会计才逐渐从生产职能的附带工作中分离出来，成为由专职人员从事的一项专门的工作。

在我国，远在西周时期，就出现了奴隶制国家的官厅会计，“会计”一词开始使用。在财务组织上，设有“司会”主管会计，为计管之长。秦汉时期，官府和民间都已有了会计账簿；唐宋时期创造了“四柱结算法”(旧管 + 新收 = 开除 + 实在)，四柱平衡关系形成了会计上的恒等式，这成为我国传统的中式簿记法的一个特色。明清时期，由于手工业和商业比较繁荣，在民间曾流行“龙门账”和“四脚账”的记账方法。“龙门账”将全部账户划分为“进”(各项收入)、“缴”(各项支出)、“存”(各项资产)、“该”(各项负债)四大类，如果“进 – 缴 = 存 – 该”即合了龙门。“四脚账”又称“天地合”，它是将所有的经济事项都在账簿上记录两笔，即“来账”和“去账”，以反映同一经济事项的来龙去脉，这与现代会计的“复式记账”非常相似。

古代会计在欧洲的产生和发展，大致也经历了从无到有、从简单到复杂的一个过程。但与古代会计在中国主要起源和集中于政府的“官厅会计”不同，古代会计在欧洲主要起源和集中于庄园经济之中的庄园主和所聘任的管家之间的“委托代理”关系。庄园主委托具有管理能力的管家对庄园进行日常管理，他要了解管家对庄园财产是否进行了有效和忠实的管理；而作为管家，需要将其对庄园进行管理的过程和成效，包括“收入”“支出”“利润”等通过“述职报告”向庄园主汇报，借以解除其承担的责任。

一般认为，从奴隶社会的繁盛时期到 15 世纪末期为古代会计时期。这个时期，会计从生产职能中分离出来，从原始的计量、记录行为逐渐向单式簿记体系演变并得到了一定程度的发展。

(三) 近代会计

公元 13 世纪至 15 世纪，地中海沿岸城市的商业、手工业以及信贷业的迅速发展，极大地推动了会计方法的运用和研究，促进了会计方法体系的完善。1494 年，意大利数学家卢卡·帕乔利所著的《算术·几何·比及比例概要》一书系统介绍了复式记账的方法，并结合数学原理，在理论上对复式记账法进行了论述。《算术·几何·比及比例概要》的问世，标志着复式记账法作为一种科学方法的诞生。由于该书是第一部介绍簿记的论著，因而此书的出版是近代会计史上的里程碑。1581 年威尼斯会计学院建立，表明会计已经成为一门专业学科，已经发展成为一种职业。会计职业的出现，也是近代会计史上的一个亮点。

19 世纪是会计史上的重要时期，复式记账法被系统推广并进一步完善，会计体系不断充实新的理论和内容，会计领域得到一定程度的拓展和延伸，会计学科逐步细分并产生分支学科，如成本会计、财务会计、管理会计等。

推动会计发展的主要动力是工业革命和现代化大生产。18 世纪 60 年代，英国工业革命爆发，为会计的发展创造了条件，受西方各国的影响，并与美国会计相结合，形成了“英美派会计体系”。在此期间，德、法等国也创立了“大陆派会计体系”。两大派系成为近代会计发展史的支柱。

18 世纪末至 19 世纪初，美国的生产组织和经营形式发生了重大革命，股份公司这种新的经济组织形式迅速扩大，资本的所有权与经营权分离，对会计工作提出了更高的要求。

为了维护股东的利益，职业会计师和外部审计应运而生。这一时期，投资人(业主)和债权人及其他利益相关者所关心的是企业财务状况和盈利及其分配情况，因而，对外提供的财务报表成为企业会计的核心任务，从而形成了“财务会计”。它是在遵循一组假设和原则的条件下，运用复式记账原理，按照一定的方法和程序，确认、计量会计事项，编制对外会计报告的一门会计分支学科，是会计学的重要组成部分。

19 世纪末至 20 世纪中期，企业生产和经营规模持续扩大，科学的管理理念逐步被引入企业，对企业整个经营活动实施全过程的计划、预算、决算、控制和分析等成为企业内部管理不可缺少的内容，“管理会计”应运而生，它从传统的财务会计中分离出来，成为独立的学科。

近代会计经历了以记账为主的簿记阶段，以会计循环实务形成为标志的会计成型阶段，以产品生产为主的成本会计的形成和应用阶段，以维护所有者权益为主的财务会计的形成和应用阶段，以及以管理为主的管理会计的形成阶段。

(四) 现代会计

从 20 世纪初到 20 世纪 50 年代，随着科学技术的迅速发展，大量的科技成果用于生产，企业竞争日益激烈，需要集中大量的资本，从而促使企业组织规模日益扩大。尤其是电子计算机在会计数据处理中的应用以及电子技术与通信技术的结合，使企业实现了管理信息系统的综合化和系统化，建立起以电子计算机为特征的全面管理系统，会计工作由核算型转为核算管理型，成为企业经营管理的重要组成部分。此外，现代财务会计、成本会计、管理会计逐步完善，其他各项会计分支，如人力资源会计、环境保护会计、社会保障会计、无形资产会计等分项会计正逐步形成，这既是社会经济发展对会计管理提出更高要求的结果，也是会计作为一门科学自我发展和完善的必然过程。

我国自改革开放以来，传统计划经济转轨为社会主义市场经济的过程中，传统计划经济的会计思想和方法已不再适应经济发展的需要，会计改革成为必然。1985 年，我国颁布了《中华人民共和国会计法》(简称《会计法》)，从此，会计工作进入法制阶段。1992 年，财政部颁布了《企业会计准则》和《企业财务通则》，并同时制定了 13 个行业会计制度，从 1993 年 7 月 1 日起施行，这标志着我国会计开始迈向与国际会计全面接轨阶段，也是中国会计理论与实践发展的一个重要里程碑。从 1997 年开始，我国财政部陆续颁布《关联方关系及其交易的披露》《现金流量表》等 16 项会计准则，对我国经济建设的良性发展起到了重要的保障和促进作用。2001 年，财政部颁布实施《企业会计制度》《金融企业会计制度》《小企业会计制度》，对规范我国企业的会计核算行为，真实、完整地反映企业的财务状况、经营成果和现金流量，提高企业的会计信息质量具有深远的意义，为我国资本市场的健康发展提供了强有力的保证。

2006 年 2 月 15 日，财政部颁布了修订后的《企业会计准则——基本准则》，并同时颁布了 38 项具体会计准则。新会计准则不仅体现了与国际财务报告准则的趋同，从而使外商投资者和报表使用者更容易读懂中国企业的会计报表，降低了中国企业海外上市重编财务报表的成本，而且引入了公允价值计量的要求，在金融工具、投资性房地产、非同一控制下的企业合并、债务重组和非货币性交易等方面采取公允价值进行计量。同时，新会计准则还规范了企业合并、合并财务报表等重要会计事项。新会计准则已于 2007 年 1 月 1 日在上市公司、金融企业和国有大中型企业实施，同时鼓励其他企业执行。

二、会计的概念

会计属于人类经济管理活动的范畴，其目的是扩大成果、节约资源、提高效率。会计管理活动与其他管理活动相比，具有以下特点：

(1) 以货币作为主要计量单位。

原始的会计计量只是简单地运用实物数量和劳动量对经济活动与财务收支进行计量和记录。随着社会生产的日益发展，需要一种统一的计量尺度作为会计的计量单位，以解决财产物资不能直接相加减的问题。因此，选择货币作为度量单位，从价值角度统一度量，使得财产物资的价值能够直接相加减，并通过价值计量表达出错综复杂的经济活动的过程和结果。实物度量和劳动度量也是会计的计量单位，它们与货币度量相互配合，共同用于会计的计量和记录，以保证财产物资记录的安全和完整。实物度量和劳动度量不可或缺，但会计最终要用货币度量从价值角度反映经济活动。可以说，货币度量是会计最主要的计量尺度。从这个意义上讲，会计所进行的管理是一种价值管理。

(2) 以真实、合法的凭证为依据。

会计提供的经济信息必须真实可靠，才能为会计信息使用者提供有用的经济决策资料。所以，在会计核算过程中，必须依法取得或填制凭证，并严格按照有关规定对凭证进行审核，凭证审核无误后，才能作为会计核算的依据。

(3) 具有专门的会计核算方法和程序。

在长期的会计实践活动中，为适应生产发展与经济管理的需要，会计形成了一套系统、科学的专门方法，包括会计核算、会计分析、会计考核、会计预测、会计决策和会计控制等，并遵循专门的会计核算程序，包括设置会计科目和账户、复式记账、填制会计凭证、登记账簿、成本计算、财产清查、编制财务会计报告等。

(4) 遵守既定规则。

会计是在既定核算假设、核算原则和相关法律、法规、制度规范的指导和制约下进行的。人们都要遵守并严格执行既定规则，以保证反映和监督经济活动过程及结果的信息具有可比性、公允性和合法性。

综上所述，会计是以货币为主要计量单位，以提高企业经济效益为目标，以真实、合法的凭证为依据，运用专门的程序和方法，在一定时期内，对会计主体(企业、机关、事业单位和其他经济组织)的经济活动进行全面、综合、连续、系统的核算与监督，利用会计资料对经济活动进行预测、决策、考核、分析，并向有关利益相关者提供会计主体的财务状况、经营成果、现金流量和所有者权益变动情况等会计信息的经济信息系统和控制系统。

第二节　会计的职能与作用

会计职能是会计作为一种经济管理活动，客观上所能发挥的功能。从会计的发展过程来看，反映和监督职能是会计的基本职能。

一、会计的基本职能——反映和监督

(一) 会计的反映(核算)职能

会计的反映职能，又称核算职能，是指会计能够按照公认会计准则的要求，通过专门的程序和方法，全面、综合、连续、系统地将会计主体所发生的会计事项表达出来，以达到揭示会计事项的本质，为经营管理提供经济信息的目的。会计的反映职能具有以下明显的特征：

(1) 以货币为主要计量单位，从价值量方面来反映各单位的经济活动情况。会计在对各单位经济活动进行反映时，主要是从价值量而不是从其他方面进行反映。如企业对固定资产进行会计反映时，只记录其成本、数量、折旧等金额或数量变化，而并不反映其技术水平、运行状况等。会计在反映各单位经济活动时主要使用货币度量，其他指标及其文字说明都处于附属地位。

(2) 主要反映过去已经发生或完成的经济活动。会计反映经济活动主要是反映过去已经发生或完成的交易或事项。因此，只有在每项经济业务发生或完成后，才能取得或填制这项经济业务完成的书面凭证，这种凭证具有可验证性，据以记录账簿，才能保证会计所提供的信息真实可靠，而这必须是在经济业务已经发生或完成之后。从编制财务会计报告的角度来看，对外提供的会计信息主要是针对过去的。

(3) 具有连续性、系统性、综合性和全面性。会计反映的连续性，是指对经济业务的记录是连续的，逐笔、逐日、逐月、逐年，不能间断；会计反映的系统性，是指对会计对象要按照科学的方法进行分类，进而系统地加工、整理和汇总，以便提供管理所需要的会计信息；会计反映的综合性，是指对会计主体以货币计量形式综合反映经济活动的过程和结果；会计反映的全面性，是指对每个会计主体所发生的全部经济业务都应该进行记录和反映，不能有任何遗漏。

(4) 在客观上体现为通过会计的信息系统对会计信息进行优化。反映职能是会计核算工作的基础。它通过会计信息系统所提供的信息，既服务于国家的宏观调控部门，也服务于会计主体的外部投资者、债权人和内部管理者。这种服务作用具有能动性，从这一角度来看，会计的反映职能也在一定程度上体现了管理精神。

(5) 提供的会计信息资料是会计预测、会计决策、会计控制和会计分析的重要依据，是进行会计管理活动的基础资料。

(二) 会计的监督(控制)职能

会计的监督职能，也称控制职能，是指会计按照一定的目的和要求，利用会计信息系统所提供的会计信息，对会计主体的经济活动进行控制、监察和督促，使之达到预期的目标。其有以下显著的特征：

(1) 强制性。会计监督是国家的会计法律、法规赋予会计的基本职能。《会计法》不仅赋予会计机构和会计人员实行监督的权力，而且规定了监督者的法律责任。不履行监督义务，情节严重的，给予行政处分；给公共财产造成重大损失，构成犯罪的，依法追究刑事责任。因此，会计监督以国家的财经法规和财经纪律为准绳，具有强制性和严肃性。

(2) 连续性。社会再生产过程不间断，会计反映就要不断地进行下去，在这个持续的过程中，始终离不开会计监督，各会计主体每发生一笔经济业务，都要通过会计进行反映，并在反映的同时审查它们是否符合法律、制度、规定和计划。

(3) 完整性。会计监督不仅体现在已经发生或已经完成的业务方面，还体现在业务发生过程中及尚未发生之前，包括事前监督、事中监督和事后监督。事前监督是指会计部门或会计人员在参与制定各种决策以及相关的各项计划或费用预算时，就依据有关政策、法规、准则等规定对各项经济活动的可行性、合理性、合法性和有效性等进行审查，它是对未来经济活动的指导；事中监督是指在日常会计工作中，随时审查所发现的经济业务，一旦发现问题，及时提出建议或改进意见，促使有关部门或人员采取措施予以改正；事后监督是指以事先规定的目标、标准为依据，利用会计反映取得的资料对已经完成的经济活动进行考核、分析和评价。会计事后监督可以为制订下期计划、预算提供资料，也可以预测今后经济活动的发展趋势。

(4) 系统性。会计监督在会计行为实施之前就发挥作用，同时又是会计工作的落脚点。它通过会计信息系统与会计控制系统的有机结合，突出表现了会计在企业单位经营管理中的能动性作用，在一定程度上体现了会计是一种管理活动的基本思想。

(5) 法律性。《会计法》对如何进行会计监督、发挥会计监督的作用，从立法的高度提出了具体的要求。《会计法》要求各单位应当建立健全本单位内部会计监督制度；单位负责人应当保证会计机构、会计人员依法履行职责，不得授意、指使、强令会计机构或会计人员违法办理会计事项。会计机构或会计人员对违反《会计法》和国家统一会计制度规定的会计事项，有权拒绝办理或按照职权予以纠正；财政部门对各单位的会计规章制度及其实施情况进行监督。

综上所述，会计的两项基本职能是相辅相成、辩证统一的关系。反映职能是监督职能的基础，没有会计反映职能所提供的各种信息，会计监督就失去了依据；而监督职能又是反映职能的质量保障，只有会计反映，没有会计监督，就难以保证会计反映职能所提供会计信息的真实可靠。

二、会计的其他职能

随着生产力发展水平和经营管理水平的不断提高，会计的作用日益重要，会计的职能也在不断丰富和发展。除上述基本职能外，会计还派生出会计预测、会计分析、会计决策等其他职能，以对经济活动进行分析和评价，为利益相关者提供会计信息。

三、会计目标

会计目标，也称会计的目的，是指人们通过会计工作所预期达到的目的。有了会计目标，就意味着社会向会计提出了它应达到的要求，从而为会计活动指明了方向。会计目标可以分两个层次：一般目标和终极目标。一般目标是指为投资者、债权人等会计信息使用者提供在经济决策中有用的会计信息。终极目标就是提高经济效益，优化资源配置。

目前，会计目标理论研究有两种代表性观点：一是决策有用观，即会计的目标是为决策者提供有用的信息。这种观点被美国财务会计准则委员会所接受。二是受托责任观，即会计的目标是提供受托责任履行的信息，这种观点被国际会计准则委员会所采纳。

2006 年 2 月 15 日，财政部颁布的《企业会计准则——基本准则》第四条规定：“企业应该编制财务会计报告。财务会计报告的目标是向财务会计报告使用者提供与企业财务状况、经营成果和现金流量等有关的会计信息，反映企业管理层受托责任履行的情况，有助于财务会计报告使用者作出经济决策。”这就将财务会计的目标定位于“受托责任观与决策有用观”。在理解这个问题的时候，必须明确两点：一是会计信息；二是会计信息的利益相关者。会计信息主要包括通过企业资产负债表、利润表、现金流量表和所有者权益变动表提供的有关企业的财务状况、经营成果和现金流量等会计信息。而会计信息的利益相关者通常包括投资者、经营管理当局、企业员工、债权人、政府相关部门和社会公众等。

(1) 投资者(股东)为了作出投资决策，需要了解和掌握企业的会计信息，包括企业的经营成果、投资回报及其发展前景等信息。

(2) 经营管理者为了作出经营决策和管理决策，需要了解和掌握企业的会计信息，包括资产的运用情况、资产的资金来源情况、收入与费用以及盈亏情况等全部信息。

(3) 企业员工为了自身利益作出相应决策，也需要了解和掌握企业的会计信息，包括企业财务状况、经营成果等信息。

(4) 债权人为了作出信贷决策和提供商业信用决策，需要了解和掌握企业的会计信息，包括企业能否到期还本付息或实现债权等信息。

(5) 政府相关部门为了作出宏观管理决策，需要了解和掌握企业的会计信息，包括企业财务状况、经营成果、履行纳税义务、遵守法规制度等信息。

四、会计的作用

会计的作用是指在特定的历史时期、特定的社会经济制度下实现和利用会计的各项职能之后所产生的效果。会计作用的发挥取决于两个重要因素：一是会计所处的外部环境因素，即会计工作所处的社会历史时期及社会政治、经济制度；二是与会计自身的内在本质有关的因素，即会计的职能被人们所认识和利用的程度。从我国目前的会计实践工作来看，会计的作用既有积极的一面，也有消极的一面。

会计的积极作用体现在以下几个方面：一是会计为政府进行宏观经济管理提供会计信息；二是会计为企业内部经营管理提供会计信息，以评价和考核企业经营者的受托责任，促进经济效益的提高；三是会计为企业的利益相关者提供会计信息，以维护其经济利益。

会计的消极作用主要表现为会计信息失真。会计信息失真直接导致国有资产流失、偷逃税款、资本市场信息不透明等现象的出现。尽管对会计信息失真这一问题的成因和对策尚无定论，但毋庸置疑，会计信息失真是会计工作所产生的一种负效应，这一点是认识会计作用时不应被忽视的，制造和提供虚假会计信息的相关单位及责任人员将依法承担相应的法律责任。

第三节 会计对象

一、会计对象的含义

会计对象，是指会计所要反映和监督的内容。由于会计是以货币作为主要的计量单位，因而会计并不能反映和监督社会再生产过程中所有的经济活动，只能核算和监督社会再生产过程中能以货币表现的各种经济活动，即价值运动或资金运动。每个企业、事业单位和机关团体都是从事社会再生产过程的具体单位，虽然这些单位所进行的经济活动的性质和内容有所不同，但是它们的活动都不同程度地与再生产过程的生产、交换、分配和消费环节有关，都是社会再生产过程的组成部分，因此，它们在会计对象的内涵上又有着共同点，即都是反映和监督社会再生产过程中的资金运动。

二、制造企业的资金运动

制造企业的资金运动按其运动的表现形态，可分为静态表现和动态表现。

1. 制造企业资金运动的静态表现

制造企业要从事生产经营活动，就必须拥有或控制一定数额的经济资源作为生产经营的物资基础。企业所拥有或控制的能以货币计量的经济资源，就是企业的资产，如厂房、机器设备、原材料、在产品、产成品及货币资金等。它们是企业经营资金的存在形态，分布或占用在生产经营过程的不同方面。而工业企业生产经营所必需的资产，又都是以一定来源取得的，包括投资者投入的资金和向债权人借入的资金等。投资者投入的资金，形成所有者权益；向债权人借入的资金，主要是向银行或其他金融机构取得的借款，以及在经济活动中发生的各种应交应付款项，这些借款或应交应付款项形成企业的负债。

从任何一个时点看，制造业的资金运动总是处于一种相对静止的状态，此时，资金表现为相互联系而又相互制约的两个方面：一方面是资产，表明资金在经营活动中的存在形态；另一方面是负债和所有者权益，表明资金的来源渠道，即债权人和投资者对企业资产的权益。资产和负债、所有者权益的关系是资产恒等于负债及所有者权益，其数学关系为

资产 = 负债 + 所有者权益

2. 制造企业资金运动的动态表现

企业要从事生产经营活动，首先必须具备一定数量的资金，这是企业生产经营活动中财产物资作为活劳动和物化劳动消耗的基础。企业以一定的筹资方式取得经营资金并将其用于生产经营，这一过程就是资金的投入阶段。投入企业的资金必须按照生产经营活动的需要合理地加以运用，这一过程就是资金的运用阶段。

制造企业的生产经营过程分为供应、生产、销售三个阶段，其经营资金将伴随着供应、生产、销售过程的不断进行，不断地改变形态，表现为资金的循环与周转。

供应过程是生产的准备过程。企业用货币资金购买原材料和机器设备等形成生产储

备，资金就从货币资金形态转化为储备资金形态和固定资金形态。

生产过程既是产品的制造过程，也是资金的转化过程。在生产过程中，劳动者借助于劳动资料将劳动对象进行加工，从而发生材料费、人工费和固定资产折旧费等生产经营费用，这样，资金就从货币资金、储备资金、固定资金形态转化为生产资金形态；产品生产完工并验收入库后，资金又从生产资金形态转化为成品资金形态。

销售过程是产品价值的实现过程。在这一过程中，将生产的产品销售出去并收回货币资金，这样，资金就从成品资金形态转化为货币资金形态。

另外，企业也会有一部分资金由于某种原因而退出企业的经营过程，不再参加企业资金的周转，如偿还债务、上交税金、分配利润等。

由此可见，企业资金从货币资金形态开始，经过储备资金、固定资金、生产资金、成品资金形态，最后又回到货币资金形态的过程称为资金的循环。随着生产经营活动的持续进行，资金会发生周而复始的不断循环，称为资金的周转。

制造企业资金运动过程如图 1-1 所示。

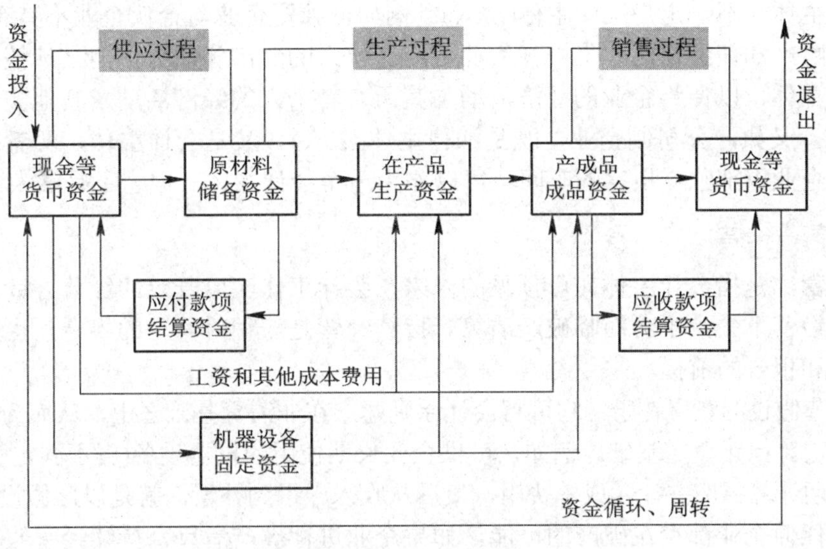

图 1-1 制造企业资金运动过程

第四节 会计基本假设、会计基础和会计信息质量要求

一、会计基本假设

会计基本假设，又称会计基本前提，是指进行会计核算时，会计人员面对变化不定的社会经济环境，对某些经济现象作出的合乎客观规律的科学推断，以保证会计核算正常进行。我国的会计基本假设包括会计主体、持续经营、会计分期和货币计量四项。

(一) 会计主体

会计主体，又称会计实体，是指会计为之进行会计工作的特定单位，是企业会计确认、计量、记录、报告的空间范围。这里的特定单位可以是一个特定的企业，也可以是一个企业的某一特定部分，如独立核算车间、分公司、门市部等，也可以是由若干家企业通过控股关系组织起来的集团公司，甚至还可以是一个具有经济业务的特定的非营利性组织。企业会计人员必须以企业自身发生的各项经济业务为范围，反映和监督企业本身的经济活动，从而明确会计反映和监督的空间范围。

【例 1-1】 假定一家服装店的老板从店里的保险柜中取走了 300 元现金供个人使用。

分析：这个事项对老板个人来说是可以忽略的，因为现金仅仅是从商店的“口袋”中取走，装入了老板的口袋，不论放在哪个口袋里，这些现金都属于老板所有。尽管如此，由于会计主体概念，会计账簿上应表明商店的现金比以前减少了 300 元。

由此可见，明确会计主体，可以将特定主体的经济活动与该主体所有者的经济活动区别开来；此外，明确会计主体还有利于将本会计主体的经济活动与其他会计主体的经济活动进行区分。

值得一提的是，会计主体与法律主体(法人)是有区别的。法律主体(法人)必定是会计主体，但会计主体却不一定是法律主体(法人)。例如，独资企业与合伙企业不具有法人资格，这类企业的财产和债务在法律上被视为业主或合伙人的财产和债务，但会计核算上必须将其作为会计主体，以便将企业的经济活动与其所有者个人的经济活动及其他实体的经济活动区别开来。又如，公司制企业，既是法律主体(法人)，又是会计主体，两者完全一致。再如，实行企业内部独立核算的车间，可以作为一个会计主体，但它不是法人。

(二) 持续经营

持续经营，是指会计主体在可预见的未来，会计工作应以既定的经营方针和预定的经营目标继续经营下去，不会面临破产清算。持续经营是一种时间上的界定，也是企业会计确认、计量和报告的前提。

持续经营假设的意义在于：它可将会计原则建立在非清算基础之上，从而为解决资产计价和收益确定等问题奠定基础。例如，可供企业长期使用的机器设备(属于固定资产)，应按使用年限分期计算折旧并计入成本费用，最后从收入中得到补偿，就是以此假设为前提的。

当然，任何企业都存在破产的可能，如果企业进行破产清算，持续经营假设就不复存在，此时，资产的计价就不能以历史成本为准，而应按变现价值进行计价；同时，债务也应按清算时的偿还能力清偿。尽管企业存在破产的可能性，但仍然不会影响大多数企业持续经营的现实性。

(三) 会计分期

会计分期，是指将企业持续经营的生产经营活动人为地划分成若干个相等的时间段落，以便确认某个会计期末的财务状况，及某个会计期间的经营成果和现金流量，从而明确会计反映和监督的时间范围。

从理论上说，企业的财务状况和经营成果等会计信息，只有在企业生产经营活动结束时，才能准确确定。如果这样，企业投资者、债权人等会计信息使用者在企业存续期间就无法得到决策有用的信息，因而是不现实的。只有划分会计期间进行分期核算，定期提供会计信息，才能满足企业内部与外部的决策需要。

根据《企业会计制度》规定，会计期间分为年度、半年度、季度和月度，其中半年度、季度和月度称为会计中期。会计期间采用公历日期。例如，我国的会计年度采用公历年度，其起讫日期为每年 1 月 1 日至 12 月 31 日。

由于会计分期的划分，便产生了本期与非本期的区别，在会计实践中，就需要对许多跨越两个或两个以上会计期间(通常的会计年度)的经济业务，采用恰当的方法确认和计量，从而产生了权责发生制和收付实现制，并要求进行收入和费用的配比，正确划分资本性支出和收益性支出。

(四) 货币计量

货币计量，是指在会计核算中，以货币作为统一计量单位来计量、记录、报告企业的经济活动。在现实生活中，计量单位有三种：实物、劳动、货币。会计核算之所以采用货币作为统一计量单位，是因为货币是衡量商品价值的共同尺度，有了这把尺度，就可以使原来无法进行直接对比的经济业务，有了可比的基础。

我国《企业会计准则第 19 号——外币折算》规定，企业通常应选择人民币作为记账本位币。业务收支以人民币以外的货币为主的企业，可以选择某种外币作为记账本位币，但是，编报的财务报表应当折算为人民币。

综上所述，以上四个会计核算的基本前提，具有相互依存、相互补充的关系。会计主体确定了会计核算的空间范围，持续经营与会计分期确定了会计核算的时间范围，而货币计量则为会计核算提供了必要的计量手段。可以这么说，没有会计主体，就不会有持续经营；没有持续经营，就不会有会计分期；没有货币计量，就不会有现代会计。

二、会计基础

会计基础，是指会计主体在进行会计业务处理时对有关会计要素的确认所采用的原则。上述会计期间的划分便产生了本期与非本期的区别，在会计实务中，有很多会计事项发生的会计期间与相关货币收支的会计期间并不完全一致。如 12 月 31 日销售的商品符合收入确认条件，但款项将于下年 1 月收回。那么该项收入应该作为本年的收入，还是作为下年的收入？对于该问题，有两种处理方法，一种是将该项收入作为本年收入，理由是该项经营活动是本年完成的；另一种是将该项收入作为下年收入，理由是款项在下年收回。那么，如何合理确定各会计期间的损溢？这便产生了会计上确认收入和费用的两种记账基础：权责发生制和收付实现制。

(一) 权责发生制

权责发生制，又称应计制，是指收入、费用的确认应当以收入、费用的实际发生作为确认计量的标准。即凡是属于本期已经实现的收入和已经发生或应当负担的费用，不论款项是否收支，都应确认为本期的收入和费用；凡是不属于本期的收入和费用，即使款项已在当期收支，也不应确认为本期的收入和费用。《企业会计准则——基本准则》明确规定，企业应当以权责发生制为基础进行会计确认、计量和报告。因此，在权责发生制下，上述例子中的收入应当作为本年的收入。

(二) 收付实现制

与权责发生制相对应的是“收付实现制”，又称“现金制”，是指收到或支付现金作为确认收入和费用的依据，当收到现金时就确认为收入；同样地，当支付现金时确认为成本或费用。因此，在收付实现制下，上述例子中的收入应当作为下年的收入。

收付实现制在一些提供服务、没有多少存货的小型企业中得到了广泛应用，如饭店、美容美发店等。由于这些组织大多数不向顾客提供赊账服务，因此收付实现制和权责发生制下的收益没有明显差别。

三、会计信息质量要求

会计信息质量要求是对企业财务报告中所提供会计信息质量的基本要求，《企业会计准则——基本准则》规定，会计信息质量要求包括可靠性、相关性、可理解性、可比性、实质重于形式、重要性、谨慎性和及时性。其中，可靠性、相关性、可理解性和可比性是会计信息质量的首要要求，是企业财务报告中所提供会计信息应具备的基本质量特征；实质重于形式、重要性、谨慎性和及时性是会计信息质量的次级要求，是对可靠性、相关性、可理解性和可比性等首要质量要求的补充和完善。这些会计信息质量要求是我国会计核算工作应遵循的基本规范，是对我国会计核算工作的基本要求。

(一) 可靠性

可靠性，又称客观性、可验证性。《企业会计准则——基本准则》第十二条规定，可靠性是指“企业应当以实际发生的交易或者事项为依据进行会计确认、计量和报告，如实反映符合确认和计量要求的各项会计要素及其他相关信息，保证会计信息真实可靠、内容完整”。可靠性是会计工作的基础，是会计信息最基本的质量要求。

(二) 相关性

相关性，又称有用性。《企业会计准则——基本准则》第十三条规定，相关性是指“企业提供的会计信息应当与财务会计报告使用者的经济决策相关，有助于财务会计报告使用者对企业过去、现在或未来的情况做出评价或者预测”。企业所提供的会计信息应当满足会计信息使用者的决策需要。相关性原则为实现会计目标提供了保障。

(三) 可理解性

可理解性，又称明晰性。《企业会计准则——基本准则》第十四条规定，可理解性是指“企业提供的会计信息应当清晰明了，便于财务会计报告使用者理解和使用”。可理解性要求会计所提供的会计信息简明、易懂，能简单明了地反映企业的财务状况和经营成果，以利于会计信息的使用者准确地掌握和运用。

(四) 可比性

可比性包括横向可比和纵向可比，遵循可比性能增强会计信息的相关性。《企业会计准则——基本准则》第十五条规定，可比性是指“企业提供的会计信息应当具有可比性。同一企业不同时期发生的相同或相似的交易或者事项，应当采用一致的会计政策，不得随意变更。确需变更的，应当在附注中说明。不同企业发生的相同或者相似的交易或者事项，应当采用规定的会计政策，确保会计信息口径一致、相互可比”。

(五) 实质重于形式

《企业会计准则——基本准则》第十六条规定，实质重于形式原则是指“企业应当按照交易或者事项的经济实质进行会计确认、计量和报告，不应仅以交易或者事项的法律形式为依据”。如果企业仅仅以交易或事项的法律为依据，进行确认、计量和报告，那么就容易导致会计信息失真。因为在会计实务中，交易或事项的外在法律形式并不总能完全真实地反映其经济实质；在某些情况下，交易或事项的实质可能与其外在法律形式所反映的内容不尽相同。为了使会计信息能更加真实地反映客观的经济生活，就必须依据交易或事项的实质而非外在的法律形式进行核算，即坚持实质重于形式的原则。例如，融资租赁的固定资产，虽然从法律形式上看，其所有权并没有转移给承租人，但是，从经济实质上看，与这项资产相关的风险和报酬已转移给了承租人，因此，承租人应该将其视同自有的固定资产，一并计提折旧。这就体现了实质重于形式原则。

(六) 重要性

《企业会计准则——基本准则》第十七条规定，重要性原则是指“企业提供的会计信息应当反映与企业财务状况、经营成果和现金流量等有关的所有重要交易或者事项”。遵循重要性原则处理会计事项，有利于抓住那些对企业经济发展和制定经营决策有重大影响的关键性内容，有助于简化会计核算工作和提高工作效率。会计事项是否重要，不仅要根据金额的大小，还要根据其是否影响财务会计报告使用者作出决策来进行合理判断。

(七) 谨慎性

谨慎性，又称稳健性，《企业会计准则——基本准则》第十八条规定，谨慎性是指“企业对交易或者事项进行会计确认、计量和报告应当保持应有的谨慎，不应高估资产或者收益、低估负债或者费用”。谨慎性要求企业在进行会计核算时，不预计可能发生的收入，而应预计可能发生的费用和损失。也就是说，企业的资产及收益项目不可高估，负债及费用项目不可低估，使所提供企业的财务状况和盈亏情况是留有余地的、稳健的，从而提高企业应对风险的能力。如计提资产减值准备，就体现了谨慎性原则。

(八) 及时性

《企业会计准则——基本准则》第十九条规定，及时性原则是指“企业对于已经发生的交易或事项，应当及时进行会计确认、计量或报告，不得提前或延后”。及时性包括两个方面：一是会计事项的账务处理应当在当期内进行，不得拖延；二是财务会计报告应当在会计期末按规定的日期报送有关各方。

第五节 会计方法

一、会计方法概述

会计方法是指用来反映和监督会计对象，实现会计目标的手段。会计方法具有自然属性，因为它是人们在长期的会计工作实践中形成的，并随着社会生产力的发展和会计管理活动的复杂化而逐步完善和提高的。

现代会计方法包括会计核算方法、会计分析方法、会计检查方法等。在上述会计方法中，会计核算方法是会计基本方法，其他会计方法的运用，必须以会计核算方法所提供的会计信息为基础。本节仅介绍会计核算方法，关于其他会计方法将在后续的相关课程中进行阐述。

二、会计核算方法

会计核算方法是指会计对企事业、行政单位已经发生的经济活动进行连续、系统、全面地反映和监督的方法。会计核算方法包括：设置会计科目、设置账户、复式记账、填制和审核会计凭证、登记账簿、成本计算、财产清查和编制财务会计报告，它们构成了一个完整的、科学的方法体系。

(一) 设置会计科目

会计科目是对会计对象经济内容的性质进行分类核算的名称。为了全面、系统、分类地反映和监督会计对象的变化，就必须设置会计科目。设置会计科目，是正确填制会计凭证、运用复式记账、登记账簿和编制财务会计报告的基础。

(二) 设置账户

设置账户是指对会计对象的具体内容进行科学的分类，用来分类、系统地反映各项经济业务，提供对决策有用的会计信息的专门方法。会计核算是为决策提供会计信息，这就必须对各种资料进行归类，使各种分散的资料转换成有用的会计信息。因此，必须在会计对象划分为会计要素的基础上，对会计要素进行进一步分类，将每个会计要素再分为若干账户，以便分门别类地提供会计信息。

(三) 复式记账

复式记账是一种科学的记账方法，是指对于每一项经济业务，都必须以相等的金额，同时在两个或两个以上的相互联系的账户中进行记录的专门方法。这样，通过双重记录，不仅能反映经济业务的全貌，而且便于检查账户记录的正确性。

(四) 填制和审核会计凭证

填制和审核会计凭证是会计核算的起点，是指通过填制和审核会计凭证来记录每一项经济业务的专门方法。会计凭证可分为原始凭证和记账凭证。原始凭证是证明经济业务的发生和完成情况的书面证明，其填制完成后，必须经过审核无误才能据以编制记账凭证，并将原始凭证和记账凭证作为登记会计账簿的依据。所以，填制和审核会计凭证是保证会计信息真实性和正确性的有效载体。

(五) 登记账簿

登记账簿是会计核算的中心环节，是指根据审核无误的会计凭证，在会计账簿中进行记录的专门方法。账簿是由具有一定格式的账页组成，用来记录经济业务增减变动情况和结果的簿记。通过登记账簿，能将众多分散的会计凭证加以分类、汇总，使其系统化，以适应经济管理的需要。账簿记录的各种会计资料是编制财务会计报告的重要依据。

(六) 成本计算

成本计算是指按照成本计算对象归集生产经营过程中发生的各项费用，计算和确定各成本计算对象的总成本和单位成本的专门方法。在制造企业，通过成本计算可以确定供应过程的材料采购成本、生产过程的产品生产成本和销售过程的产品销售成本；通过实际成本与计划成本的比较，可以反映、监督各种成本的节约或超支情况，以便采取措施降低成本。

(七) 财产清查

财产清查是指通过实物盘点和往来款项核对，以确定财产物资的实有数额的专门方法。在财产清查过程中，将实物盘点的结果与账存数相核对，将债权、债务与往来单位相核对，发现账存数与实际数不符时，应立即调整账面记录，做到账实相符，并应及时查明原因，明确经济责任。财产清查是保护单位财产安全与完整，保证账实相符的有效手段。

(八) 编制财务会计报告

编制财务会计报告是会计核算的最后环节，是指根据账簿记录，按照规定的表格形式，集中反映各单位在一定会计期间经济活动过程和结果的专门方法。财务会计报告，既能为企业的管理当局及与企业有着经济利益关系的各方提供所需的会计信息，又能为国家利用会计信息进行国民经济综合平衡提供依据。

以上八种会计核算方法相互联系、密切配合，构成一个完整的方法体系，见图 1-2。

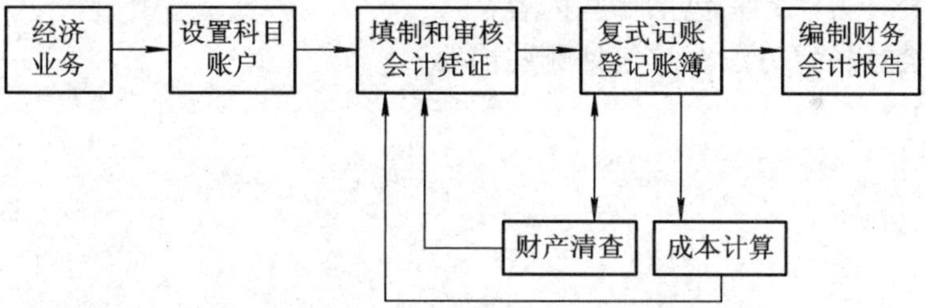

图 1-2　会计核算方法关系

本章小结

会计的产生和发展，经历了一个漫长的过程，从会计萌芽时期到古代会计、近代会计、现代会计，已经有几千年的历史。会计是以货币为主要计量单位，以提高企业经济效益为目标，以真实、合法的凭证为依据，运用专门的程序和方法，在一定时期内，对会计主体(企业、机关、事业单位和其他经济组织)的经济活动进行全面、综合、连续、系统地核算与监督，利用会计资料对经济活动进行预测、决策、考核、分析，并向利益相关者提供会计主体的财务状况、经营成果、现金流量和所有者权益变动情况等会计信息的经济信息系统和控制系统。

会计有两个基本职能，即反映与监督职能。会计目标可以分两个层次：一般目标和终极目标。目前，对会计目标有两种观点，即决策有用观和受托责任观。

会计的对象，是指能以货币表现的经济活动，又称资金运动或价值运动。

我国的会计基本假设包括会计主体、持续经营、会计分期和货币计量四项。我国《企业会计准则——基本准则》规定了八条会计信息质量要求：可靠性、相关性、可理解性、可比性、实质重于形式、重要性、谨慎性、及时性。会计核算基础有权责发生制和收付实现制。我国会计法律、法规明确规定企业在会计确认、计量和报告中应当采用权责发生制。

现代会计方法包括会计核算方法、会计分析方法、会计检查方法等。在上述会计方法中，会计核算方法是会计基本方法，具体包括设置会计科目、设置账户、复式记账、填制和审核会计凭证、登记账簿、成本计算、财产清查、编制财务会计报告八种。

思考题

1. 什么是会计目标？它有哪两个层次？
2. 什么是会计？它有哪些职能？
3. 什么是会计对象？
4. 简述制造企业的资金运动过程。
5. 什么是会计基本假设？它包括哪几项内容？
6. 会计基础、会计信息质量要求有哪些？
7. 什么是会计方法？它包括哪些内容？
8. 什么是会计核算方法？它包括哪些内容？

第 二 章

会计要素和会计等式

内 容 提 要

本章主要阐述会计要素、会计计量属性、会计等式，并具体说明了经济业务类型及其对会计等式的影响。通过本章的学习，要求读者了解会计要素和会计等式的概念，熟悉会计计量属性，掌握每一项会计要素、会计等式。

第一节　会计要素和会计计量属性

一、会计要素概述

会计对象是社会再生产过程中的资金运动，而资金运动在企业经营过程中的具体表现则是发生的各种经济业务。为了实现会计目标，就有必要对会计对象按照经济业务内容进行科学分类，以便提供企业财务状况和经营成果等基本信息。这种对会计对象所作的基本分类，称为会计要素。

我国《企业会计准则——基本准则》将企业会计要素划分为资产、负债、所有者权益、收入、费用和利润。其中，资产、负债、所有者权益是资金运动的静态表现，它们构成了企业资产负债表的基本框架，称为资产负债表要素；收入、费用和利润是资金运动的动态表现，它们构成了企业利润表的基本框架，称为利润表要素。

(一) 资产

资产是指由企业过去的交易或事项形成的，由企业拥有或者控制的，预期会给企业带来经济利益的资源。资产具有以下特点：

(1) 资产由过去的交易或事项形成。只有过去的交易、事项才能增加或者减少企业的资产，如已经发生的固定资产购买交易才形成资产。而谈判中的交易或者计划中的交易则不能确认为一笔资产。

(2) 资产必须为企业所拥有或者控制。企业拥有资产，即企业拥有其所有权，从而能排他性地从资源中获得经济利益；有些资产虽然不为企业所拥有，但企业能够支配资产，即拥有其控制权，而且同样能够排他性地从资产的使用中获得经济利益，如融资租入固定资产，按照实质重于形式原则的要求，也应当视为企业的资产。

(3) 资产预期会给企业带来经济利益。所谓经济利益，是指直接或间接流入企业的现金或现金等价物。资产可以是有形的，也可以是无形的，但必须具有能为企业带来经济利益的能力，如厂房机器、原材料等可用于生产经营过程，制造商品或提供劳务，出售后收回货款，收回的货款即为企业所获得的经济利益。如果一项资产已不能为企业带来经济利益，它就不能再作为资产而应作为损失处理，如无法收回的应收账款。

资产按照其流动性分类，分为流动资产、长期投资、固定资产、无形资产及其他资产。其中：长期投资、固定资产、无形资产及其他资产，称为非流动资产。流动资产是指可以在1年或者超过1年的一个营业周期内变现或耗用的资产，主要包括库存现金、银行存款、应收账款、存货等。大多数企业，从购料到销售商品直到收回货款，周期往往不超过1年；但有些企业，如房地产企业、大型机械制造企业，从购料到销售商品直到收回货款，周期往往超过1年，此时就不是把1年内变现作为划分流动资产的标志，而是将经营周期作为划分流动资产的标志。

(二) 负债

负债是指企业过去的交易或者事项形成的、预期会导致经济利益流出企业的现时义务。负债具有以下特点：

(1) 负债是企业过去的交易或事项所产生的结果，是现时的、确定的义务，而不是潜在义务。企业预期在将来要发生的交易或事项而可能产生的债务不能作为负债。

(2) 负债的清偿预期会导致经济利益流出企业。为了清偿债务，企业往往需要在将来转移资产或者提供劳务，或两者兼而有之。如用现金或实物清偿债务，或以提供劳务来清偿债务，或者同时以一部分资产和提供部分劳务来清偿债务，也可能将债务转为资本。

负债按照偿还期限的长短分类，分为流动负债和非流动负债。流动负债是指将于1年(含1年)或者超过1年的一个营业周期内偿还的债务，主要包括短期借款、应付账款、应付票据、应交税费、应付职工薪酬、预收账款、应付股利等。非流动负债是指偿还期在1年或者超过1年的一个营业周期以上的负债，包括长期借款、应付债券、长期应付款等。

(三) 所有者权益

所有者权益是指企业资产扣除负债后，由所有者享有的剩余权益。公司的所有者权益，又称为股东权益。所有者权益是所有者对企业资产的剩余索取权，它是企业资产中扣除债权人权益后应由所有者享有的部分，既可反映所有者投入资本的保值增值情况，又体现了保护债权人权益的理念。所有者权益具有以下特点：

(1) 除非发生减资、清算，企业不需要偿还所有者权益，它基本上是企业可以永久利用的一笔资本。

(2) 企业清算时，只有在清偿全部负债之后有剩余，所有者权益才返还给所有者，所有者权益在分配被清算企业剩余财产时的末位次序，决定了所有者承担着较债权人更大的风险。

(3) 可分享企业利润。所有者凭借其所拥有的所有者权益能够分享利润，而债权人则不能参与利润的分配。

所有者权益的来源包括所有者投入的资本、直接计入所有者权益的利得和损失、留存收益等，通常由实收资本(或股本)、资本公积(含资本溢价或股本溢价、其他资本公积)、盈余公积和未分配利润构成。

(1) 所有者投入的资本是指所有者投入企业的资本部分，它既包括构成企业注册资本或者股本部分的金额，也包括投入资本超过注册资本或者股本部分的金额，即资本溢价或者股本溢价，这部分投入资本在我国企业会计准则体系中被计入了资本公积，并在资产负债表中的资本公积项目下反映。

(2) 直接计入所有者权益的利得和损失是指不应计入当期损溢、会导致所有者权益发生增减变动的、与所有者投入资本或向所有者分配利润无关的利得或损失。其中，利得是指由企业非日常经营活动所形成的、会导致所有者权益增加的、与所有者投入资本无关的经济利益的流入，利得包括直接计入所有者权益的利得和直接计入当期利润的利得。损失是指由企业非日常经营活动所形成的、会导致所有者权益减少的、与向所有者分配利润无关的经济利益的流出，损失包括直接计入所有者权益的损失和直接计入当期利润的损失。直接计入所有者权益的利得和损失主要包括可供出售金融资产的公允价值变动额、现金流量套期中套期工具公允价值变动额(有效套期部分)等。

(3) 留存收益是企业历年实现的净利润留存于企业的部分，主要包括累计计提的盈余公积和累计留存的未分配利润。

(四) 收入

收入是指企业在日常经济活动中形成的、会导致所有者权益增加的、与投资者投入资本无关的经济利益的总流入。收入具有以下特点：

(1) 收入是企业在日常活动中形成的。日常活动是指企业为完成其经营目标而从事的经常性的活动及与之相关的其他活动，如工业企业生产销售产品活动、商品流通企业的商品购销活动、服务行业提供的劳务活动。有些活动并非企业经常发生，如工业企业销售材料，但其与日常活动有关，因此所取得的经济利益的流入也属于收入。明确界定日常活动是为了将收入与利得相区分，因为企业非日常活动所形成的经济利益的流入不能确认为收入，而应当计入利得。

(2) 收入可能表现为资产增加，或负债减少，或两者兼而有之。如销售商品收取现金则表现为资产增加；以商品抵偿债务则表现为负债的减少；以商品抵偿债务的同时，收取部分现金，则表现为两者兼而有之。

(3) 收入会导致所有者权益增加。与收入相关的经济利益的流入应当会导致所有者权益的增加，不会导致所有者权益的增加的经济利益的流入则不符合收入的定义。例如，企业向银行借入款项，尽管也导致了企业经济利益的流入，但该经济利益的流入，同时使企业承担了一项负债，并不会导致所有者权益的增加，因此，该经济利益的流入不应当确认为收入。

(4) 收入只包括本企业经济利益的流入，与所有者投入的资本无关，也不包括为第三方或客户代收的款项。若经济利益的流入是所有者投入资本的增加所导致的，则不应作为收入，而应当将其确认为所有者权益。此外，企业为第三方或者客户代收的款项，一方面增加企业的资产，另一方面增加企业的负债，不增加企业的所有者权益，也不属于企业的经济利益，不能作为收入。

(五) 费用

费用是指企业在日常经济活动中形成的、会导致所有者权益减少的、与向投资者分配利润无关的经济利益的总流出。

费用具有以下特点：

(1) 费用是企业在日常活动中形成的。企业在销售商品、提供劳务等日常活动中会消耗材料、支付工资和其他各项费用，这些经济利益的流出是为取得收入而发生的，应当作为企业的费用。将费用界定为日常活动所形成的，目的是为了将其与损失相区分，企业非日常活动形成的经济利益的流出不能确认为费用，而应当计入损失，如处置固定资产所发生的损失，应当作为企业的营业外支出。另外，如果不是为销售商品、提供劳务等所发生的经济利益的流出，也不能视为费用，如企业向投资者分配的利润。

(2) 费用可能表现为资产的减少，或负债的增加，或两者兼而有之。如用现金支付管理人员薪酬、用现金支付广告费表现为资产的减少；如企业负担长期借款利息则表现为负债的增加；如购买原材料支付部分现金，同时承担部分负债，则表现为两者兼而有之。

(3) 费用会导致所有者权益的减少。由于费用是经济利益的总流出，所以费用能引起所有者权益的减少。费用可以分为营业成本和期间费用。营业成本是指销售商品或提供劳务而发生的成本。期间费用包括管理费用、销售费用和财务费用。其中，管理费用是指企业行政管理部门为组织和管理生产经营活动而发生的各种费用；销售费用是企业在销售商品、提供劳务等日常活动中发生的除营业成本外的各项费用以及专设销售机构的各项经费；财务费用是企业为筹资而发生的费用。

(4) 费用是与投资者分配利润无关的经济利益的总流出。费用的发生应当会导致经济利益的流出，从而导致资产的减少或者负债的增加。其表现形式包括现金或现金等价物的流出，存货、固定资产和无形资产等的流出或消耗等。鉴于企业向所有者分配利润也会导致经济利益的流出，而该经济利益的流出显然属于所有者权益的抵减项目，不应确认为费用，应当将其排除在费用的定义之外。

(六) 利润

利润是指企业在一定会计期间的经营成果，包括收入减去费用后的净额，直接计入当期利润的利得和损失等。其中收入减去费用后的净额反映的是企业日常活动的经营业绩；直接计入当期利润的利得和损失反映的是企业非日常活动的业绩。

利润包括以下三个项目：

(1) 营业利润。营业利润是营业收入减去营业成本、税金及附加、期间费用、资产减值损失，加上公允价值变动净收益、投资净收益后的金额。

(2) 利润总额。利润总额是指营业利润加上营业外收入，减去营业外支出后的金额。

(3) 净利润。净利润是指利润总额减去所得税费用后的金额。

二、会计要素计量属性及其应用原则

(一) 会计要素的计量属性

会计计量是为了将符合确认条件的会计要素登记入账并列报于财务会计报表而确定其金额的过程。企业应当按照规定的会计计量属性进行计量，确定相关金额。计量属性是指所要计量的某一会计要素的特性方面，如桌子的长度、铁矿的重量、房屋的面积等。从会计角度，计量属性反映的是会计要素金额的确定基础，主要包括历史成本、重置成本、可变现净值、现值和公允价值等。

1．历史成本

历史成本，又称实际成本，就是取得或制造某项财产物资时所实际支付的现金或其他等价物。在历史成本计量下，资产按照其购置时支付的现金或现金等价物的金额，或者按照购置资产时所支付的对价的公允价值计量。负债按照其因承担现时义务而实际收到的款项或者资产的金额，或者承担现时义务的合同金额，或者按照日常活动中为偿还负债预期需要支付的现金或者现金等价物的金额计量。

2．重置成本

重置成本又称现行成本，是指按照当前市场条件，重新取得同样一项资产所需支付的现金或现金等价物金额。在重置成本计量下，资产按照现在购买相同或者相似资产所需支付的现金或现金等价物的金额计量。负债按照现在偿付该项债务所需支付的现金或者现金等价物的金额计量。在实务中，重置成本多应用于盘盈固定资产的计量等。

3．可变现净值

可变现净值，是指在正常生产经营过程中，以预计售价减去进一步加工成本和预计销售费用以及相关税费后的净值。在可变现净值计量下，资产按照其正常对外销售所能收到的现金或现金等价物的金额扣减该资产至完工时估计将要发生的成本、估计的销售费用以及相关税费后的金额计量。可变现净值通常应用于存货资产减值情况下的后续计量。

4．现值

现值是对未来现金流量以恰当的折现率进行折现后的价值，是考虑货币时间价值的一种计量属性。在现值计量下，资产按照预计从其持续使用和最终处置中所产生的未来净现金流入量的折现金额计量。负债按照预计期限内需要偿还的未来净现金流出量的折现金额计量。现值通常用于非流动资产可收回金额和以摊余成本计量的金融资产价值的确定等。例如，在确定固定资产、无形资产等可收回金额时，通常需要计算资产预计未来现金流量的现值；对于持有至到期投资、贷款等以摊余成本计量的金融资产，通常需要使用实际利率法将这些资产在预期存续期间或适用的更短期间内的未来现金流量折现，再通过相应的调整确定其摊余成本。

5．公允价值

公允价值，是指在公平交易中，熟悉情况的交易双方自愿进行资产交换或者债务清偿的金额。在公允价值计量下，资产和负债按照在公平交易中熟悉情况的交易双方自愿进行资产交换或者债务清偿的金额计量。公允价值主要应用于交易性金融资产、可供出售金融资产、投资性房地产的计量等。

(二) 会计计量属性的应用原则

我国企业会计准则规定，企业对会计要素进行计量时，一般应当采用历史成本；采用重置成本、可变现净值、现值、公允价值计量的，应当保证所确定的会计要素金额能够取得并可靠计量。

采用历史成本计量，当发生物价变动时，除国家另有规定外，一律不得调整其账面价值。其理由是：实际成本是市场上通过正常交易所确定的价格，具有客观性；实际成本有发票、合同、账单等依据，具有可验证性；实际成本的数据容易取得，具有可操作性。

第二节　会计等式

一、会计等式的含义

会计等式，又称会计恒等式或会计方程式，是指在会计核算中反映各个会计要素之间数量关系的等式。会计等式是设置账户、复式记账和编制会计报表的理论依据。会计等式有静态会计等式和动态会计等式之分。

二、静态会计等式

企业要进行生产经营活动，必须拥有一定数量的、能给企业带来经济利益的经济资源，会计上把这些经济资源称为资产，企业的这些资产来源于债权人的借入和所有者的投入及其在生产经营过程中所产生的收益。债权人和所有者将其拥有的资产提供给企业使用，就应该相应地对企业的资产享有一种要求权，这种对资产的要求权在会计上称为权益。资产表明企业拥有什么经济资源和拥有多少经济资源，权益表明经济资源的来源渠道，即谁提供了这些经济资源。可见，资产和权益是同一事物的两个不同的侧面，两者在数量上必然相等。资产和权益这种在量上的相等关系，用数学关系式表达为

资产(资金占用) = 权益(资金来源)

若把权益进一步划分为债权人权益(负债)和所有者权益，则上述等式可表达为

资产 = 负债 + 所有者权益

需要提醒读者注意的是，等式右边两个因素的位置不能颠倒。因为颠倒以后虽然从数学意义上来讲等式依然成立，但在会计上的含义却不一样了。“资产 = 负债 + 所有者权益”不仅表示价值相等，还表示当企业终止经营或破产清算的时候，其资产必须首先用于偿还各种债务，若有剩余才能向投资者进行返还。也就是说，债权人对企业资产的要求权优先于所有者(投资人)。

“资产 = 负债 + 所有者权益”这一会计等式是最基本的会计等式，体现了企业资金运动过程中某一时点上的资产分布和权益构成，即企业的财务状况，是设置账户、复式记账和编制资产负债表的理论依据。

三、动态会计等式

追求效益是企业永恒的主题。企业为了取得收入必然要发生各种耗费。将一定会计期间的收入和费用进行对比，就可以确定企业的盈亏。如果收入大于费用，则企业为盈利；如果收入小于费用，则企业为亏损。可将收入、费用对比的关系用数学关系式表达为

收入 − 费用 = 利润

这一等式反映了收入、费用和利润三个要素之间的关系，它表明企业某一期间的利润。所以，我们又称之为动态会计等式，它是编制利润表的理论依据。

四、全部会计要素之间的数量关系

“资产 = 负债 + 所有者权益”是反映企业某一时期的财务状况。随着企业经营活动的持续进行，在会计期间内，企业一方面取得收入，并因此而引起资产的增加或负债的减少等；另一方面企业要产生各种费用，并因此而引起资产的减少或负债的增加等。所以在未结账之前的任一时刻，会计要素之间的关系可以用以下会计等式予以表现：

资产 = 负债 + 所有者权益 + (收入 − 费用)

到了会计期末，企业将收入和费用相配合，计算出利润。而收入、费用、利润三要素的变动最后都可以归结为所有者权益的变动：收入和利润的增加即所有者权益的增加，费用的增加即所有者权益的减少；反之，则相反。所以，在会计期末结账后，会计等式又恢复到最初的会计基本等式，即

资产 = 负债 + 所有者权益

由此可见，全部会计要素之间的会计等式，全面综合反映了企业资金运动的内在规律，企业的资金总是采用动静相结合的方式持续不断的运动着。

【例 2-1】 小金用现金 60 000 元作为投资，经营 A 商店。现金存入银行。3 月 1 日开始营业。3 月份发生以下经济业务：3 月 5 日，向银行借入短期借款 40 000 元，存入银行；3 月 12 日，购入甲商品 50 000 元，以银行存款支付；3 月 20 日，将甲商品全部对外销售，收取价款 75 000 元，款项存入银行，同时结转已销售商品的成本；月末结账未进行利润分配。

分析：

(1) 3 月 1 日，A 商店开张营业时，拥有资产总额(银行存款)为 60 000 元，该项资产全部由所有者小金提供，小金拥有对该资产的所有权，属于所有者权益(实收资本)，即

资产(60 000 元) = 负债(0 元) + 所有者权益(60 000 元)

(2) 3 月 5 日，向银行借入短期借款 40 000 元存入银行。此项业务一方面使企业的资产(银行存款)增加了 40 000 元，另一方面使企业的负债(短期借款)增加了 40 000 元。A 商店在 3 月 5 日拥有的资产总额为 100 000 元，其中 60 000 元来源于所有者(小金)，40 000 元来源于债权人(银行)，即

资产(100 000 元) = 负债(40 000 元) + 所有者权益(60 000 元)

(3) 3 月 12 日，购入甲商品，以银行存款支付。此项业务一方面使企业的库存商品增加了 50 000 元，另一方面使企业的银行存款减少了 50 000 元。由于库存商品和银行存款均属于企业资产，一个增加，另一个减少，资产总额不变，只是资产形态发生变化。所以，资产总额仍为 100 000 元，即

资产(100 000 元) = 负债(40 000 元) + 所有者权益(60 000 元)

(4) 3 月 20 日，将甲商品全部对外销售，收取价款 75 000 元，款项存入银行。此项业务一方面收入(主营业务收入)增加了 75 000 元，同时银行存款增加了 75 000 元；另一方面

库存商品减少了 50 000 元，导致费用(主营业务成本)增加了 50 000 元。所以资产总额为 125 000 元(100 000 元 + 75 000 元 − 50 000 元)，负债为 40 000 元，所有者权益为 60 000 元，收入为 75 000 元，费用为 50 000 元，即

资产(125 000 元) = 负债(40 000 元) + 所有者权益(60 000 元)
+ 收入(75 000 元) − 费用(50 000 元)

(5) 3 月 31 日，计算本月利润为 25 000 元，(收入 75 000 元 − 费用 50 000 元)，纳入所有者权益，即

资产(125 000 元) = 负债(40 000 元) + 所有者权益(85 000 元)

第三节　经济业务类型及其对会计等式的影响

一、经济业务的含义

所谓经济业务，也称会计事项，是指应办理会计手续、能运用会计程序和方法反映的经济活动或交易事项。

二、经济业务的类型及其情形

尽管企业经济业务错综复杂，种类繁多，但是从会计等式来看不外乎有以下四种类型，并具体分为九种情况(如表 2-1 所示)。

表 2-1　四种类型、九种情况的经济业务与会计等式的关系

经济业务类型		资产 =	负债 +	所有者权益
第一种类型	1	增加	增加	
	2	增加		增加
第二种类型	3	减少	减少	
	4	减少		减少
第三种类型	5	增加、减少		
第四种类型	6		增加、减少	
	7			增加、减少
	8		增加	减少
	9		减少	增加

(一) 经济业务的基本类型

经济业务的基本类型如下：

(1) 等式双方要素同时增加，增加金额相等，等式保持平衡；

(2) 等式双方要素同时减少，减少金额相等，等式保持平衡；

(3) 等式左边要素有增有减，增减金额相等，等式保持平衡；

(4) 等式右边要素有增有减，增减金额相等，等式保持平衡。

(二) 经济业务影响会计等式的规律

经济业务影响会计等式的规律如下：

(1) 资产项目一增一减，增减金额相等，等式保持平衡；

(2) 负债项目一增一减，增减金额相等，等式保持平衡；

(3) 所有者权益项目一增一减，增减金额相等，等式保持平衡；

(4) 负债增加，所有者权益减少，等式保持平衡；

(5) 所有者权益增加，负债减少，等式保持平衡；

(6) 资产增加，负债增加，等式保持平衡；

(7) 资产增加，所有者权益增加，等式保持平衡；

(8) 资产减少，负债减少，等式保持平衡；

(9) 资产减少，所有者权益减少，等式保持平衡。

三、经济业务对会计等式的影响

每一项经济业务或会计事项的发生，尽管会引起会计要素的增减变动，但永远不会破坏会计等式的平衡关系，即会计等式是恒等式。

下面用实例来说明经济业务的类型、具体情况以及对会计等式的影响。

【例 2-2】 甲公司 20×1 年 1 月 31 日资产、负债、所有者权益的数量关系为

资产(360 000 元) = 负债(60 000 元) + 所有者权益(300 000 元)

假设甲公司 20×1 年 2 月份发生下列资产、权益变动的经济业务：

(1) 甲公司向银行借入三个月期限的短期借款 20 000 元，存入银行。

此项经济业务，使企业的银行存款(资产)和短期借款(负债)同时增加了 20 000 元，资产和权益的总额分别增加了 20 000 元，两者仍然相等。即

资产(360 000 元 + 20 000 元) = 负债(60 000 元 + 20 000 元) + 所有者权益(300 000 元)

此笔业务属于等式双方要素同时增加的经济业务类型(具体情况为：资产增加，负债增加)。

(2) 甲公司接受某投资者 300 000 元，存入银行。

此项经济业务，使企业的银行存款(资产)和实收资本(所有者权益)同时增加了 300 000 元，资产和权益的总额分别增加了 300 000 元，两者仍然相等。即

资产(380 000 元 + 300 000 元) = 负债(80 000 元) + 所有者权益(300 000 元 + 300 000 元)

此笔业务属于等式双方要素同时增加的经济业务类型(具体情况为：资产增加，所有者权益增加)。

(3) 甲公司以银行存款偿还所欠销货单位货款 6000 元。

此项经济业务，使企业的银行存款(资产)和应付账款(负债)同时减少了 6 000 元，资产和权益的总额分别减少了 6 000 元，两者仍然相等。即

资产(680 000 元 − 6 000 元) = 负债(80 000 元 − 6 000 元) + 所有者权益(600 000 元)

此笔业务属于等式双方要素同时减少的经济业务类型(具体情况为：资产减少，负债减少)。

(4) 甲公司因缩小经营规模的需要，经批准减少注册资本 70 000 元，企业以银行存款归还给投资者。

此项经济业务，使企业的银行存款(资产)和实收资本(所有者权益)同时减少了 70 000 元，资产和权益的总额分别减少了 70 000 元，两者仍然相等。即

资产(674 000 元 − 70 000 元) = 负债(74 000 元) + 所有者权益(600 000 元 − 70 000 元)

此笔业务属于等式双方要素同时减少的经济业务类型(具体情况为：资产减少，所有者权益减少)。

(5) 甲公司以银行存款 200 000 元购入生产设备一套。

此项经济业务，使企业的固定资产(资产)增加了 200 000 元，银行存款(资产)减少了 200 000 元，资产和权益的总额不变。即

资产(604 000 元 + 200 000 元 − 200 000 元) = 负债(74 000 元) + 所有者权益(530 000 元)

此笔业务，属于等式左边要素有增有减的经济业务类型(具体情况为：资产项目一增一减)。

(6) 甲公司经过与银行协商，银行同意将甲公司所欠的 20 000 元短期借款，偿还期限增加二年。

此项经济业务使企业的短期借款(负债)减少了 20 000 元，长期借款(负债)增加了 20 000 元，资产和权益的总额不变，即

资产(604 000 元) = 负债(74 000 元 + 20 000 元 − 20 000 元) + 所有者权益(530 000 元)

此笔业务属于等式右边要素有增有减的经济业务类型(具体情况为：负债项目一增一减)。

(7) 甲公司经批准，将盈余公积金 16 000 元转增实收资本。

此项经济业务，使企业的盈余公积(所有者权益)减少了 16 000 元，实收资本(所有者权益)增加了 16 000 元，资产和权益的总额不变，即

资产(604 000 元) = 负债(74 000 元) + 所有者权益(530 000 元 + 16 000 元 − 16 000 元)

此笔业务属于等式右边要素有增有减的经济业务类型(具体情况为：所有者权益项目一增一减)。

(8) 甲公司经研究决定，向投资者分配利润，应付投资者利润 4 000 元。

此项经济业务，使企业的利润(所有者权益)减少了 4 000 元，应付股利(负债)增加了 4 000 元，资产和权益的总额不变，即

资产(604 000 元) = 负债(74 000 元 + 4 000 元) + 所有者权益(530 000 元 − 4 000 元)

此笔业务属于等式右边要素有增有减的经济业务类型(具体情况为：负债增加，所有者权益减少)。

(9) 甲公司经过与销货单位协商并经批准，将所欠的 20 000 元应付账款转为实收资本。

此项经济业务，使企业的应付账款(负债)减少了 20 000 元，实收资本(所有者权益)增加了 20 000 元，资产和权益的总额不变，即

资产(604 000 元) = 负债(78 000 元 − 20 000 元) + 所有者权益(526 000 元 + 20 000 元)

此笔业务属于权益内部有增有减的经济业务类型(具体情况为：负债减少，所有者权益增加)。

上述九笔经济业务发生后，甲公司 20×1 年 2 月 28 日资产、负债、所有者权益的数量关系为：

资产(604 000 元) = 负债(58 000 元) + 所有者权益(546 000 元)

综上所述，以上九笔经济业务只是四种经济业务类型或九种具体情况的代表，每类经济业务或每种具体情况还有许多经济业务。而任何一项经济业务都可以归属到上述四种类型或九种情况。所以，需要我们在实践中加以区别。

本章小结

会计要素是对会计对象的基本分类，是分类核算的基础，也为财务会计报告构筑了基本框架。企业会计要素包括资产、负债、所有者权益、收入、费用和利润。

计量属性是指所要计量的某一会计要素的特性方面，反映的是确定会计要素金额的基础，主要包括历史成本、重置成本、可变现净值、现值和公允价值等。我国企业会计准则规定，企业对会计要素进行计量时，一般应当采用历史成本；采用重置成本、可变现净值、现值、公允价值计量的，应当保证能够取得并可靠计量所确定的会计要素金额。

会计等式是反映各个会计要素之间数量关系的等式，是设置账户、复式记账、编制财务会计报告的理论依据。会计等式适用于所有企业的会计核算。不管经济业务如何增减变动，都不会破坏会计等式的平衡关系，即会计恒等式。会计基本等式是：资产=负债+所有者权益。

企业经济业务有四种类型与九种情况。企业的任何一笔经济业务都不外乎在四种类型与九种情况之内。

思考题

1. 什么是会计要素，把会计对象划分为会计要素有什么作用?
2. 我国企业有哪几个会计要素，各个会计要素的含义是什么，分别包括哪些具体内容?
3. 会计计量属性有哪些?
4. 什么是会计等式，会计基本等式用公式如何表示?
5. 什么是经济业务？经济业务有哪四种类型?
6. 简述经济业务的四种类型、九种情况与会计基本等式的关系，并举例说明。

练习题

习题 2-1

一、目的：练习会计要素的分类。

二、资料：反映各个会计要素的经济内容如表 2-2 所示。

表 2-2　反映各个会计要素的经济内容

经 济 内 容	资产	负债	所有者权益	收入	费用	利润
1. 企业的库存现金						
2. 企业库存的各种商品						
3. 因销售商品而应向客户收取的货款						
4. 向银行借入的长期借款						
5. 企业购置的各种设备						
6. 企业行政管理部门发生的办公费用						
7. 因购买材料而应付的购料款						
8. 投资者投入企业的资本金						
9. 应交给税务部门的税金						
10. 销售商品而实现的收入						
11. 企业收入减去费用后的差额						
12. 企业销售商品时发生的费用						
13. 企业应付给职工的工资						
14. 企业按购货合同预付的货款						
15. 企业因短期借款而支付的利息						

三、要求：根据上述经济内容，分别确定所属的会计要素，并在相应的会计要素内打“√”。

习题 2-2

一、目的：练习会计等式的平衡关系。

二、资料：

(一)　20×1 年 1 月 1 日，某公司资产、负债和所有者权益的各个具体项目有关资料如表 2-3 所示。

表 2-3　有 关 资 料

资　产	金　额	权　益	金　额
库存现金	1 300	短期借款	52 000
银行存款	77 200	应付账款	37 500
应收账款	28 000	实收资本	300 000
其他应收款	1 000	盈余公积	10 000
原材料	66 000		
库存商品	36 000		
固定资产	180 000		
无形资产	10 000		
合　计	399 500	合　计	399 500

(二) 该公司 1 月份发生下列经济业务：

(1) 从银行借入一年期限的借款 28 000 元，存入银行；

(2) 从银行提取现金 500 元；

(3) 购入原材料 20 000 元，已验收入库，但货款尚未支付；

(4) 收到新的投资者的投入资本 60 000 元，存入银行；

(5) 以银行存款 10 000 元归还上月应付材料款；

(6) 收到上月销货款 28 000 元，存入银行；

(7) 职工张某暂借差旅费 600 元，出纳以现金支付；

(8) 以银行存款 52 000 元归还短期借款。

三、要求；

(1) 分别说明上述 8 笔经济业务属于哪一种类型。

(2) 根据上述资料，编制一张“会计要素及其项目增减变化表”，如表 2-4 所示。

表 2-4　会计要素及其项目增减变化表

资　产	增减前金额	增减金额	增减后金额	权益	增减前金额	增减金额	增减后金额
库存现金				短期借款			
银行存款				应付账款			
应收账款				实收资本			
其他应收款				盈余公积			
原材料							
库存商品							
固定资产							
无形资产							
合　计				合　计			

第三章

会计账户与复式记账

内容提要

要满足企业会计核算的需要，必须对会计要素进行进一步的分类，分类后所得到的项目就是会计科目。会计科目是设置账户的依据，会计科目与会计账户既有联系又有区别。会计账户根据经济核算的需要分为总分类账户和明细分类账户，两者之间的关系是控制和从属的关系。在把经济业务登记到账户的过程中，必须采用一定的记账方法，本章主要介绍在会计核算中发挥着重要作用的一种复式记账方法：借贷记账法。通过对会计分录、过账、试算平衡表的介绍，可以对借贷复式记账法有一个全面、系统的认识。

第一节　会计科目与会计账户

一、会计科目

企业在生产经营过程中要发生各种各样的经济业务，任何一项经济业务的发生必然引起会计要素的增减变动。为了分门别类地核算和监督各项经济业务以及由此而引起的各项会计要素的变动情况，为企业的经济管理提供有用的核算资料，必须设置会计科目。

(一) 会计科目的概念

会计科目是对会计要素进一步分类核算的类目。虽然会计对象已经分为资产、负债、所有者权益、收入、费用、利润六大类，但企业日常发生的业务多种多样，只用六个要素不能全面、详细地反映特定经济内容的增减变动。为了全面、系统、分门别类地核算与监督各项经济业务的发生情况，就有必要按照各项会计对象要素设置会计科目。设置会计科目就是对会计对象的具体内容加以科学归类，进行分类核算与监督的一种方法。例如，企业的资产要素下需要设置“库存现金”“银行存款”“原材料”及“固定资产”等科目，负债要素下需要设置“短期借款”“应付账款”“长期借款”等科目。

设置会计科目不仅使编制会计凭证和设置账簿记录有了依据，编制会计报表有了基础，并能提供全面、统一的会计信息，便于投资人、债权人以及其他会计信息使用者掌握和分析企业的财务情况、经营成果和现金流量。

(二) 设置会计科目的原则

会计科目不能任意设置，必须根据企业会计准则和国家统一的会计制度的规定设置和使用。设置会计科目应遵循下列基本原则：

(1) 必须满足企业经济管理的要求。会计科目的设置必须既要结合会计对象的特点，又要符合经济管理的需要，达到全面而概括地反映企业生产经营活动情况的目的，便于清晰地提供会计信息，以满足国家宏观经济管理的要求和企业内部经营管理的需要。

(2) 统一性与灵活性相结合。为了适应宏观管理的需要，会计科目在我国由财政部统一制定。但在不影响会计核算的要求和会计报表指标的汇总，以及对外提供统一的财务会计报告的前提下，企业可以根据本企业具体情况，在不违背会计科目使用原则的基础上，确定适合于本企业的会计科目名称，也可以根据自身的实际情况增设、减少或合并某些会计科目的明细科目。

(3) 会计科目名称力求含义明确、简明扼要。为了准确地使用会计科目，所设置的会计科目必须含义明确、通俗易懂。对每一个会计科目，其核算内容必须严格明确地界定，各科目所反映的内容不能互相混淆。

(4) 会计科目设置要相对稳定。为了便于会计核算资料的汇总及企业不同时期的对比分析，使企业的会计信息具有可比性，会计科目的名称及其核算内容应该保持相对稳定。

(5) 会计科目应统一编号。会计科目应按国家规定的会计制度统一编号，以便编制会计凭证、登记账簿、查阅账目、实行会计电算化。

(三) 会计科目的分类

1. 按会计科目反映的经济内容分类

会计科目按其反映的经济内容不同，可分为资产类、负债类、共同类、所有者权益类和损溢类、成本类六大类。

(1) 资产类科目可以按流动性分为反映流动资产的科目和反映非流动资产的科目。流动资产包括“库存现金”“原材料”“应收账款”等科目；非流动资产包括“长期股权投资”“固定资产”“无形资产”等科目。

(2) 负债类科目可以按负债的偿还期限分为流动负债科目和长期负债科目。其中流动负债科目包括“短期借款”“应付账款”“应付职工薪酬”“应交税费”“应付股利”等科目。

(3) 共同类科目包括“货币兑换”“衍生工具”等。

(4) 所有者权益类科目按权益的形成和性质可分为反映资本的科目和反映留存收益的科目。反映资本的科目有“实收资本”“资本公积”；反映留存收益的科目有“盈余公积”“利润分配”。

(5) 成本类科目包括“生产成本”“制造费用”等。

(6) 损溢类科目按不同内容和性质可分为反映收入类的科目和反映成本费用类的科目。反映收入的类科目有“主营业务收入”“其他业务收入”等；反映成本费用类的科目有“主营业务成本”“其他业务成本”“销售费用”“管理费用”“财务费用”等。

2. 按会计科目的隶属关系分类

会计科目按其隶属关系分类，可分为总分类科目和明细分类科目。总分类科目又称为总账科目或一级科目，它是对会计对象的具体内容进行总括分类的项目，反映各种经济业务的概括情况。明细分类科目是对总账科目所作的进一步分类，反映的是各种经济业务的详细情况。明细科目又可分为二级明细科目(亦称子目)和三级明细科目(亦称细目)。如“固定资产”是总账科目，下设“生产经营用固定资产”和“非生产经营用固定资产”等二级明细科目，而在二级明细科目下再根据不同的型号、规格等分设三级明细科目。“原材料”是总账科目，下设“原料及主要材料”和“辅助材料”等二级明细科目，在二级明细科目下根据材料的不同规格型号分设三级明细科目。

(四) 会计科目的主要名称及编号

企业在进行会计核算时，运用的会计科目很多，为了表明它们的性质及所属的类别和关系，便于编制会计凭证、登记账簿、审计会计资料，并有助于会计系统从手工过渡到电算化系统，我国财政部规定的会计科目，都按照一定的方法予以统一编号。下面将我国新《企业会计制度》规定的一级科目中比较常用的会计科目及编号列示出来，如表 3-1 所示。

表 3-1　会计科目表

序　号	编　号	会计科目名称
		一、资产类
1	1001	库存现金
2	1002	银行存款
3	1012	其他货币资金
4	1101	交易性金融资产
5	1121	应收票据
6	1122	应收账款
7	1123	预付账款
8	1131	应收股利
9	1132	应收利息
10	1221	其他应收款
11	1231	坏账准备
12	1401	材料采购
13	1402	在途物资
14	1403	原材料
15	1404	材料成本差异
16	1405	库存商品
17	1406	发出商品
18	1408	委托加工物资
19	1471	存货跌价准备
20	1505	债权投资
21	1507	其他债权投资
22	1511	长期股权投资
23	1512	长期股权投资减值准备

续表(一)

序　号	编　号	会计科目名称
24	1521	投资性房地产
25	1531	长期应收款
26	1601	固定资产
27	1602	累计折旧
28	1603	固定资产减值准备
29	1604	在建工程
30	1605	工程物资
31	1606	固定资产清理
32	1701	无形资产
33	1702	累计摊销
34	1703	无形资产减值准备
35	1711	商誉
36	1801	长期待摊费用
37	1811	递延所得税资产
38	1901	待处理财产损溢
		二、负债类
49	2001	短期借款
40	2101	交易性金融负债
41	2201	应付票据
42	2202	应付账款
43	2203	预收账款
44	2211	应付职工薪酬
45	2221	应交税费
46	2231	应付利息
47	2232	应付股利
48	2241	其他应付款
49	2501	长期借款
50	2502	应付债券
51	2701	长期应付款
52	2702	未确认融资费用
53	2801	预计负债
54	2901	递延所得税负债
		三、共同类
55	3001	清算资金往来
56	3002	货币兑换
57	3101	衍生工具
58	3201	套期工具
59	3202	被套期项目

续表(二)

序 号	编 号	会计科目名称
		四、所有者权益类
60	4001	实收资本(或股本)
61	4002	资本公积
62	4101	盈余公积
63	4103	本年利润
64	4104	利润分配
		五、成本类
65	5001	生产成本
66	5101	制造费用
67	5201	劳务成本
68	5301	研发支出
		六、损溢类
69	6001	主营业务收入
70	6011	利息收入
71	6051	其他业务收入
72	6061	汇兑损溢
73	6101	公允价值变动损溢
74	6111	投资收益
75	6115	资产处置损溢
76	6301	营业外收入
77	6401	主营业务成本
78	6402	其他业务成本
79	6403	税金及附加
80	6411	利息支出
81	6601	销售费用
82	6602	管理费用
83	6603	财务费用
84	6701	资产减值损失
85	6711	营业外支出
86	6801	所得税费用
87	6901	以前年度损溢调整

二、会计账户

会计科目只是对会计要素具体内容进行分类的类目，但各单位发生的各种经济业务十分频繁、复杂，要系统、连续、全面地把各种经济业务发生的情况和由此引起的各项资金变化情况分门别类地进行核算和监督，只使用会计科目是不够的，必须根据规定的会计科目开设相应的账户作为记账的实体。设置会计账户就是用货币量度对会计要素的具体内容进行日常归类、核算与监督的一种方法。

(一) 会计账户的概念

会计账户是根据会计科目开设的，具有一定的结构，是用来系统、连续地记载各项经济业务的一种手段。每一个账户都有一个简明的名称，用来说明该账户的经济内容，这个名称就是会计科目。会计科目与会计账户是两个不同的概念，它们既有联系又有区别。它们的联系在于，会计科目是会计账户的名称，是设置会计账户的依据，两者所反映的经济内容是一致的。它们的区别在于，会计科目只是对会计要素具体内容的分类，本身没有结构，而会计账户是会计科目的具体运用，有相应的结构和格式，能具体反映某项经济内容的增减变动情况。因此会计账户比会计科目更明细，内容更丰富。

(二) 会计账户的结构和内容

账户的结构即账户的格式，是指会计账户中用来记录经济业务的组成部分以及各部分之间的关系。企业发生的各项经济业务引起的资金变动，不外是增加和减少两种情况。因此账户也相应地划分为两个基本部分，一部分反映数额的增加，另一部分反映数额的减少。通常把会计账户划分为左右两方，一方登记增加额，另一方登记减少额，同时还要反映增减相抵后的差额，即余额。会计账户一般说来应包括以下几个方面的内容：

(1) 会计账户的名称(即会计科目)；

(2) 日期和凭证号数；

(3) 摘要(概括说明经济业务的内容)；

(4) 增加和减少的金额；

(5) 余额。

在复式记账法下，把账户分为借方和贷方，用来登记增加额和减少额。会计账户的左边称为“借方”，右边称为“贷方”，至于哪一方记增加，哪一方记减少，是由账户的性质决定的。

账户按其性质来看，资产类账户和负债及所有者权益类账户是两种性质完全不同的账户，成本费用类账户与收入成果类账户也是两种性质完全不同的账户。在性质不同的账户中应使用两个相反的方向来登记它们的增加额和减少额。所以，各类账户就有了不同的结构。

会计账户结构在理论上通常用简化的“丁”字式账户结构表示(见图 3-1)。

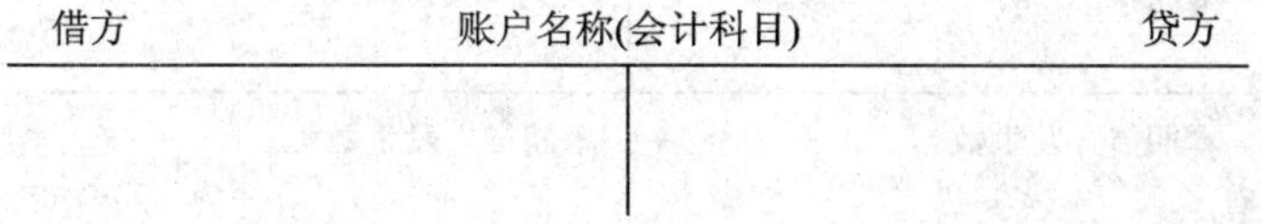

图 3-1　“丁”字式账户的结构

1．资产类账户的结构

资产类账户是用来记录和反映各项资产增减变动的账户。在这类账户中，借方登记资产的增加数，贷方登记资产的减少数，余额一般在借方，表示该项资产的期末实有数。

资产类账户的期末余额可以用下列公式表示：

期末借方余额 = 期初借方余额 + 本期借方发生额 − 本期贷方发生额

图 3-2 列示了资产类账户的结构。

资产类账户

借方	贷方
期初余额 本期发生数(增加数)	本期发生数(减少数)
本期借方发生数合计 期末余额	本期贷方发生数合计

图 3-2　资产类账户的结构

2．负债及所有者权益类账户的结构

负债类账户是记录和反映企业各项负债增减变动的账户；所有者权益类账户是记录和反映企业各项所有者权益增减变动的账户。在这两类账户中，贷方登记负债或所有者权益的增加数，借方登记负债或所有者权益的减少数，余额一般在贷方，表示负债或所有者权益的实有数。

负债及所有者权益类账户的期末余额可以用下列公式表示：

期末贷方余额 = 期初贷方余额 + 本期贷方发生额 − 本期借方发生额

图 3-3 列示了负债(所有者权益)类账户的结构。

负债(所有者权益)类账户

借方	贷方
本期发生数(减少数)	期初余额 本期发生数(增加数)
本期借方发生数合计	本期贷方发生数合计 期末余额

图 3-3　负债(所有者权益)类账户的结构

3．成本费用类账户

成本费用类账户是用来记录企业在生产经营过程中的人力、物力和财力消耗情况的账户。在这类账户中，借方登记成本或费用的增加数，贷方登记成本或费用的减少数或转销数。这类账户期末一般没有余额。如果有余额，一般在借方，表示尚未结转的成本费用。

图 3-4 列示了成本费用类账户的结构。

成本费用类账户

借方	贷方
增加数	减少数或转销数
本期借方发生数	本期贷方发生数

图 3-4　成本费用类账户的结构

4．收入利润类账户

收入利润类账户可以分为收入类和利润类账户。收入类账户是用来记录企业在经济活动中取得的各项收入的账户。利润类账户是用来记录企业生产经营的最终成果的账户。

在收入类账户中，贷方登记收入的增加数，借方登记收入的减少数或转销数，这类账户的数额在期末都要转入“本年利润”账户，以确定当期的损溢。所以，这类账户期末一般没有余额。

利润类账户的结构与所有者权益类账户的结构相同，贷方登记增加数，借方登记减少数。余额在贷方，表示企业实现的利润数；如果余额在借方，则表示企业发生的亏损数。

图 3-5 列示了收入类账户的结构。

借方　　　收入类账户	贷方
减少数或转销数	增加数
本期借方发生数	本期贷方发生数

图 3-5　收入类账户的结构

(三) 总分类账与明细分类账

设置会计账户是会计核算的一种专门方法。会计账户的开设应与会计科目相适应，会计科目分为总分类科目、明细分类科目，会计账户也相应地分为总分类账户和明细分类账户。总分类账户是明细分类账户的统驭账户，它对明细账户起着控制作用；明细分类账户是总分类账户的从属账户，它对总分类账户起着辅助和补充作用，两者相结合能全面地反映同一经济业务的核算内容。

总分类账户与明细分类账户的平行登记可以概括为以下三点：

(1) 同时间登记：对发生的每项经济业务，要根据同一会计凭证，一方面在有关的总分类账户中进行总括登记，另一方面要在有关的明细分类账户中进行明细登记。

(2) 同方向登记：登记总分类账户及其所属的明细分类账户时，借贷记账方向必须一致。

(3) 同金额登记：登记总分类账户及其所属的明细分类账户时，总分类账户的金额必须与记入其所属的一个或几个明细分类账户的金额合计数相等。

例如，某厂购入 20 000 元原材料，其中甲材料 15 000 元，乙材料 5 000 元。则企业在设置原材料账户时应同时设置原材料总分类账户和原材料明细分类账户。在原材料总分类账户中，综合反映甲、乙两种材料的期初结存、本期购入、生产领用、期末结存等总金额。在原材料明细分类账户中，分别反映各种材料的期初结存、本期购入、生产领用、期末结存等的数量及金额，这样甲、乙两个明细分类账户的金额总和应该等于原材料总分类账户的金额。如果两者不相等，则说明登记有误，应及时查明原因并更正。

第二节　借贷记账法

一、记账方法

任何一个会计主体都要根据会计科目设置账户，在账户中分类登记经济业务。登记账户必须采用科学的记账方法。所谓记账方法，就是根据一定的原理、记账符号、记账规则，采用一定的计量单位，利用文字和数字记录经济业务活动的一种专门方法。

按记录方式的不同，记账方法可分为单式记账法和复式记账法两大类。单式记账法是一种简单但不完整的记账方法，它对每一项经济业务，只在一个账户中登记，反映经济业务的一个方面。比如用现金支付费用，只登记现金的付出，而不登记费用的去向；用银行存款支付欠款，只登记银行存款的减少，而不登记欠款的减少。这种方法手续简便，但不能反映出经济业务的来龙去脉，也不便于核对检查，目前这种记账方法已经逐渐被淘汰。

复式记账法是相对单式记账而言的，它是指对每一笔经济业务在两个或两个以上的账户中作双重记录，这种记账方法能完整系统地反映经济活动的过程和结果，能反映每笔经济业务的来龙去脉，同时也便于试算平衡，是一种较为完善的记账方法。

二、复式记账法

复式记账法，就是对于每一项经济业务所引起的资金运动，都要用相等的金额，同时在两个或两个以上相互联系的账户中进行全面登记的一种记账方法。

复式记账法可分为借贷记账法、增减记账法和收付记账法三种。其中，增减记账法是在 20 世纪 60 年代我国商业系统在改革记账方法时提出的一种记账方法；收付记账法是在我国传统的收付记账法的基础上发展起来的复式记账法。

三、借贷记账法

借贷记账法是以“借”和“贷”作为记账符号的一种复式记账方法。这种记账方法产生于公元 13 世纪地中海沿海城市，以后便逐步推广到世界各地。我国《企业会计准则》规定“会计记账采用借贷记账法”。根据我国企业会计制度的规定，我国各类企业从 1993 年 7 月 1 日起统一采用借贷记账法。

（一）借贷记账法的记账符号

借贷记账法用“借”和“贷”作为记账符号，每个账户的基本结构都为“借方”“贷方”，左方为借方，右方为贷方，这两方用来反映相反的资金变化。

（二）借贷记账法的记账规则

借贷记账法以“有借必有贷，借贷必相等”作为记账规则。根据复式记账法的原理，对每项经济业务都要以相等金额，同时在两个或两个以上相互联系的账户中进行登记。记账时，对每项经济业务必须用相等金额，一方面记入一个或几个有关账户的借方；另一方面记入一个或几个有关账户的贷方，记入借方账户与贷方账户的数额必须相等。例如以银行存款支付应付账款，一方面，借方登记应付账款的减少；另一方面，贷方登记银行存款的减少。记入借方的金额与记入贷方的金额必须相等。

由于借贷记账法登记经济业务时，都必须遵循“有借必有贷，借贷必相等”的记账规则，记账方向相反，金额相等。此外，又因为有“资产=负债+所有者权益”的会计基本等式，因此，我们可以得到以下试算平衡公式：

$$本期借方发生额合计 = 本期贷方发生额合计$$

$$期初借方余额合计 = 期初贷方余额合计$$

$$期末借方余额合计 = 期末贷方余额合计$$

利用这种平衡关系，就可以检查各账户记录是否正确。

四、会计分录

企业发生的经济业务十分频繁，需要设置的账户很多。为了正确地反映出账户的对应关系，并防止记账的差错，在把每项经济业务正式记入账户之前，必须根据业务的内容编制会计分录。

会计分录简称分录，它是对每项经济业务(会计事项)指出应登记的账户和记账方向与金额的一种记录。

每一笔会计分录都包括三个要素：会计科目、记账符号、变动金额。

由于对每项经济业务都要在两个或两个以上的账户中登记，于是在有关的账户之间便形成了借、贷的相互关系，即账户的对应关系。发生对应关系的账户叫对应账户。例如企业把库存现金存入银行，这项业务要分别在“库存现金”及“银行存款”两个账户中进行登记，“库存现金”和“银行存款”两个账户之间就发生了相互对应的关系，这两个账户就互为对应账户。

会计分录按其所反映经济业务的复杂程度，可分为简单分录和复合分录两种。

简单分录是指一项经济业务发生以后，只在两个账户中记录其相互联系的两个经济因素的数量变化情况的会计分录，即“一借一贷”的会计分录，而复合分录是指经济业务发生后，需要应用三个或三个以上的账户，记录其相互联系的多种经济因素的数量变化情况的会计分录，即“一借多贷”或“一贷多借”，或“多借多贷”的会计分录。

一个复合会计分录可以分解为几个简单的会计分录。复合会计分录，有利于集中反映整个经济业务的全貌，简化记账工作，提高会计工作效率。

下面举例说明会计分录的编制。

某企业资产、负债、所有者权益的期初余额如表 3-2 所示。

表 3-2　企业期初余额情况表

资　产	期初金额	负债与所有者权益	期初金额
库存现金	2 000		
银行存款	200 000	短期借款	200 000
应收账款	50 000	应付账款	90 000
原材料	200 000	应交税费	20 000
固定资产	600 000	实收资本	1 022 000
库存商品	80 000		
无形资产	200 000		
合　计	1 332 000	合计	1 332 000

企业本期发生的经济业务如下：

【例 3-1】 甲公司接受乙企业投入资本金 1 000 000 元，存入银行。

在这项业务中，企业所有者权益账户“实收资本”增加了 1 000 000 元。同时，企业的资产账户“银行存款”同时增加了 1 000 000 元。根据借贷记账法的记账规则，编制会计分录如下：

借：银行存款　　1 000 000

　　贷：实收资本　　1 000 000

【例 3-2】 企业以银行存款 20 000 元缴纳上月应交的税金。

在这项业务中，企业的负债账户“应交税费”减少了 20 000 元，同时，企业的资产账户“银行存款”也减少了 20 000 元。根据借贷记账法的记账规则，编制会计分录如下：

借：应交税费　　　20 000

　　贷：银行存款　　　20 000

【例 3-3】 企业收到红星公司以前所欠的货款 50 000 元，存入银行。

在这项业务中，企业的资产账户“银行存款”增加了 50 000 元，同时企业的另一个资产账户“应收账款”减少了 50 000 元。编制会计分录如下：

借：银行存款　　　50 000

　　贷：应收账款　　　50 000

【例 3-4】 企业开出 100 000 元转账支票一张，归还企业所欠银行的短期借款。

在这项业务中，企业的资产账户“银行存款”减少了 100 000 元，同时企业的负债账户“短期借款”减少了 100 000 元。编制会计分录如下：

借：短期借款　　　100 000

　　贷：银行存款　　　100 000

【例 3-5】 企业开出一张转账支票 50 000 元，购入一辆运货汽车。

在这项业务中，企业的资产账户“固定资产”增加了 50 000 元，同时企业的另一个资产账户“银行存款”减少了 50 000 元。编制会计分录如下：

借：固定资产　　　50 000

　　贷：银行存款　　　50 000

五、登记账户及试算平衡

1. 过账

各项经济业务编制好会计分录以后，即应登记有关的账户，这个登记账户的过程称为“过账”。过账以后，一般在月底结账，即计算出各账户的本期发生额和期末余额。下面将以上的经济业务的会计分录记入图 3-6 所列各账户。

借方　　　　　　库存现金　　　　　　贷方

期初余额	2 000		
本期发生额	------	本期发生额	-----
期末余额	2 000		

借方　　　　　　银行存款　　　　　　贷方

期初余额	200 000	②	20 000
①	1 000 000	④	100 000
③	50 000	⑤	50 000
本期发生额	1 050 000	本期发生额	170 000
期末余额	1 080 000		

借方	应收账款		贷方
期初余额	50 000	③	50 000
本期发生额	----	本期发生额	50 000
期末余额	0		

借方	原材料		贷方
期初余额	200 000		
本期发生额	----	本期发生额	-----
期末余额	200 000		

借方	固定资产		贷方
期初余额	600 000		
⑤	50 000		
本期发生额	50 000	本期发生额	-----
期末余额	650 000		

借方	库存商品		贷方
期初余额	80 000		
本期发生额	----	本期发生额	-----
期末余额	80 000		

借方	无形资产		贷方
期初余额	200 000		
本期发生额	----	本期发生额	-----
期末余额	200 000		

借方	短期借款		贷方
		期初余额	200 000
④	100 000		
本期发生额	100 000	本期发生额	----
		期末余额	100 000

借方	应付账款		贷方
		期初余额	90 000
本期发生额	----	本期发生额	----
		期末余额	90 000

借方	应交税费		贷方
		期初余额	20 000
②	20 000		
本期发生额	20 000	本期发生额	----
		期末余额	0

借方	实收资本		贷方
		期初余额	1 022 000
		①	1 000 000
本期发生额	----	本期发生额	1 000 000
		期末余额	2 022 000

图 3-6 账户发生额和期末余额

2．编制试算平衡表

根据记账规则和试算平衡公式，对上述的各项经济业务编制总分类账试算平衡表进行试算平衡，以检查其记账是否正确，见表 3-3。

表 3-3 企业期末总分类账试算平衡表

会计科目	期初余额		本期发生额		期末余额	
库存现金	2 000				2000	
银行存款	200 000		1 050 000	170 000	1 080 000	
应收账款	50 000			50 000	0	
原材料	200 000				200 000	
固定资产	600 000		50 000		650 000	
库存商品	80 000				80 000	
无形资产	200 000				200 000	
短期借款		200 000	100 000			100 000
应付账款		90 000				90 000
应交税费		20 000	20 000			0
实收资本		1 022 000		1 000 000		2 022 000
合计	1 332 000	1 332 000	1 220 000	1 220 000	2 212 000	2 212 000

从表 3-3 中可以看出，各账户期初借贷余额的合计数均为 1 332 000 元；本期借贷发生额的合计数均为 1 220 000 元；期末借贷余额合计数均为 2 212 000 元，各自保持平衡。这说明记账及过账没有不平衡的错误。如果不相等，说明账户记录有错误，应该查明并更正。通过试算平衡表的编制，可以了解企业经济活动的情况，并为编制资产负债表提供一定的方便。

综上所述，借贷记账法以“借”“贷”作为记账符号，根据“有借必有贷，借贷必相等”的记账规则，分别反映每项经济业务所涉及的资金增减变化的内在联系，在各类账户里反映资金运动的来龙去脉及对应平衡关系。因此借贷记账法有严谨的科学性和广泛的适用性，是一种科学的记账方法。

本章小结

本章主要阐述有关会计科目、会计账户及借贷复式记账法的问题，提出了会计科目的概念，即是对会计对象的具体内容进行分类核算的项目；介绍了会计科目设置的五个原则；重点阐述了会计科目的分类标准：按经济内容和按隶属关系分类。然后阐述了有关会计账户的问题，提出了账户的定义，即是根据会计科目开设的，用来分类记录经济业务内容的，具有一定结构和格式的记账实体；简述了会计科目与账户的关系，介绍了会计账户的基本结构。在学习了会计科目和会计账户的基础上，探讨有关复式记账法的问题。简单介绍了几种记账方法，重点阐述了复式记账法最具代表性的借贷记账法。分析了借贷记账法的概念、记账符号及记账规则。最后，举例说明在借贷记账法下对经济业务的处理过程：编制会计分录、过账及进行试算平衡。

思考题

1. 什么是会计科目？什么是会计账户？会计科目与会计账户有什么区别与联系？
2. 会计科目有哪几类？各是什么内容？
3. 什么是复式记账法？复式记账法的记账规则是什么？
4. 总分类账户与明细分类账户的相互关系如何？
5. 什么是会计分录？会计分录的要素是什么？
6. 什么是账户的对应关系？什么是对应账户？
7. 如何编制试算平衡表？

练习题

习题 3-1

一、目的：分析会计科目并按隶属关系分类。

二、资料：某企业现用的部分会计科目及明细科目如下：

(1) 应收账款	(2) 原材料	(3) 固定资产
(4) 主要材料	(5) 应收 A 工厂货款	(6) 应付账款
(7) 应收 B 工厂货款	(8) 辅料铁钉	(9) 生产经营用固定资产
(10) 辅助材料	(11) 甲材料	(12) 应收 C 工厂货款
(13) 乙材料	(14) 非生产经营用固定资产	(15) 运输工具
(16) 应付红星厂货款	(17) 机器设备	(18) 办公用房
(19) 应付华意公司货款	(20) 丙材料	(21) 润滑油

三、要求：在上列科目中分析哪些属于总账科目？哪些属于明细科目？列示在表 3-4 中。

表 3-4　科 目 分 类

一级科目(总账科目)	二级细目	三级细目

习题 3-2

一、目的：计算账户中的有关数据。

二、资料：有关数据见表 3-5。

表 3-5　有 关 数 据

账户名称	期初余额	本期借方发生额	本期贷方发生额	期末余额
库存现金	2 000	3 000	2 500	?
原材料	200 000	?	22 000	400 000
固定资产	800 000	200 000	?	700 000
应付账款	50 000	?	40 000	30 000
实收资本	900 000	0	?	1 000 000

三、要求：根据上述账户中的有关数据计算每个账户的未知数据。

习题 3-3

一、目的：练习借贷记账法的运用。

二、资料：已知某单位在 2001 年 10 月的各资产、负债和所有者权益账户的期初余额如表 3-6 所示(单位：元)。

表 3-6　企业期初余额情况表

资产	期初金额	负债与所有者权益	期初金额
库存现金	1 000	短期借款	100 000
银行存款	150 000	应付账款	80 000
应收账款	50 000	应交税费	5000
生产成本	30 000	实收资本	600 000
原材料	80 000	利润分配	56 000
库存商品	30 000		
固定资产	500 000		
合计	841 000	合计	841 000

10 月发生的经济业务如下：

(1) 从银行提取现金 2 000 元。

(2) 以银行存款购买机器设备一台，价值 80 000 元。

(3) 购进原材料一批，总额 20 000 元，材料验收入库，货款未付。

(4) 用银行存款缴纳上月未缴纳的增值税 5 000 元。

(5) 收到甲单位以前欠本单位的货款 6 000 元。

(6) 车间领用原材料 10 000 元，全部投入产品生产。

(7) 以银行存款 30 000 元，归还短期借款。

(8) 某法人单位投入资本 100 000 元，款项存入银行。

(9) 收到某单位前欠货款 20 000 元，其中转账支票 18 000 元，现金 2 000 元。

(10) 支付本单位以前欠某单位的货款 4 000 元，以支票付讫。

三、要求：

(1) 根据上述资料，用借贷记账法编制会计分录。

(2) 开设“丁”字式账户，登记期初余额、本期发生额，结出期末余额，并编制“试算平衡表”进行试算平衡。

第四章

借贷记账法的应用——企业主要经济业务的核算

内容提要

本章以工业企业的生产经营过程及相应的经济业务为例，介绍了借贷记账原理和方法的具体运用。通过本章的学习，应掌握制造类企业在资金筹集、供应过程、生产过程、销售过程、利润实现与分配过程以及资金退出等各个资金运动阶段中会计核算和监督的具体内容和方法，尤其是账户设置、会计分录、过账等账务处理方法；掌握诸如采购成本、生产成本、销售成本等成本指标的计算，从而进一步理解前面章节的内容，并为后续章节的学习打下基础。

第一节　工业企业经营过程核算概述

在第二、三章中，分别阐述了设置账户和借贷复式记账这两个基本的会计核算方法。为了全面完整地理解并掌握这两种方法，本章将通过对企业基本经济业务的核算举例，进一步说明账户和复式记账的具体应用。由于各企业单位在社会再生产过程中所处的地位和所起的作用有差别，其经济活动的性质和内容也各不相同，其经营过程各有特点，所采用的账户类型也有明显的差异。工业企业在业务类型上相对具有一定的代表性，因此本章主要以工业企业生产经营过程中的基本经济业务为例，说明账户和借贷复式记账的具体应用。

一、工业企业主要经济活动概述

工业企业是运用各种生产经营要素，从事制造生产资料、生活资料或对农产品、半成品等进行加工的企业。与其他企业相比，工业企业具有生产经营过程环节多、生产费用项目复杂、经营业务变化大等特点，掌握了工业企业经济业务的核算过程和特点，对于学习其他行业的会计核算具有指导作用。

工业企业的基本经济业务按照资金的循环顺序主要包括资金的筹集业务、材料物资采购业务、产品生产业务、产品销售业务、利润实现和分配业务等。这种资金循环是周而复始进行的，这就是资金周转。

资金筹集是企业生产经营过程的起点。企业通过吸收投资、向债权人借款等方式筹集企业生产经营所必需的资金。投资者向企业投入的资金，形成企业的所有者权益。向债权人借入的资金，形成企业的负债。企业将筹集到的资金投入到企业生产经营过程中就形成企业的经营资金。因此，投资者向企业投入资金、企业向债权人借入资金等就构成了资金筹集过程中的基本经济业务。

在供应过程中，企业运用前述筹集到的资金进行购置设备、采购原材料等生产准备活动，这时资金从货币资金转化为储备资金。固定资产的购建业务、原材料采购业务以及企业与对方供货单位之间的货款结算业务等就构成了供应过程中的基本经济业务。

在产品生产过程中，企业借助劳动力——工人，对劳动对象——原材料进行生产加工形成成品，其间劳动资料——设备等因运转而被磨损，所以产品的成本应该包括原材料的消耗、工人的人工费用、设备等固定资产的折旧费用等，这些费用需要借助一定的分配方法分别计入各种产品中，用于计算产品成本。这时企业的资金从储备资金转化为生产资金直至成品资金。生产费用的发生、归集和分配等就构成了企业生产过程中的基本经济业务。

在产品销售过程中，企业将成品投放市场，销售给购货单位，并根据预定的价格、时间和结算方式收取销货款，同时还要发生各种销售费用和税金。这时，企业的资金从成品资金转化为货币资金。销售商品、发生各种销售费用、计提并交纳各种税金以及因销售行为而引起的企业与对方购货单位和国家之间的结算业务，就构成了企业销售过程中的基本经济业务。

在利润实现和分配过程中，企业将通过销售实现的收入以及其他途径获得的收入和发生的费用进行配比，计算企业最终的经营成果，并进行合理分配。企业利润的计算、利润的分配、偿还债务等就构成了企业利润实现和分配过程中的基本经济业务。

二、成本计算

(一) 成本计算的意义和内容

成本计算是会计核算的一种专门方法，企业在生产活动中经常要发生各种人力、物力和财力的耗费，这些耗费的货币表现是企业经济利益的流出，即费用。费用按照一定的对象(如产品)进行归集和分配，就构成各对象的成本。成本是以价值形式反映企业工作质量的综合指标，在经济工作中具有多方面的作用：成本是计算生产耗费及其补偿的重要尺度；是决定产品价格和产品竞争能力的重要条件；是企业进行决策、核算经济效果的重要工具；是衡量企业管理水平和改进各方面工作的重要杠杆。

所谓成本计算，是指将企业在生产经营过程中各个阶段所发生的各种费用，按照各种不同对象和一定标准进行归集和分配，以正确计算各对象的实际总成本和单位成本的一种会计核算专门方法。

就工业企业而言，成本计算主要包括以下内容：

(1) 在供应过程中，将所支付的材料买价、采购费用等按各种材料进行归集，可以构成各种材料的采购成本。

(2) 在生产过程中，将所发生的生产费用按各种产品进行归集，可以构成各种产品的制造成本。

(3) 在销售过程中，将所销售商品的生产成本按各种产品归集，可以构成各种产品的销售成本。

(二) 成本计算的基本要求

成本计算过程实际上是费用的归集和分配过程，要做好成本计算工作，必须准确归集和分配各种费用。一般要求做到以下三点：

1. 严格遵守国家规定的成本开支范围

国家根据成本的客观经济内容和企业实行经济核算制的需要，统一规定了企业成本开支范围，即规定哪些费用开支可以计入成本，哪些费用开支不可以计入成本。企业不得随意改变费用、成本的确认标准或者计量方法，不得虚列、多列、不列或者少列费用、成本，以保持成本指标的真实性和计算口径的一致性。

2. 划清支出与费用、费用与成本的界限

(1) 支出与费用的关系。支出与费用的概念是不同的。支出的范围广泛，企业日常发生的支出，有些与产品的生产有关，有些与产品的生产无关；有些属于资本性支出，有些属于收益性支出。一般认为，凡支出的效益仅与本会计年度相关的，应当作为收益性支出；凡支出的效益与几个会计年度相关的，应当作为资本性支出。不同的费用支出，其补偿的资金来源也是不同的。理论上支出可分为资本性支出、收益性支出、营业外支出和利润分配性支出等。支出中凡是同本企业取得营业收入有关的部分可表现为费用。

(2) 费用与成本的关系。费用与成本的概念是不同的。已经发生的与产品生产有关的费用，不一定等于已经形成的产品成本。虽然生产费用与成本的经济内容是一致的，但计算的基础却不同。生产费用是按照一定会计期间汇集的资金耗费，而成本则是以产品为对象进行归集的资金耗费。通俗地讲，成本是对象化了的费用。一般生产费用与产品成本经常不相等。只有在一定会计期内所发生的生产费用都已经归属于该期的产品，该期的生产费用和产品成本才相等。

所以，费用是资产的耗费，成本是对象化的费用；费用有时与支出相伴随，但支出不一定是当期的费用。

3. 按权责发生制进行成本计算

会计核算的基础有权责发生制和收付实现制。《企业会计准则》规定，企业应当以权责发生制为基础进行会计确认、计量和报告。即凡是当期已经实现的收入和已经发生或应当负担的费用，不论款项是否收付，都应作为当期的收入或费用处理；凡是不属于当期的收入和费用，即使款项已经在当期收付，都不应作为当期的收入和费用。这种方法能够准确反映企业各个时期的盈亏。

因此，要准确合理地计算各期成本，必须按照权责发生制的原则，准确划分费用的归属期，由各期成本合理负担。凡是由本期成本负担的费用，不论是否支付，都全部计入本期成本；凡是不由本期成本负担的费用，即使已经支付，也不能计入本期成本。

(三) 成本计算的基本程序

成本计算的程序是指根据成本核算的基本要求，对企业生产经营过程中所发生的各项费用进行归集分配核算，直至计算出所需成本的基本工作过程。一般包括以下几个步骤：

(1) 确定成本计算对象。成本计算对象是指归集、分配费用的范围，它是成本计算的客体，是生产费用的归属对象和生产费用的承担者。一般而言，劳动耗费的受益者应当作为成本归属的对象。例如，在供应过程中，采购各种材料物资发生的各种费用，应当以各种材料物资作为成本计算对象进行归集和计算各种材料的采购成本。

确定成本计算的对象是成本计算的前提，由于各行各业的生产特点、管理要求、规模、管理水平等不同，企业的成本计算对象也不同。企业应根据自身的生产特点和管理要求，选择合适的成本计算对象。

(2) 确定成本计算期。成本计算期是指两次成本计算之间的间隔期，即隔多少时间计算一次成本。一般情况下，在途物资成本、产品生产成本、商品销售成本都是每月计算一次。但是其中产品生产成本的成本计算期主要取决于企业生产技术特点和生产组织特点。如在大量、大批生产的企业里一般每月计算一次成本，即成本计算周期与会计期间一致；而在单件、小批生产的企业里则可能在产品完工时计算一次成本，那么成本计算周期则与会计期间不一致，而与生产周期一致。

(3) 确定成本项目。成本项目是指各种生产费用按其经济用途的分类。成本是由生产经营过程中所发生的各种耗费构成的，企业在生产经营过程中所发生的各种耗费有不同的用途，有的直接用于生产产品，有的用于管理和组织生产。将计入产品成本的生产费用按其用途划分为若干个成本项目，就是所谓的产品成本项目，一般可分为直接材料、直接人工、制造费用等。

成本项目的划分主要取决于企业的生产特点和对成本管理的要求。通常，对于那些在成本中所占比重较大、管理上要求单独予以核算和监督的费用，应单独确定成本项目；反之，可以将某些费用合并确定为一个成本项目予以核算。

(4) 准确归集、分配各种费用。成本计算的过程实际上是生产费用按一定成本计算对象进行归集和分配的过程。有些生产费用的发生只同某一个成本计算对象有关，应直接计入该成本计算对象，这些直接计入成本计算对象的生产费用，称为直接费用；有些生产费用的发生同几个成本计算对象有关，就要按一定的标准在几个成本计算对象之间进行分配，这些必须经过分配才能计入成本计算对象的生产费用，称为间接费用。因此，对生产费用分配标准的选择必须慎重，一经选定，不得随意变动，以保持前后期成本计算口径的一贯性。

(5) 设置并登记成本费用明细账，编制成本计算表。各成本计算对象的成本计算，是通过费用、成本明细分类账核算完成的。因此，必须设置有关费用、成本明细分类账户，将生产经营过程中发生的各项应计入各成本计算对象的费用，按经济用途在各明细账户中进行归集和分配，以确定各成本计算对象的成本。然后，根据各成本明细分类账户提供的资料，编制成本计算表，全面反映各成本计算对象的总成本和单位成本。

第二节　资金筹集业务的核算

资金是企业生存和发展的前提。如前所述，企业的资金来源主要有两种：自有资金和借入资金。前者包括企业最初创建时所有者投入的资金，以及在企业发展扩大过程中通过发行股票等方式筹集的资金和企业自身积累的资金。后者主要包括企业在生产经营过程中通过发行债券等方式筹集的资金，以及向银行及非银行金融机构借入的负债资金。

一、设置的主要账户

为了正确核算企业在资金筹集过程中的业务，一般需要设置以下账户：

(一) “实收资本”(或“股本”)账户

(1) 性质和用途：该账户是所有者权益类账户，用来核算企业在工商行政管理部门登记的注册资金。股份有限公司应将该账户改为“股本”。

(2) 结构：如图 4-1 所示。

实收资本

借方	贷方
登记所有者按照法定程序收回的投资额	登记实际收到投资者作为资本投入的资本金，可能表现为实物资产或无形资产等
	期末余额表示尚存的投入资本

图 4-1 实收资本账户的结构

(3) 明细账的设置：该账户按投资者的名称、种类等设置明细分类账。

(二) “短期借款”账户

(1) 性质和用途：该账户是负债类账户，用来核算企业向银行或非银行金融机构借入的还款期限在 1 年(含)以下的各种借款。

(2) 结构：如图 4-2 所示。

短期借款

借方	贷方
登记归还的各种短期借款本金数额	登记借入的各种短期借款本金数额
	期末余额表示尚未归还的各项短期借款本金数额

图 4-2 短期借款账户的结构

(3) 明细账的设置：该账户按贷款单位和贷款种类设置明细分类账。

(三)“长期借款”账户

(1) 性质和用途：该账户是负债类账户，用来核算企业向银行或非银行金融机构借入的还款期限在 1 年以上的各种借款。

(2) 结构：如图 4-3 所示。

长期借款

借方	贷方
登记归还的各种借款本金及利息的金额	登记取得的各种借款本金及其应付未付的利息
	期末余额表示尚未归还的各项借款本金和利息

图 4-3 长期借款账户的结构

(3) 明细账的设置：该账户按贷款单位和贷款种类设置明细分类账。

(四)“固定资产”账户

(1) 性质和用途：该账户属于资产类账户，用来核算企业所拥有固定资产的原始价值。它和对应的调整账户“累计折旧”(详见本章第四节)结合反映固定资产的净值或折余价值。

(2) 结构：如图 4-4 所示。

固定资产

借方	贷方
登记应计入固定资产成本的买价、采购费用、增值税进项税额、达到预定可使用状态之前发生的安装调试费等	登记因出售、报废、毁损、投资、盘亏等原因减少时转出的固定资产原值
期末余额表示企业尚存的固定资产原值	

图 4-4　固定资产账户的结构

(3) 明细账的设置：一般按照固定资产的用途设置明细账。

在这个阶段中，还会用到“银行存款”“无形资产”等账户，它们都属于资产类账户，均在账户的借方登记资产的增加，在贷方登记资产的减少，余额一般在借方，分别表示企业期末银行存款、无形资产等的实有数额。

二、筹集资金的主要经济业务核算

(一) 投入资本的核算

投入资本是指投资人投入企业经营活动的各种财产物资。其出资方式可以是货币资金、实物资产，也可以是无形资产等。投入资本按其来源可分为国家投入资本、法人单位投入资本、个人投入资本、外商投入资本。

现以新中公司 201×年 6 月发生的经济业务为例说明投入资本的核算：

【例 4-1】 201×年 6 月 16 日，收到国家投入资金 400 000 元并存入银行。

这项经济业务一方面增加本企业的银行存款，另一方面增加国家对本企业的投资。因此涉及“银行存款”和“实收资本”两个账户。“银行存款”是资产类账户，增加反映在借方，“实收资本”是所有者权益账户，增加反映在贷方，所以应作如下会计分录：

借：银行存款　　　　　　　　400 000
　　贷：实收资本——国家资本　　　　400 000

【例 4-2】 6 月 20 日，收到 A 公司投入新机器一台，投资方账面原价 45 000 元。

这项经济业务的发生，一方面使本企业的固定资产增加了 45 000 元，另一方面使 A 公司对本企业的投资增加了 45000 元。因此涉及“固定资产”和“实收资本”两个账户。“固定资产”是资产类账户，增加反映在借方，“实收资本”是所有者权益类账户，增加反映在贷方，所以应作如下会计分录：

借：固定资产——机器设备　　　　　　45 000
　　贷：实收资本——法人资本(A 公司)　　　　45 000

注意：收到投资者投入资金包括货币资金、实物资产、无形资产等多种形式。投入资金形式的不同决定了会计分录的借方科目，投入方的性质不同决定了会计分录的贷方，初学者需灵活掌握。

【例 4-3】 6 月 21 日，收到 B 公司以一项专利权对企业的投资，价值 50 000 元。

因为专利权属于无形资产的一项，所以这项经济业务的发生，一方面使企业的无形资产增加了 50 000 元，另一方面使 B 公司对本企业的投资增加了 50 000 元。因此涉及“无形资产”和“实收资本”两个账户。“无形资产”是资产类账户，增加反映在借方，“实收资本”是所有者权益类账户，增加反映在贷方，所以应作如下会计分录：

借：无形资产——专利权　　　　50 000
　　贷：实收资本——法人资本(B 公司)　　50 000

(二) 借入资金的核算

企业在生产经营过程中，由于周转资金不足，可以按照规定程序向银行或非银行的金融机构借款。银行借款按期限长短分为短期借款和长期借款，同时企业必须按约定计提和偿还利息、到期归还本金。

【例 4-4】 6 月 1 日，企业向银行借入 100 000 元，借款期限为 3 个月，借款利率为 5%(年)。

这项经济业务的发生，一方面使企业银行存款增加了 100 000 元，另一方面增加了本企业的负债(因为借款期限在 1 年以内，所以属流动负债)。因此涉及“银行存款”和“短期借款”两个账户。银行存款的增加在借方，短期借款是负债，增加反映在贷方，所以应作如下会计分录：

借：银行存款　100 000
　　贷：短期借款　　100 000

注意：

(1) 根据“存贷分户”的规定，企业向银行借入贷款，应先转入“银行存款”账户然后再支用。长期借款类似。

(2) 短期借款一般需在期末按月预提利息，到期连本带利偿还。计提利息的分录详见本章第四节。

【例 4-5】 6 月 5 日，企业向银行借入 200 000 元，借款期限为 2 年，借款利率为 5.5%。

这项经济业务的发生，一方面同样增加企业的银行存款，另一方面增加企业的负债(因为借款期限在 1 年以上，所以属于长期负债)。因此涉及“银行存款”和“长期借款”两个账户。银行存款的增加反映在借方，长期负债的增加反映在贷方，所以应作如下会计分录：

借：银行存款　200 000
　　贷：长期借款　　200 000

注意：

(1) 长期借款按照用途分别将计提的利息进行资本化或费用化，资本化表示计入某些资产项目，比如固定资产、存货等；费用化表示计入当期损溢，比如财务费用。具体的计量和处理将在专业会计课程中进一步学习。

(2) 在区分“短期借款”和“长期借款”两个账户时，初学者可以从其贷方包含的内容进行简单辨别：“短期借款”账户的贷方一般只核算借款的本金；而“长期借款”账户的贷方可能既核算本金，也核算计提的利息，这取决于约定的付息方式。

第三节 固定资产购置业务与材料采购业务的核算

固定资产购置业务和材料采购业务是企业生产经营活动的起点，意味着企业生产产品、实现收入及创造利润的准备工作已经开始。在这个阶段，企业以货币资金购买设备和各种原材料，并且支付货款、采购费用和税金等，这样就形成了供应阶段的采购业务。企业在购入各种原材料和支付购买材料的各项费用时，一定会和供应单位发生货款结算关系，则又形成供应阶段的结算业务。

一、设置的主要账户

为了正确核算供应阶段的经济业务，需要设置的主要账户有以下几种：

(一) “在建工程”账户

(1) 性质和用途：该账户是资产类账户，用来核算企业进行基建工程、安装工程、技术改造工程、大修理工程等发生的实际支出，以确定工程的购建成本。

(2) 结构：如图 4-5 所示。

在建工程

借方	贷方
登记工程购建过程中发生的实际支出	登记已经完工并交付使用的工程购建成本
期末余额表示尚未完工的在建工程的实际成本	

图 4-5 在建工程账户的结构

(3) 明细账的设置：该账户应按照工程类别、名称等设置明细分类账。

(二) “材料采购”账户

(1) 性质和用途：该账户是资产类账户，用来核算企业采用计划成本进行材料日常核算而购入材料的采购成本。采用实际成本进行材料日常核算的，购入材料的采购成本在“在途物资”科目核算。

企业外购材料的采购成本由买价和采购费用组成，其中采购费用包括运输费、搬运费、装卸费、保险费等。采购成本的具体计算方法可参见本节案例。

(2) 结构：如图 4-6 所示。

材料采购

借方	贷方
登记购入材料的买价和采购费用	登记已验收入库材料的实际成本
期末余额表示企业购入但尚未验收入库的在途材料的实际成本	

图 4-6　材料采购账户的结构

(3) 明细账的设置：该账户应按照供应单位和材料品种进行明细核算。

(4) 本教材以实际成本核算方法为例进行说明。"材料采购"账户的具体使用将在专业会计课程中学习。

(三) "在途物资"账户

(1) 性质和用途：该账户是资产类账户，用来核算企业采用实际成本(或进价)进行材料、商品等物资的日常核算、货款已付尚未验收入库的在途物资的采购成本。

(2) 结构：如图 4-7 所示。

在途物资

借方	贷方
登记购入材料、商品的买价和采购费用	登记已验收入库材料、商品的实际成本
期末余额表示企业购入但尚未验收入库的在途物资的实际成本	

图 4-7　在途物资账户的结构

(3) 明细账的设置：该账户应按照供应单位和物资品种进行明细核算。

(四) "原材料"账户

(1) 性质和用途：该账户是资产类账户，用来核算企业库存各种原材料(包括原料及主要材料、辅助材料、外购半成品、修理用备件、包装材料、燃料等)的收入、发出、结存情况。

(2) 结构：如图 4-8 所示。

原材料

借方	贷方
登记已验收入库的各种材料的成本	登记发出、领用材料的成本
期末余额表示库存材料的实际成本	

图 4-8　原材料账户的结构

(3) 明细账的设置：该账户应按原材料的类别、品种、规格分别设置明细分类账。

(五) "应付账款"账户

(1) 性质和用途：该账户是负债类账户，用来核算企业因采购材料、商品和接受劳务供应而应付给供应单位的款项。

(2) 结构：如图 4-9 所示。

应付账款

借方	贷方
登记实际归还的款项	反映应付未付的款项
	期末余额表示尚未支付的款项

图 4-9　应付账款账户的结构

(3) 明细账的设置：该账户按各个供应单位(即债权人)设置明细分类账。

(六) “应付票据”账户

(1) 性质和用途：该账户是负债类账户，用来核算企业对外发生债务时开出并承兑的商业汇票。商业汇票是企业在进行银行转账结算时常用的方式之一。商业汇票必须经过有效承兑才能生效。按照商业汇票的承兑人不同可以分为商业承兑汇票和银行承兑汇票，具体内容请参见专业会计教材。

(2) 结构：如图 4-10 所示。

应付票据

借方	贷方
登记应付票据的减少数	登记采购材料物资开出的承兑商业汇票款项
	期末余额表示尚未支付给供应单位的已承兑商业汇票款项

图 4-10　应付票据账户的结构

(3) 明细账的设置：该账户设置商业承兑汇票、银行承兑汇票两个明细科目。

企业应当设置“应付票据备查簿”，详细登记每一应付票据的种类、号数、签发日期、到期日、票面金额、票面利率、合同交易号、收款人姓名或单位名称，以及付款日期和金额等资料。应付票据到期结清时，应当在备查簿内逐笔注销。

(七) “预付账款”账户

(1) 性质和用途：该账户是资产类账户，用来核算企业按照购货合同预先支付给供货单位的货款及其结算情况。

(2) 结构：如图 4-11 所示。

预付账款

借方	贷方
登记预付账款和补付货款的数额	登记结转收到预付货款的货物和退回的货款的数额
期末余额反映尚未收到货物的预付账款的数额	期末余额反映企业尚未补付的款项

图 4-11　预付账款账户的结构

(3) 明细账的设置：该账户按供货单位设置明细账。

(八) “应交税费”账户

(1) 性质和用途：该账户是负债类账户，用来核算企业按照税法等规定计算应交纳的各种税费，包括增值税、消费税、营业税、所得税、资源税、教育费附加、矿产资源补偿费等。企业代扣代缴的个人所得税等也通过本科目核算。

但企业交纳的印花税、耕地占用税以及其他不需要预计应交数的税金不在本账户核算。

(2) 结构：如图4-12所示。

应交税费

借方	贷方
登记企业实际交纳的各种税金	登记企业应交纳的各种税金
期末余额表示预交或多交的税金，或尚未抵扣的增值税额等	期末余额表示应交而未交的各种税金

图4-12　应交税费账户的结构

(3) 明细账的核算：该账户按照各种税费项目设置明细分类账。

二、固定资产购置业务核算

(一) 固定资产的概念

《企业会计准则第4号——固定资产》规定：固定资产是指同时具有下列特征的有形资产：① 为生产商品、提供劳务、出租或经营管理而持有的；② 使用寿命超过一个会计年度。

(二) 固定资产的确认和计量

《企业会计准则第4号——固定资产》规定固定资产同时满足下列条件的，才能予以确认：① 与该固定资产有关的经济利益很可能流入企业；② 该固定资产的成本能够可靠地计量。

固定资产的计量包括初始计量和后续计量，在本书中主要学习初始计量，后续计量的内容会在后续的专业课程中深入分析。

固定资产应当按照成本进行初始计量，即为取得该项固定资产达到预定可使用状态之前所发生的一切合理、必要的支出。在不同的取得方式下，构成固定资产的成本内容会有所不同。本节主要讨论企业外购固定资产的会计处理。外购固定资产的初始成本包括购买价款、相关税费、使固定资产达到预定可使用状态前所发生的可归属于该固定资产的运输费、装卸费、保险费、安装费等。

应当注意的是，依据现行《中华人民共和国增值税暂行条例》、《中华人民共和国增值税暂行条例实施细则》和《关于全国实施增值税转型改革若干问题的通知》等相关税法规定，从2009年1月1日起增值税一般纳税人购进或者自制固定资产发生的进项税额，可根据《中华人民共和国增值税暂行条例》、《中华人民共和国增值税暂行条例实施细则》的有关规定，凭增值税专用发票、海关进口增值税专用缴款书、运输费用结算单据等从销项税额中抵扣，其进项税额应当计入“应交税费——应交增值税(进项税额)”账户，不计入固定资产成本。纳税人允许抵扣的固定资产进项税额是指纳税人自2009年1月1日以后开具的增值税扣税凭证上注明的或者依据增值税扣税凭证计算的增值税税额。纳税人允许抵扣增值税的固定资产是指使用期限超过12个月的机器、机械、运输工具以及其他与生产经营有关的设备、工具、器具等。按照税法规定，纳税人新建、改建、扩建、修缮、装饰不动产以及纳税人购进自用的应征消费税的摩托车、汽车、游艇等固定资产，其进项税额不得从销项税额中抵扣。

(三) 固定资产购置业务的核算

固定资产购置业务主要从以下几个方面把握它的会计处理：其一，是该项固定资产是否需要安装调试，或者购置当天是否能投入使用；其二，是该项固定资产的成本构成，尤其关注涉及的增值税按照现行税法规定是否可以抵扣；其三，是该项固定资产的付款方式。

【例 4-6】 6 月 3 日，该企业购入一台设备，对方专用发票注明该设备的价款为 120 000 元，相应的增值税为 20 400 元(即增值税税率为 17%)，设该增值税按照税法规定可以抵扣。设备已经验收完毕并投入使用。

这项经济业务的发生，一方面使本企业固定资产增加了 120 000 元，同时进项税增加了 20 400 元；另一方面使银行存款减少了 140 400 元，“固定资产”和“银行存款”账户都属于资产类账户，都在借方表示增加，贷方表示减少，“应交税费——应交增值税(进项税额)”属于负债类账户，在这里表示将来可以抵扣的款项，所以应作如下会计分录：

借：固定资产　　120 000
　　应交税费——应交增值税(进项税额)20 400
　　贷：银行存款　　140 400

【例 4-7】 6 月 4 日，该企业购入需要安装的机器一台，增值税发票注明机器的价款为 50 000 元，增值税 8 500 元，设该增值税可以抵扣，价款尚未支付。同时运输途中发生运杂费 2 000 元，已经以转账支票支付。

这项经济业务的发生，分两个步骤完成：第一步是和销售方之间发生的业务，这项业务一方面使本企业在建工程(因为这台设备需要安装，所以暂时不能计入“固定资产”账户)增加了 50 000 元，进项税发生了 8 500 元，另一方面使应付账款增加了 58 500 元，“在建工程”账户属于资产类账户，“应交税费——应交增值税(进项税额)”和“应付账款”属于负债类账户，所以应作如下会计分录：

借：在建工程　　50 000
　　应交税费——应交增值税(进项税额)　　8 500
　　贷：应付账款　　58 500

第二步是和运输费之间发生的业务，这项业务使这台设备的成本增加了 2 000 元，同时使企业银行存款减少了 2 000 元(注意：转账支票属于企业常用的结算方式之一，因为期限短，直接计入“银行存款”即可。)

借：在建工程　　2 000
　　贷：银行存款　　2 000

【例 4-8】 6 月 17 日，以银行存款支付机器安装调试费等 6 000 元。

这项经济业务的发生，一方面使本企业在建工程价值又增加了 6 000 元，另一方面使银行存款减少了 6 000 元，两个账户都属于资产类账户，都在借方表示增加，贷方表示减少，所以应作如下会计分录：

借：在建工程　6 000
　　贷：银行存款　6 000

【例 4-9】 6 月 18 日，该机器安装完毕投入使用。

这项经济业务的发生，一方面使本企业固定资产账户金额增加，另一方面又使在建工程账户金额减少，两个账户的金额由该在建工程的发生额决定，同时两个账户都属于资产类账户，都在借方表示增加，贷方表示减少，所以应作如下会计分录：

借：固定资产　58 000
　　贷：在建工程　58 000

三、材料采购阶段的主要经济业务核算

工业企业要进行正常的生产经营活动，除了购建必要的固定资产以外，还必须购买和储备一定品种和数量的材料和其他物资。

(一) 在途物资成本的计算

1．涵义和内容

在途物资成本的计算是以各种外购的材料物资为成本计算对象，将供应过程中所发生的材料物资的买价和各种采购费用进行归集和分配，并按成本项目计算确定该种材料物资的总成本和单位成本。

在途物资成本主要包括：

(1) 买价(即供货单位所开出的发票价格)；

(2) 运杂费(包括运输费、装卸费、保险费、包装费、仓储费等)；

(3) 运输途中的合理损耗(指运输途中正常范围内的损耗)；

(4) 入库前的挑选整理费用(包括挑选整理中发生的人工费、必要损耗并扣除下脚废料价值)；

(5) 购入材料物资应负担的税金和其他费用。

一般以上(2)到(5)项合称为采购费用。

2．在途物资成本的计算

在计算在途物资成本的过程中，凡是能直接计入各种物资的直接费用，应直接计入该物资的采购成本；凡是不能直接计入的各种间接费用(即共同费用)应按一定标准在有关物资之间进行分配后，计入各种物资的采购成本。

在选择分配标准时，必须注意的原则是所选择的分配标准应该与被分配的费用关系密切。如运输费、装卸费一般按材料的重量或体积比例分配，其他费用一般按材料物资的买价比例进行分配。

(二) 材料物资采购业务的核算

在企业购进材料的核算过程中，一方面会受到材料入库时间的影响，另一方面会受到

不同付款方式的影响等。

因此以下分别从企业现购原材料、支付采购费用、赊购原材料、预付账款购买原材料、月末结转原材料采购成本等不同情况分别予以说明。

【例 4-10】6 月 10 日，向大华公司购入甲材料 1 000 千克，每千克 8 元；乙材料 2 000 千克，每千克 5 元，共计 18 000 元，增值税税率 17%。材料验收入库，价款和税金尚未支付。设新中企业采用实际成本核算方法。

这项经济业务的发生，一方面使本企业材料采购成本增加了 18 000 元，同时进项税额增加 3 060 元，以备抵扣，另一方面由于货款等尚未支付，增加了本企业对大华公司的负债。因此涉及“在途物资”“应交税费”和“应付账款”三个账户。“在途物资”是资产类账户，增加反映在借方，“应交税费”在这里表示的是抵扣数，也反映在借方，“应付账款”是负债类账户，增加反映在贷方，所以应作如下会计分录：

借：在途物资——甲材料　　　　8 000
　　　　　　——乙材料　　　　10 000
　　应交税费——应交增值税(进项税额) 3 060
　　贷：应付账款——大华公司　　　21 060

同时将材料甲、乙的买价直接计入各种材料的采购成本，分别计入甲、乙两种材料的“在途物资明细分类账”账户的借方的“买价”栏，见表 4-1 和表 4-2。

表 4-1　“在途物资”明细分类账

材料名称：甲材料　　　　单位：元

年		凭证号码	摘　要	借方金额			贷方金额	结余金额
月	日			买价	采购费用	合计		
略	略	略	购入 1000 kg，@8 元	8 000		8 000		
			分摊采购费用		500	500		
			购入 3000 kg，@8 元	24 000		24 000		
			将采购费用直接计入		1 200	1 200		
			结转实际采购成本				33 700	
			本月发生额及余额	32 000	1 700	33 700	33 700	——

表 4-2　“在途物资”明细分类账

材料名称：乙材料　　　　单位：元

年		凭证号码	摘　要	借方金额			贷方金额	结余金额
月	日			买价	采购费用	合计		
略	略	略	购入 2000 kg，@5 元	10 000		10 000		
			分摊采购费用		1 000	1 000		
			结转实际采购成本				11 000	
			本月发生额及余额	10 000	1 000	11 000	11 000	——

【例 4-11】 6 月 15 日，向东南公司购入丙材料 1 500 千克，每千克 10 元，计 15 000 元，增值税税率 17%，材料验收入库，货款及税金已经支付。

这项经济业务的发生，一方面使本企业的材料采购成本增加 15 000 元，同时进项税额相应增加 2 550 元，另一方面减少银行存款 17 550 元。因此涉及“在途物资”“应交税费”和“银行存款”三个账户，“在途物资”“应交税费”都反映在借方，“银行存款”反映在贷方，所以应作会计分录如下：

借：在途物资——丙材料　　15 000
　　应交税费——应交增值税(进项税额)　　2 550
　　贷：银行存款　　17 550

同时将材料丙的买价直接计入该材料的采购成本，计入丙材料的“在途物资明细分类账”账户的借方的“买价”栏，见表 4-3。

表 4-3　“在途物资”明细分类账

材料名称：丙材料　　单位：元

年		凭证号码	摘　要	借方金额			贷方金额	结余金额
月	日			买价	采购费用	合计		
略	略	略	购入 1500kg,@10 元	15 000		15 000		
			分摊采购费用		750	750		
			结转实际采购成本				15 750	
			本月发生额及余额	15 000	750	15 750	15 750	

【例 4-12】 6 月 16 日，以银行存款支付甲、乙、丙三种材料的运输费 1800 元，以库存现金支付它们的装卸费 450 元。

显然该例题资料中采购费用不属于能够直接分清的，对于类似这种不能直接分清的采购费用需要按照适当的标准进行分配，分别计入相应的材料成本中。

例题中的运输费和装卸费均为三种材料的共同费用，所以假设按照材料重量比例进行分配：

$$\text{运输费、装卸费的分配率}=\frac{(1800+450)\text{元}}{(1000+2\,000+1500)\text{kg}}=0.5\text{元}/\text{kg}$$

$$\text{甲材料应分配的费用}=0.5\text{ 元/kg}\times 1\,000\text{ kg}=500\text{ 元}$$
$$\text{乙材料应分配的费用}=0.5\text{ 元/kg}\times 2\,000\text{ kg}=1\,000\text{ 元}$$
$$\text{丙材料应分配的费用}=0.5\text{ 元/kg}\times 1\,500\text{ kg}=750\text{ 元}$$

根据上述分析计算，将采购费用分别计入甲、乙、丙三种材料的“在途物资明细分类账”账户的借方的“采购费用”栏，见表 4-1、表 4-2 和表 4-3。

这项经济业务的发生，一方面使三种材料的在途物资成本共增加了 2 250 元，甲、乙、丙材料分别分摊到 500 元、1 000 元、750 元，同时分别减少了本企业的银行存款和库存现金。因此涉及“在途物资”“银行存款”“库存现金”三个账户，它们都属于资产类账户，即都在借方表示增加，贷方表示减少。所以应作会计分录如下：

借：在途物资——甲材料　500
　　　　　　——乙材料　1 000
　　　　　　——丙材料　750
　贷：银行存款　1 800
　　　库存现金　450

【例 4-13】 6 月 16 日，根据合同规定，以银行存款向钱江公司预付购买甲材料货款 10 000 元。

这项经济业务的发生，一方面使本企业预付款增加 10 000 元，另一方面使银行存款减少 10 000 元，因此涉及“预付账款”和“银行存款”两个账户，两者都属于资产类账户，都在借方表示增加，贷方表示减少，所以应作会计分录如下：

借：预付账款——钱江公司　10 000
　贷：银行存款　10 000

【例 4-14】 6 月 19 日，以银行存款偿付前 6 月 10 日欠大华公司材料款 21 060 元。

这项经济业务的发生，一方面使本企业对大华公司的负债减少 21 060 元，另一方面使银行存款减少 21 060 元，因此涉及“应付账款”和“银行存款”两个账户，前者属于负债类账户，在借方表示减少，后者属于资产类账户，在贷方表示减少，所以应作会计分录如下：

借：应付账款——大华公司　21 060
　贷：银行存款　21 060

【例 4-15】 6 月 20 日，收到钱江公司发来的甲材料 3 000 千克，每千克 8 元，计 24 000 元，增值税税率 17%，另外对方代垫运杂费 1 200 元，除冲销 16 日已经预付的 10 000 元外，以银行存款支付其余 19 280 元。材料已经验收入库。

这项经济业务的发生，一方面增加企业的在途物资成本 25 200 元，其中特别注意对方代垫的运杂费同样应作为本企业的采购成本，同时将 24 000 元和 1 200 元分别计入表 4-1 中的“买价”和“采购费用”栏。另一方面使银行存款减少 19 280 元，并冲销预付货款 10 000 元。因此涉及“在途物资”“应交税费”“预付账款”和“银行存款”四个账户。“在途物资”的增加、增值税进项税额的增加均记入借方，而“银行存款”的减少、“预付账款”的冲销均记入贷方。所以应作会计分录如下：

借：在途物资——甲材料　25 200
　　应交税费——应交增值税(进项税额)　4 080
　贷：预付账款　10 000
　　　银行存款　19 280

【例 4-16】 6 月 30 日，结转已经入库的甲、乙、丙三种材料的实际采购成本。

这项经济业务的发生，表明甲、乙、丙三种材料的采购业务已经完成，一方面使企业原材料增加，另一方面冲销三种材料的在途物资成本。因此涉及“原材料”“在途物资”两个账户，它们都属于资产类账户，都在借方表示增加，贷方表示减少，所以应作会计分录如下：

借：原材料——甲材料　　33 700
　　　　　——乙材料　　11 000
　　　　　——丙材料　　15 750
　贷：在途物资——甲材料　　33 700
　　　　　　　——乙材料　　11 000
　　　　　　　——丙材料　　15 750

最后，根据上述资料编制“在途物资成本计算表”，见表4-4。

表4-4　在途物资成本计算表

编制单位：新中企业　　单位：元

成本项目	甲材料		乙材料		丙材料	
	总成本(4000 kg)/元	单位成本/(元/kg)	总成本(2000 kg)/元	单位成本/(元/kg)	总成本(1500 kg)/元	单位成本/(元/kg)
买价	32 000	8	10 000	5	15 000	10
采购费用	1 700	0.425	1 000	0.5	750	0.5
在途物资成本	33 700	8.425	11 000	5.5	15 750	10.5

第四节　产品生产业务的核算

生产业务是工业企业经营活动的中心环节，它的主要内容是劳动者借助于劳动资料对劳动对象进行生产加工，最终形成成品验收入库。生产过程既是产品的生产制造过程，也是物化劳动和活劳动的消耗过程。企业在生产产品的过程中所发生的各种耗费，称为生产费用，它主要包括构成产品的材料，为生产而消耗的燃料、动力，生产工人的工资、福利费，厂房和机器设备等的折旧费、修理费，以及管理和组织生产、为生产服务而发生的各项费用。将上述费用按产品进行归集和分配，就构成了各种产品的总成本和单位成本。因此，生产费用的发生、计量、归集和分配以及相关的结算业务就构成了产品生产业务的主要核算内容。

一、产品制造(生产)成本的计算

(一) 含义和内容

产品制造成本的计算，就是按照生产的产品作为成本计算对象，归集和分配生产过程中发生的各种生产费用，并按成本项目计算各种产品的总成本和单位成本。

产品制造成本的内容，一般可以归纳为以下几个成本项目：

(1) 直接材料：是指企业在生产过程中实际消耗、直接形成产品的原材料、辅助材料、外购半成品、燃料、动力等。

(2) 直接人工：是指直接从事产品生产人员的工资、奖金、津贴和补贴、福利费等。

(3) 制造费用：是指为组织和管理车间生产而发生的各项间接费用，包括生产部门的各种管理人员、技术人员和服务人员的工资和福利费、固定资产折旧费、机物料消耗、办公费、季节性停工损失、修理期间的停工损失等。

(二) 产品制造成本的计算

在计算产品生产成本时，应将生产过程中发生的各项生产费用按产品的名称或种类分别进行归集和分配，以便分别计算各种产品的生产总成本和单位成本。在不同类型的企业里，因生产组织和工艺过程各有特点，可采用不同的产品成本计算方法。

在只生产一种产品的企业中，所发生的全部生产费用都是为该产品生产而发生的，因此，可以根据该项费用发生的有关凭证，直接计入该产品的成本。

在生产多种产品的企业中，对于能明确归属于某种产品的直接费用，应根据费用发生的原始凭证直接计入该产品成本；对于为几种产品生产共同发生因而不能直接明确归属某种产品的间接费用，应按一定的标准在有关产品之间进行分配，并分别计入各种产品成本。合理分配间接费用的关键在于正确选择分配标准。常用的分配标准主要有生产工时、生产工人工资、机器工时、消耗定额等。

二、设置的主要账户

为了正确核算和监督企业在产品生产阶段所发生的各项费用，正确地计算产品的制造成本，需要设置的主要账户有：

(一) “生产成本”账户

(1) 性质和用途：该账户是成本类账户，用来核算企业进行工业性生产，包括生产各种产品、自制材料、自制工具、自制设备等所发生的各项费用，主要有直接材料费、直接人工费、制造费用等。

(2) 结构：如图 4-13 所示。

生产成本

借方	贷方
登记产品生产过程中发生的全部费用，包括直接材料、直接人工等直接费用，以及由“制造费用”账户归集后分配转入的制造费用等间接费用	登记结转到“库存商品”账户借方的已完工并验收入库产品、自制材料、自制工具、自制设备等实际生产成本
期末余额表示尚未完工的在产品的实际生产成本	

图 4-13　生产成本账户的结构

(3) 明细账的设置：该账户应设置“基本生产成本”和“辅助生产成本”两个二级账户。“基本生产成本”核算企业生产产品的实际生产成本；“辅助生产成本”核算企业生产的自制材料、自制工具、自制设备的实际生产成本。在二级账户下，再按成本计算对象设置明细账。

(二) “制造费用”账户

(1) 性质和用途：该账户是成本类账户，用来归集和分配企业为生产产品和提供劳务而发生的不能直接计入产品生产成本的各项间接费用，包括车间管理人员的工资和福利费、机器设备和厂房的折旧费、车间办公费等。该账户期末一般无余额。

(2) 结构：如图 4-14 所示。

制造费用

借方	贷方
登记当期发生的各项制造费用	登记分配转入“生产成本”账户借方的制造费用

图 4-14　制造费用账户的结构

(3) 明细账的设置：该账户按车间、部门和费用项目设置明细账。

(三) “库存商品”账户

(1) 性质和用途：该账户是资产类账户，用来核算企业库存的各种商品的增减变动和结存情况。

(2) 结构：如图 4-15 所示。

库存商品

借方	贷方
登记验收入库的各种产成品的实际成本	登记已经发出或销售的各种产成品的实际成本
期末余额表示结存产成品的实际成本	

图 4-15　库存商品账户的结构

(3) 明细账的设置：该账户按产品的种类、品种和规格设置明细账。

(四) “累计折旧”账户

(1) 性质和用途：该账户是资产类账户，用来核算企业固定资产因磨损而计提折旧的情况。

该账户是“固定资产”账户的备抵账户，期末“固定资产”账户的借方余额与“累计折旧”账户的贷方余额的差额表示固定资产的折余价值(即净值)。

(2) 结构：如图 4-16 所示。

累计折旧

借方	贷方
登记企业因出售、报废、毁损等原因减少固定资产而注销的已提折旧数	登记按月计提的固定资产折旧数
	期末余额表示固定资产已经提取的折旧数

图 4-16　累计折旧账户的结构

(3) 明细账的设置：该账户一般只进行总分类核算，不进行明细分类核算。如果需要了解某项固定资产已提取的折旧额，可根据固定资产卡片上所记载的该项固定资产的原价、折旧率和实际使用年数等资料进行计算。

(五) “应付职工薪酬”账户

(1) 性质和用途：该账户是负债类账户，用来核算企业根据有关规定应付给职工的各种薪酬，包括企业为职工在职期间和离职后提供的全部货币性薪酬和非货币性福利，提供给职工配偶、子女或其他被赡养人的福利等也属于职工薪酬。

(2) 结构：如图 4-17 所示。

应付职工薪酬

借方	贷方
登记实际支付给职工的各种薪酬	登记应付职工的各种薪酬
期末余额表示实际发放薪酬大于月末分配工资费用的差额	期末余额表示实际发放薪酬小于月末分配工资费用的差额

图 4-17　应付职工薪酬账户的结构

(3) 明细账的设置：该账户可按“工资”“职工福利”“社会保险费”“住房公积金”“工会经费”“职工教育经费”“非货币性福利”“辞退福利”等设置明细账。

(六) “应付利息”账户

(1) 性质和用途：该账户是负债类账户，用来核算企业按照合同约定应支付的利息，包括吸收存款、分期付息到期还本的长期借款、企业债券等应支付的利息。

(2) 结构：如图 4-18 所示。

应付利息

借方	贷方
登记实际支付的利息	登记计提的各种利息
	期末余额表示企业应付未付的利息

图 4-18　应付利息账户的结构

(3) 明细账的设置：该账户可按存款人或债权人设置明细账户。

企业生产业务的核算除了需要设置和运用以上一些账户外，还会发生一些其他账户，如“管理费用”“财务费用”等损溢类账户，对于这些账户的详细情况在本章第五节中阐述。

三、生产阶段的主要经济业务核算

在本阶段中，企业重点围绕生产产品发生相关业务，以下分别从领用原材料、分配人工费用、计提折旧、归集和分配间接费用等方面进行举例说明。

【例 4-17】 6 月 15 日，该企业从仓库发出下列原材料分别用于车间生产、车间一般耗用、厂部耗用等，具体见发出材料汇总表(见表 4-5)。

表 4-5　发出材料汇总表

项　目	甲材料		乙材料		丙材料		合计
	数量/千克	金额/元	数量/千克	金额/元	数量/千克	金额/元	
A 产品生产耗用	1 500	12 000	1 000	5 000	500	5 000	22 000
B 产品生产耗用	1 000	8 000	500	2 500	500	5 000	15 500
小　计	2 500	20 000	1 500	7 500	1 000	10 000	37 500
车间一般耗用			250	1 250	300	3 000	4 250
管理部门耗用	500	4 000					4 000
合　计	3 000	24 000	1 750	8 750	1 300	13 000	45 750

这项经济业务的发生，一方面使企业库存原材料分别减少，另一方面使企业成本、费用增加，其中用于生产 A、B 产品的分别计入它们的成本；用于车间一般耗用的是产品生产的间接费用，计入“制造费用”；用于厂部管理部门的属于期间费用，不得计入产品成本，应计入“管理费用”。所以作会计分录如下：

借：生产成本——基本生产成本(A 产品)　22 000
　　　　　　——基本生产成本(B 产品)　15 500
　　制造费用　4 250
　　管理费用　4 000
　　贷：原材料——甲材料　24 000
　　　　　　　——乙材料　8 750
　　　　　　　——丙材料　13 000

【例 4-18】 6 月 20 日，车间管理人员李红出差，预借差旅费 1 000 元，以库存现金支付。

这项业务的发生，一方面使企业库存现金减少 1000 元，另一方面因为出差尚未完成，企业相当于先借给职工 1000 元供其使用，所以涉及“库存现金”和“其他应收款”两个账户，它们都属于资产类账户，所以应作会计分录如下：

借：其他应收款——李红　1 000
　　贷：库存现金　1 000

【例 4-19】 6 月 25 日，李红出差返回，报销差旅费 800 元，退回 200 元库存现金。

这项经济业务的发生，一方面由于差旅费的报销，使企业费用增加了 800 元，同时使企业库存现金增加了 200 元，其中，必须注意的是李红因为归属于车间管理人员，所以与她相关的费用应计入“制造费用”，但如果是其他管理人员，则应计入“管理费用”；另一方面，前面所发生的“其他应收款”(即企业债权)应该冲销。所以应作会计分录如下：

借：制造费用　800
　　库存现金　200
　　贷：其他应收款——李红　1 000

【例 4-20】 6 月 30 日，结算本月份应付职工工资 36 000 元，其中，生产 A 产品工人工资 12 000 元，生产 B 产品工人工资 8 000 元，车间管理人员工资 5 000 元，厂部管理人员工资 11 000 元。

这项经济业务的发生，一方面使企业应付职工的工资增加了 36 000 元，属于企业的负债，应计入“应付工资”账户的贷方；另一方面工资费用应分别由“生产成本”“制造费用”“管理费用”等来承担，所以应分别计入这些账户的借方，会计分录如下：

借：生产成本——基本生产成本(A 产品)　12 000
　　　　　　——基本生产成本(B 产品)　8 000
　　制造费用　5 000
　　管理费用　11 000
　　贷：应付职工薪酬——工资　36 000

【例 4-21】 6 月 30 日，向银行提取库存现金 36 000 元，以备发放工资。

这项经济业务的发生，一方面使企业银行存款减少 36 000 元，另一方面使企业库存现金增加 36 000 元，显然应作如下会计分录：

借：库存现金　　36 000
　　贷：银行存款　　36 000

【例 4-22】 6 月 30 日，以库存现金发放工资 36 000 元。

这项经济业务的发生，一方面使前面计提的库存现金减少 36 000 元，另一方面因为发放工资，使企业对职工的负债应付职工薪酬减少，所以应作会计分录如下：

借：应付职工薪酬——工资　　36 000
　　贷：库存现金　　36 000

【例 4-23】 6 月 30 日，按工资总额的 14% 提取职工福利费。

需要说明的是，根据《企业财务通则》(2006 年)的有关规定：从 2007 年 1 月 1 日起，长期以来企业实行的按工资总额 14%计提职工福利费的制度被明确取消了。企业应当依法为职工支付基本医疗、基本养老、失业、工伤等社会保险费，所需费用直接作为成本(费用)列支；除医疗保险以外的其他福利性费用，由企业自主决定提取福利费或是据实列支。本题假设该企业仍在按月分配工资费用的同时，计提当月的福利费，那么福利费的提取不仅与工资的结算同步进行，而且其账务处理也与工资基本相同。

这项经济业务的发生，一方面由于计提福利费，使企业成本、费用增加，应分别按其人员的隶属记入“生产成本”“制造费用”“管理费用”等，另一方面引起企业负债的增加。所以应作会计分录如下：

借：生产成本——基本生产成本(A 产品)　　1 680
　　　　　　——基本生产成本(B 产品)　　1 120
　　制造费用　　700
　　管理费用　　1 540
　　贷：应付职工薪酬——职工福利　　5 040

【例 4-24】 6 月 30 日，企业按规定计提本月的固定资产折旧费 1 800 元，其中基本生产车间 1 200 元，管理部门 600 元。

这项经济业务的发生，一方面使企业相关部门的费用增加，基本生产车间的折旧费计入“制造费用”，管理部门的折旧费计入“管理费用”；另一方面使“累计折旧”账户的发生额增加，所以应作如下会计分录：

借：制造费用　　1 200
　　管理费用　　600
　　贷：累计折旧　　1 800

【例 4-25】 6 月 30 日，预提应由本月负担的当月 1 日借入的短期借款 100 000 元的利息(利率 5%，详见本章第二节)。

企业借入短期借款 100 000 元，利率为 5%，3 个月期，按照权责发生制的要求本月末

应该预提当月承担的利息费用为

$$100\,000 \times 5\% \times \frac{1}{12} = 416.67(\text{元})$$

这项经济业务的发生，一方面应该计入相应的费用即财务费用，另一方面因为尚未支付，增加企业的负债，所以应作如下会计分录：

借：财务费用　　416.67

　　贷：应付利息　　416.67

【例 4-26】 6 月 30 日，摊销该月应该承担的书报费 300 元。

书报费最终应计入企业的管理费用，该费用虽然是在受益初期时一次支付的，但遵循权责发生制原则实质应由各受益期分别承担，所以本月应负担 300 元。

这项经济业务的发生一方面使本月的管理费用增加了 300 元，另一方面使企业的预付账款减少了 300 元。所以应作会计分录如下：

借：管理费用　　300

　　贷：预付账款　　300

【例 4-27】 6 月 30 日，将本月发生的制造费用进行归集，并按一定的标准分别计入两种产品成本。

企业通过编制“制造费用”明细账(见表 4-6)，可以归集本月发生的制造费用。参见例 4-17、例 4-19、例 4-20、例 4-23、例 4-24 等，本月制造费用发生额为 11 950 元。

表 4-6　“制造费用”明细账

车间名称：××车间　　　　单位：元

年		凭证号数	摘　要	材料费	职工薪酬	折旧费	差旅费	合计
月	日							
略	略	略	领用材料	4 250				4 250
			差旅费				800	800
			车间管理人员工资		5 000			5 000
			车间管理人员福利费		700			700
			折旧费			1 200		1 200
			合计	4 250	5700	1 200	800	11 950
			本月转出	4 250	5 700	1 200	800	11 950

按照一定的分配标准，将制造费用 11 950 采用一定的分配标准分配计入 A 产品、B 产品生产成本。本题假设按生产工人的工资进行分配。

计算如下：

$$\text{制造费用分配率} = \frac{11950}{12\,000 + 8\,000} = 0.5975$$

$$\text{A 产品应负担的制造费用} = 12\,000\ \text{元} \times 0.5975 = 7\,170\ \text{元}$$

B 产品应负担的制造费用 = 8 000 元 × 0.5975 = 4 780 元

详见表 4-7 制造费用分配表。

表 4-7　制造费用分配表

200×年 6 月

产品名称	生产工人工资/元	分配标准(率)	分配金额/元
A 产品	12 000	0.5975	7 170
B 产品	8 000	0.5975	4 780
合计	20 000	0.5975	11 950

这项经济业务的发生，一方面使两种产品的生产成本增加，另一方面使制造费用减少。所以应作如下会计分录：

借：生产成本——基本生产成本(A 产品)　7 170
　　　　　　——基本生产成本(B 产品)　4 780
　　贷：制造费用　11 950

【例 4-28】 6 月 30 日，本月生产的 A 产品 1 000 件，全部完工并验收入库，B 产品 500 件尚未完工。企业通过编制表 4-10“完工产品生产成本计算单”，可以归集 A 产品的生产成本。

首先，按产品种类设置“生产成本”明细账(见表 4-8 和表 4-9)，根据期初在产品成本资料，分别登记在各种产品的“生产成本”明细账中相应成本项目栏内。本例题假设两种产品均没有期初在产品。

其次，根据本月发生的生产费用资料，将其中的直接材料、直接人工等直接费用分别直接计入各种产品的“生产成本”明细账中的相应成本项目栏内，见表 4-8 和表 4-9。

再次，根据本月发生的生产费用资料中的表 4-7 制造费用分配表，将其分配结果填入“生产成本”明细账。

最后，根据表 4-7 的分配以及表 4-8 和表 4-9 的数据，编制“完工产品生产成本计算表”，见表 4-10。

表 4-8　“生产成本”明细账

产品类别或品种：A 产品　　　　单位：元

年		凭证号数	摘　要	借　方				贷方	借或贷	余额
月	日			直接材料	直接人工	制造费用	合计			
略	略	略	领用材料	22 000			22 000		借	22 000
			生产工人工资		12 000		12 000		借	34 000
			生产工人福利费		1 680		1 680		借	35 680
			分配制造费用			7 170	7 170		借	42 850
			结转完工产品成本					42 850	平	——
			本月发生额及余额	22 000	13 680	7 170	42 850	42 850	平	——

表 4-9　“生产成本”明细账

产品类别或品种：B 产品　　　　单位：元

年		凭证号数	摘　要	借　方				贷方	借或贷	余额
月	日			直接材料	直接人工	制造费用	合计			
略	略	略	领用材料	15 500			15 500		借	15 500
			生产工人工资		8 000		8 000		借	23 500
			生产工人福利费		1 120		1120		借	24 620
			分配制造费用			4 780	4 780		借	29 400
			本月发生额及余额	15 500	9 120	4 780	29 400		借	29 400

表 4-10　完工产品生产成本计算表

单位：元

成本项目	A 产品	
	总成本(1000 件)	单位成本
直接材料	22 000	22
直接人工	13 680	13.68
制造费用	7 170	7.17
产品生产成本	42 850	42.85

这项经济业务的发生，一方面使企业库存商品——A 产品增加，另一方面使生产成本账户因结转成本而减少。而 B 产品因为尚未完工，当月暂且挂在账上不作处理。所以应作会计分录如下：

借：库存商品——A 产品　　　　42 850

　　贷：生产成本——基本生产成本(A 产品)　42 850

第五节　产品销售业务的核算

销售过程是企业生产经营活动的最后阶段。它的主要内容是工业企业把已经生产完成、验收合格、可供销售的产成品，按照合同规定的结算办法、运输方式等及时包装、运输出去，实现销售，并与购货单位结算价款。所以，销售收入的确认、计量，销售费用的支付，销售税金的计提，销售成本的结转等构成了产品销售业务的主要核算内容。

一、设置的主要账户

为了正确核算销售环节发生的各项经济业务，企业需要设置的主要账户有：

(一)　“主营业务收入”账户

(1) 性质和用途：该账户是损溢类账户，用来核算企业在销售商品、提供劳务及让渡资产使用权等日常活动中所产生的收入。工业企业的主营业务收入主要包括销售产成品、自制半成品、工业性劳务等的收入。该账户期末一般无余额。

(2) 结构：如图 4-19 所示。

主营业务收入

借方	贷方
登记销售退回、折让的数额和期末转入“本年利润”贷方的本期销售净收入数额	登记本期销售商品、提供劳务等实际的销售收入数额

图 4-19　主营业务收入账户的结构

(3) 明细账的设置：该账户一般按主营业务的种类设置明细账。

(二) “主营业务成本”账户

(1) 性质和用途：该账户是损溢类账户，用来核算企业因销售商品、提供劳务或让渡资产使用权而发生的成本。工业企业的主营业务成本主要包括销售产成品、半成品、提供工业性劳务等的成本。该账户期末一般无余额。

(2) 结构：如图 4-20 所示。

主营业务成本

借方	贷方
登记结转已经销售商品和劳务等的实际成本	登记结转销售退回商品的成本以及期末转入“本年利润”借方的本期销售成本

图 4-20　主营业务成本账户的结构

(3) 明细账的设置：该账户一般按主营业务的种类设置明细账。

(三) “销售费用”账户

(1) 性质和用途：该账户是损溢类账户，用来核算企业销售商品和材料过程中所发生的各种费用，包括运输费、装卸费、包装费、保险费、展览费、广告费以及为销售商品而专设的销售机构(含销售网点、售后服务网点等)的职工薪酬、业务费、折旧费等经营性费用。该账户期末一般无余额。注意，企业与专设销售机构发生相关的固定资产修理费用等后续支出，也在本科目核算。

(2) 结构：如图 4-21 所示。

销售费用

借方	贷方
登记当期发生的各项销售费用的数额	登记期末转入“本年利润”借方的销售费用数额

图 4-21　销售费用账户的结构

(3) 明细账的设置：该账户一般按费用项目设置明细账。

(四) “税金及附加”账户

(1) 性质和用途：该账户是损溢类账户，用来核算企业经营活动中应负担的税金及附加。工业企业在销售商品等活动中主要的税金及附加包括：消费税、城市维护建设税、资源税、土地增值税和教育费附加等。注意：增值税和所得税不在本账户核算。“税金及附加”账户期末一般无余额。

(2) 结构：如图 4-22 所示。

税金及附加

借方	贷方
登记按规定计算的应交各种税金及附加的数额	登记期末转入“本年利润”借方的数额

图 4-22 税金及附加账户的结构

(3) 明细账的设置：该账户一般按商品或劳务类别设置明细账。

(五) “应收账款”账户

(1) 性质和用途：该账户是资产类账户，用来核算企业因销售商品或提供劳务而应向购货单位或接受劳务单位收取的款项。企业在销售过程中为对方代垫的包装、运输等费用也在本账户核算。

(2) 结构：如图 4-23 所示。

应收账款

借方	贷方
登记应向购货单位或接受劳务单位收取的销货款和代垫运杂费等的数额	登记收回的销货款和运杂费等以及符合条件应予转销的坏账的数额
期末余额表示尚未收回的销货款和代垫运杂费的数额	

图 4-23 应收账款账户的结构

(3) 明细账的设置：该账户一般按债务人设置明细账。

(六) “预收账款”账户

(1) 性质和用途：该账户是负债类账户，用来核算企业在销售或提供劳务过程中按照合同约定预先收取的款项。预收账款情况不多的，也可以不设置本科目，将预收的款项直接计入“应收账款”科目。

(2) 结构：如图 4-24 所示。

预收账款

借方	贷方
登记企业向购货方发货后冲销的预收货款数额和退回购货方多付货款的数额	登记预收货款的数额和购货单位补付货款的数额
期末余额表示企业多付货款的数额	期末余额表示企业已经预收尚未发货的数额

图 4-24 预收账款账户的结构

(3) 明细账的设置：该账户一般按购货单位设置明细账。

二、销售阶段的主要经济业务核算

在本阶段中，企业主要围绕销售发生的相关业务，以下分别从销售商品确认销售收入的实现、发生销售费用、收取销售款项、计算销售税金及附加等方面进行举例说明。

【例4-29】 6月3日，销售给北方公司A商品300件，售价100元/件，开出增值税专用发票，标明价款30 000元，增值税销项税额5 100元，款项收妥并存入银行。

这项经济业务的发生，一方面使本企业主营业务收入增加30 000元，同时使增值税销项税额增加5 100元，另一方面银行存款增加35 100元。所以应作如下分录：

借：银行存款　　35 100
　　贷：主营业务收入——A产品　　30 000
　　　　应交税费——应交增值税(销项税额)　5 100

【例4-30】 6月5日，销售给华北公司B商品300件，售价120元/件，开出增值税专用发票，标明价款36 000元，增值税销项税额6 120元，款项尚未收到。

这项经济业务的发生，一方面使本企业主营业务收入增加36 000元，同时使增值税销项税额增加6120元，另一方面使企业“应收账款”增加42 120元，所以作如下会计分录：

借：应收账款——华北公司　　42 120
　　贷：主营业务收入——B产品　　36 000
　　　　应交税费——应交增值税(销项税额) 6 120

【例4-31】 6月5日，以银行存款支付销售以上商品发生的运输费、装卸费等1 200元。

这项经济业务的发生，一方面使本企业销售费用增加1 200元，另一方面使银行存款减少1200元，所以作如下会计分录：

借：销售费用　1 200
　　贷：银行存款　1 200

【例4-32】 6月10日，按照合同约定，预收新新公司购货款10 000元，存入银行。

这项经济业务的发生，一方面使企业银行存款增加10 000元，另一方面由于预收货款，尚未完成销售，形成对新新公司的负债——“预收账款”，所以作如下分录：

借：银行存款　　10 000
　　贷：预收账款——新新公司　10 000

【例4-33】 6月15日，收到华北公司以前欠的货款42 120元，存入银行。

这项经济业务的发生，一方面使本企业银行存款增加42 120元，另一方面应收账款减少42 120元，所以作如下会计分录：

借：银行存款　42 120
　　贷：应收账款——华北公司　42120

【例4-34】 6月20日，按照合同预定，向新新公司发出A商品500件，售价100元/件，开出专用发票，标明价款50 000元，增值税销项税8 500元，除去前面已经收讫的货款10 000元，另收到余款48 500元。

这项经济业务的发生，一方面收到货款使银行存款增加48 500元，同时因为销售已经实现，负债减少；另一方面实现销售收入50 000元和增值税销项税税额8 500元。因此作如下会计分录；

借：银行存款　　48 500
　　预收账款——新新公司　10 000

贷：主营业务收入——A 产品　　　　　　50 000

　　应交税费——应交增值税(销项税额)　　8 500

【例 4-35】 6 月 30 日，结转本期已经销售商品生产成本。

产品销售成本的计算是指已经销售的产品的生产成本，一般根据已售产品数量乘以产品单位生产成本即可。

由于该月中，销售 A 产品 800 件，B 产品 300 件，假设已知 A 产品单位成本 43.75 元，B 产品单位成本 72.25 元，所以该月已经销售产品的生产成本为

A 产品销售成本 = 43.75 元/件 × 800 件 = 35 000 元

B 产品销售成本 = 72.25 元/件 × 300 件 = 21 675 元

这项经济业务的发生，一方面表明由于销售实现使本企业库存商品减少 56 675 元，另一方面使主营业务成本增加 56 675 元。因此作会计分录如下：

借：主营业务成本——A 产品　　35 000

　　　　　　　　——B 产品　　21 675

　贷：库存商品——A 产品　　　35 000

　　　　　　　——B 产品　　　21 675

【例 4-36】 6 月 30 日，按税法规定，计算得出本期应交城市维护建设税 700 元，教育费附加 400 元。

这项经济业务的发生，一方面使本企业负债增加，应交的税费增加 1100 元；另一方面使企业“税金及附加”增加 1 100 元。因此作会计分录如下：

借：税金及附加　　1 100

　贷：应交税费——应交城市维护建设税　　700

　　　　　　　——应交教育费附加　　400

第六节　利润及其分配的核算

利润(或亏损)是企业生产经营活动的最终成果，是企业经营成果在财务上的表现，是综合反映企业经济利益的一个重要指标。因此利润是衡量企业工作效率和效果的重要指标。

利润是指企业在一定会计期间的经营成果。利润包括收入减去费用后的净额、直接计入当期利润的利得和损失等。直接计入当期利润的利得和损失是指应当计入当期损溢、会导致所有者权益发生增减变动的、与所有者投入资本或者向所有者分配利润无关的利得或者损失。

一、利润的涵义及其核算

(一) 利润概述

工业企业在销售商品创造主营业务利润以外，其他经营活动也会产生收入，譬如销售材料、出租包装物、提供运输劳务等，把这些活动产生的收入和费用、成本相配比，也可以得到利润，这部分利润也是企业利润的一个构成部分。在经营活动以外，企业还会发生特殊情

况下的收入和费用，譬如清理固定资产产生的净收益等，这部分收入和费用尽管与企业生产经营活动无关，但仍应计入企业利润中。此外，企业由于对外投资等业务的发生给企业带来的收益或损失同样应该计入企业利润。所以，工业企业的利润主要包括：

(1)　营业利润 = 营业收入 − 营业成本 − 税金及附加 − 销售费用
− 管理费用 − 财务费用 − 资产减值损失
+ 公允价值变动收益(减：公允价值变动损失)
+ 投资收益(减：投资损失)

其中，营业收入是指企业经营业务所确认的收入总额，包括主营业务收入和其他业务收入。

营业成本是指企业经营业务所发生的实际成本总额，包括主营业务成本和其他业务成本。

资产减值损失是指企业计提各项资产减值准备所形成的损失。

公允价值变动收益(或损失)是指企业交易性金融资产等公允价值变动形成的应计入当期损溢的利得或损失。

投资收益(或损失)是指企业以各种方式对外投资所取得的收益或发生的损失。

(2)　利润总额 = 营业利润 + 营业外收入 − 营业外支出

其中，营业外收入是指企业发生的与其日常活动无直接关系的各项利得；营业外支出是指企业发生的与其日常活动无直接关系的各项损失。

(3)　净利润 = 利润总额 − 所得税费用

其中，所得税费用是指企业确认的应从当期利润总额中扣除的所得税费用。

(二) 设置的主要账户

为了核算企业财务成果的形成过程，企业需要设置的主要账户有：

1.“其他业务收入”账户

(1) 性质和用途：该账户是损溢类账户，用来核算企业除主营业务活动以外的其他经营活动实现的收入，包括材料物资销售、固定资产出租、包装物出租、无形资产出租(譬如转让专利权的使用权等)、提供非工业性劳务收入等实现的收入。该账户期末一般无余额。

(2) 结构：如图 4-25 所示。

其他业务收入

借方	贷方
登记期末转入“本年利润”贷方的其他业务收入的数额	登记当期企业取得的各项其他业务收入的数额

图 4-25　其他业务收入账户的结构

(3) 明细账的设置：该账户一般按其他业务收入的种类设置明细账。

2.“其他业务成本”账户

(1) 性质和用途：该账户是损溢类账户，用来核算企业发生的除主营业务活动以外的其他经营活动所发生的支出，包括销售材料的实际成本、出租固定资产的折旧额、出租无形资产的成本或摊销额等。该账户期末一般无余额。

注意，除主营业务活动以外的其他经营活动发生的相关税费，在“税金及附加”科目核算。

(2) 结构：如图 4-26 所示。

其他业务成本

借方	贷方
登记本期发生的各项其他业务成本的数额	登记期末转入“本年利润”借方的其他业务成本的数额

图 4-26　其他业务成本账户的结构

(3) 明细账的设置：该账户一般按其他业务成本的种类设置明细账。

3.“管理费用”账户

(1) 性质和用途：该账户是损溢类账户，用来核算企业为组织和管理生产经营活动而发生的各项管理费用，包括行政管理部门在企业的经营管理中发生的或者应由企业统一负担的公司经费(包括行政管理部门职工工资及福利费、物料消耗、低值易耗品摊销、办公费、差旅费等)、工会经费、业务招待费、技术转让费、研究费用、董事会费、聘请中介机构费、咨询费、诉讼费、矿产资源补偿费、排污费等。该账户期末一般无余额。

注意，企业生产车间(部门)或行政管理部门等发生的固定资产修理费用等后续支出，也在本科目核算。

(2) 结构：如图 4-27 所示。

管理费用

借方	贷方
登记当期发生的各项管理费用数额	登记期末转入“本年利润”借方的本期管理费用的数额

图 4-27　管理费用账户的结构

(3) 明细账的设置：该账户一般按费用项目设置明细账。

4.“财务费用”账户

(1) 性质和用途：该账户是损溢类账户，用来核算企业为筹集生产经营所需资金等而发生的筹资费用。包括利息支出(减利息收入)、汇兑损溢以及相关的手续费、企业发生的现金折扣或收到的现金折扣等。该账户期末一般无余额。

(2) 结构：如图 4-28 所示。

财务费用

借方	贷方
登记当期发生的各项财务费用数额	登记期末转入“本年利润”借方的本期财务费用的数额

图 4-28　财务费用账户的结构

(3) 明细账的设置：该账户一般按费用项目设置明细账。

5．“投资收益”账户

(1) 性质和用途：该账户是损溢类账户，用来核算企业对外投资所取得的收益或发生的损失，包括企业购买的股票、债券等取得的股息、红利、债券利息或转让收入高于或低于投资成本的差额等。该账户期末一般无余额。

(2) 结构：如图 4-29 所示。

投资收益

借方	贷方
登记当期发生投资损失的数额 登记期末转入“本年利润”贷方的投资收益的数额	登记当期取得的投资收益的数额 登记期末转入“本年利润”借方的投资损失的数额

图 4-29　投资收益账户的结构

(3) 明细账的设置：该账户一般按投资项目设置明细账。

6．“营业外收入”账户

(1) 性质和用途：该账户是损溢类账户，用来核算企业发生的各项与生产经营没有直接关系的收入，包括处置报废的非流动资产净收益、非货币性资产交换利得、债务重组利得、政府补助、盘盈利得、接受捐赠利得等。该账户期末一般无余额。

(2) 结构：如图 4-30 所示。

营业外收入

借方	贷方
登记期末转入“本年利润”贷方的本期发生的营业外收入的数额	登记当期发生的各项营业外收入的数额

图 4-30　营业外收入账户的结构

(3) 明细账的设置：该账户一般按营业外收入项目设置明细账。

7．“营业外支出”账户

(1) 性质和用途：该账户是损溢类账户，用来核算企业发生的各项与生产经营没有直接关系的支出，包括处置报废非流动资产净损失、非货币性资产交换损失、债务重组损失、公益性捐赠支出、非常损失、盘亏损失等。该账户期末一般无余额。

(2) 结构：如图 4-31 所示。

营业外支出

借方	贷方
登记当期发生的各项营业外支出的数额	登记期末转入“本年利润”借方的本期发生的营业外支出的数额

图 4-31　营业外支出账户的结构

(3) 明细账的设置：该账户一般按营业外支出项目设置明细账。

8．“所得税费用”账户

(1) 性质和用途：该账户是损溢类账户，用来核算企业按规定从当期利润总额中扣除的所得税费用。该账户期末一般无余额。

(2) 结构：如图 4-32 所示。

所得税费用

借方	贷方
登记企业当期按规定计算出的所得税费用数额	登记期末转入“本年利润”借方的本期发生的所得税费用的数额

图 4-32　所得税费用账户的结构

(3) 明细账的设置：该账户一般可设置“当期所得税费用”“递延所得税费用”明细账。

9．“本年利润”账户

(1) 性质和用途：该账户是所有者权益类账户，用来核算企业当期实现的净利润(或发生的净亏损)。在各个会计期末，“本年利润”的期末余额表示从年初到该会计期末累计实现的净利润(或净亏损)。年度终了，应将本年收入和支出相抵后结出的本年实现的净利润或亏损结转到“利润分配”账户，结转后该账户应无余额。

(2) 结构：如图 4-33 所示。

本年利润

借方	贷方
登记期末由“主营业务成本”“税金及附加”“其他业务成本”“财务费用”“管理费用”“销售费用”“营业外支出”“所得税费用”等账户转入的数额	登记期末由“主营业务收入”“其他业务收入”“营业外收入”“投资收益”等账户转入的数额
期末余额表示自年初至本期末止累计发生的净亏损	期末余额表示自年初至本期末止累计发生的净利润

图 4-33　本年利润账户的结构

(3) 明细账的设置：该账户一般不需设置明细账。

(三) 利润形成过程中的主要经济业务核算

在本阶段中，企业主要围绕财务成果的形成发生相关核算，以下分别针对结转收入、费用、成本、计提和结转所得税费用等业务进行举例说明。

【例 4-37】 6 月 20 日，出售企业多余材料一批，价值 3 000 元，开出增值税专用发票，应交增值税销项税 510 元。款项已经收到并存入银行。

这项经济业务的发生，一方面使本企业银行存款增加 3 510 元，另一方面增加该企业的其他业务收入，同时增加应交增值税，所以应作如下会计分录：

借：银行存款　3 510

　　贷：其他业务收入　3 000

　　　　应交税费——应交增值税(销项税额)　510

【例 4-38】 6 月 22 日，某地发生水灾，企业向该地人民捐赠人民币 10 000 元。

这项经济业务的发生，一方面使本企业银行存款减少 10 000 元，另一方面增加营业外支出 10 000 元，所以应作如下会计分录：

借：营业外支出　　10 000
　　贷：银行存款　　10 000

【例 4-39】 6 月 30 日，收到从被投资公司分得的投资收益 5 200 元，存入银行。

这项经济业务的发生，一方面使本企业银行存款增加 5 200 元，另一方面增加企业投资收益 5 200 元。因此作如下会计分录：

借：银行存款　　5 200
　　贷：投资收益　　5 200

【例 4-40】 6 月 30 日，接受捐赠设备一台，估计其价值为 12 000 元。

这项经济业务的发生，一方面使企业营业外收入增加，另一方面增加固定资产的账面金额，所以作如下会计分录：

借：固定资产　　12 000
　　贷：营业外收入　　12 000

【例 4-41】 6 月 30 日，结转本期销售材料的实际成本 2 000 元。

这项经济业务的发生，一方面增加其他业务支出，另一方面减少原材料 2 000 元，因此作如下会计分录：

借：其他业务成本　　2 000
　　贷：原材料　　2 000

【例 4-42】 6 月 30 日，计算并结转本期利润总额。

这项经济业务的发生，一方面冲销损溢类账户(暂不包括所得税)余额，另一方面增加“本年利润”的借贷方发生额。依照前例，期末结转前，“主营业务收入”“其他业务收入”“投资收益”“营业外收入”等账户的贷方余额分别是 116 000 元、3 000 元、5 200 元、12 000 元；“主营业务成本”“税金及附加”“其他业务成本”“营业外支出”“财务费用”“管理费用”“销售费用”等账户的借方余额分别是 56 675 元、1 100 元、2 000 元、10 000 元、416.67 元、17 440 元、1 200 元。所以作如下会计分录：

借：本年利润　　88 831.67
　　贷：主营业务成本　　56 675
　　　　税金及附加　　1 100
　　　　其他业务成本　　2 000
　　　　财务费用　　416.67
　　　　管理费用　　17 440
　　　　销售费用　　1 200
　　　　营业外支出　　10 000

借：主营业务收入　　116 000
　　其他业务收入　　3 000

投资收益　　5 200
营业外收入　　12 000
　贷：本年利润　　136 200

其中，有关利润指标计算如下：

营业利润 = 116 000 + 3 000 − 56 675 − 2 000 − 1 100 − 416.67 − 17 440 − 1 200 + 5 200
= 45 368.33(元)

利润总额 = 45 368.33 + 12 000 − 10 000 = 47 368.33(元)

【例 4-43】 6 月 30 日，按照税法规定，企业所得税税率当期为 25%，且没有税前调整事项，因此企业当期应计提所得税为 11 842.08 元。

这项经济业务的发生，一方面增加所得税费用，另一方面增加企业负债——“应交税费”，所以作如下会计分录：

借：所得税费用　　11 842.08
　贷：应交税费——应交所得税　11 842.08

【例 4-44】 6 月 30 日，结转“所得税费用”账户余额到“本年利润”账户。

这项经济业务的发生，一方面冲销“所得税费用”账户借方余额，另一方面减少本年利润。所以作如下会计分录：

借：本年利润　　11 842.08
　贷：所得税费用　　11 842.08

其中

净利润 = 47 368.33 − 11 842.08 = 35 526.25(元)

二、利润分配的内容及其核算

(一) 利润分配概述

企业当期实现的净利润，加上年初未分配利润(或减去年初未弥补亏损)和其他转入后的余额，为可供分配的利润。可供分配的利润，可按下列顺序分配：

(1) 弥补企业以前年度亏损。这里的亏损为税前利润未弥补完的亏损(企业发生年度，可以用下一年度的税前利润弥补。若 5 年内企业的亏损仍未弥补完，不得再用税前利润弥补，可用税后利润或其他方式弥补)。

(2) 提取法定盈余公积金。法定盈余公积金按照税后利润的 10%提取，法定盈余公积金已达到注册资本的 50%时可不再提取。

(3) 提取任意盈余公积金。经股东大会或类似权力机构决议，可以在提取法定盈余公积金之后提取任意盈余公积金。

(4) 分配给投资者利润或股利。

(二) 设置的主要账户

为了核算企业利润分配的过程，主要设置以下账户：

1．“利润分配”账户

(1) 性质和用途：该账户是所有者权益类账户，用来核算企业利润分配(或弥补亏损)和历年分配(或弥补亏损)后的积存余额情况。

(2) 结构：如图 4-34 所示。

利润分配

借方	贷方
登记提取的盈余公积和向投资者分配的利润 登记年末由“本年利润”账户借方转入的本年累计亏损数	登记盈余公积弥补的亏损数及年末由“本年利润”账户贷方转入的本年累计净利润数
期末余额：表示尚未弥补的亏损	期末余额：表示尚未分配的利润

图 4-34　利润分配账户的结构

(3) 明细账的设置：该账户应当分别设置“提取法定盈余公积”“提取任意盈余公积”“应付现金股利或利润”“转作股本的股利”“盈余公积补亏”“未分配利润”等明细账。

2．“盈余公积”账户

(1) 性质和用途：该账户是所有者权益类账户，用来核算企业从净利润中提取的盈余公积，以及盈余公积支用和结存情况。

(2) 结构：如图 4-35 所示。

盈余公积

借方	贷方
登记盈余公积的支用数	登记盈余公积的提取数
	期末余额表示盈余公积的结存数

图 4-35　盈余公积账户的结构

(3) 明细账的设置：该账户一般按“法定盈余公积”和“任意盈余公积”设置明细账。

3．“应付股利”账户

(1) 性质和用途：该账户是负债类账户，用来核算企业应支付给投资者的利润或现金股利，以及实际支付和结欠情况。

(2) 结构：如图 4-36 所示。

应付股利

借方	贷方
登记实际支付给投资者的利润(或现金股利)	登记应付给投资者的利润(或现金股利)
	期末余额表示尚未支付给投资者的利润或现金股利

图 4-36　应付股利账户的结构

(3) 明细账的设置：该账户一般按投资者名称设置明细账。

(三) 利润分配过程中的主要经济业务核算

在本阶段中，企业主要围绕利润分配发生业务，以下分别针对本年利润结转、盈余公积的提取、向投资者分配利润等方面举例说明。

【例 4-45】 假设新中企业该年 12 月 31 日“本年利润”账户中期末贷方余额为 385 000 元，结转至“利润分配”账户。

这项经济业务的发生，一方面冲销“本年利润”账户余额，另一方面增加“利润分配”发生额，所以作如下会计分录：

借：本年利润　　　　385 000
　　贷：利润分配——未分配利润　　385 000

【例 4-46】 分别按税后利润 385 000 元的 10% 和 5% 提取法定盈余公积金和任意盈余公积金。

这项经济业务的发生，一方面使“利润分配”账户数额减少，另一方面增加企业法定盈余公积金和任意盈余公积金，因此作如下会计分录：

借：利润分配——提取法定盈余公积　　38 500
　　　　　　——提取任意盈余公积　　19 250
　　贷：盈余公积——法定盈余公积　　　　38 500
　　　　　　　——任意盈余公积　　　　19 250

【例 4-47】 经董事会决议，确定该企业今年应向投资者分配利润 150 000 元。

这项经济业务的发生，一方面减少“利润分配”账户的数额，另一方面增加企业对投资者的负债，因此作如下会计分录：

借：利润分配——应付利润　　150 000
　　贷：应付股利　　　　　　　150 000

【例 4-48】 该年末，将“利润分配”其他明细科目结转“未分配利润”。

这项经济业务的发生，一方面使“未分配利润”减少，另一方面冲销前面已经计提的各个项目。所以作如下会计分录：

借：利润分配——未分配利润　207 750
　　贷：利润分配——提取法定盈余公积金　38 500
　　　　　　　——提取任意盈余公积金　19 250
　　　　　　　——应付利润　　　　　　150 000

如果新中企业该年年初未分配利润为 250 000 元，则该年年末的未分配利润为

$$250\,000 + 385\,000 - 207\,750 = 427\,250 \text{ 元}$$

第七节　资金退出企业的核算

在企业的资金运用过程中，除了发生上述购买、生产、销售等业务以外，还会发生资金退出的内容，具体包括利润分配、偿还借款、对外投资、支付福利费等。其中有些内容在前文中已经阐述，本节针对未述及的经济业务进行说明。

一、偿还借款

在偿还借款的过程中，主要会涉及“短期借款”“长期借款”“财务费用”“应付利息”等账户，它们在本章第二节中已作说明，这里不再重复。以下仅就长期和短期借款还款时的核算进行简单举例说明。

【例 4-49】 ×月 1 日，新中企业偿还短期借款，该笔借款本金为 120 000 元，3 个月期，当月利息 450 元，前已经计提利息 900 元，共还款 121 350 元。

这项经济业务的发生，一方面使本企业银行存款减少 121 350 元，另一方面增加该月财务费用 450 元，减少负债——“应付利息”(该账户的说明详见本章第四节)，因此作如下会计分录：

借：财务费用　　450
　　应付利息　　900
　　短期借款　　120 000
　　贷：银行存款　　121 350

【例 4-50】 ×月 15 日，该企业偿还长期借款，借款本金为 200 000 元，3 年期，该笔借款还款方式是每年付息，到期还本，其中第三年已经计提的利息为 12 000 元，已计入“长期借款”账户的贷方。

这项经济业务的发生，一方面使企业银行存款减少 212 000 元，另一方面使企业长期负债减少。因此作会计分录如下：

借：长期借款　　212 000
　　贷：银行存款　　212 000

二、福利费支出

福利费支出应在“应付职工薪酬”账户中核算，该账户的性质以及福利费的使用详见本章第四节。

【例 4-51】 ×月 7 日，职工张三领取生活困难补助费 500 元，以库存现金支付。

这项经济业务的发生，一方面使企业库存现金减少，另一方面使企业负债减少，所以作如下会计分录：

借：应付职工薪酬——职工福利　　500
　　贷：库存现金　　500

三、上缴税金及附加

有关上缴税金的核算应在“应交税费”账户中进行，该账户的性质和使用详见本章第三节。

【例 4-52】 ×月 5 日，以银行存款上缴消费税 2100 元，城市维护建设税 900 元，教育费附加 480 元。

这项经济业务的发生，一方面使企业银行存款减少，另一方面使企业负债减少，所以应作如下会计分录：

借：应交税费——应交消费税　2 100
　　　　　　——应交城建税　900
　　　　　　——应交教育费附加　480
　贷：银行存款　3 480

五、支付利润或股利

支付利润或股利的核算应在“应付股利”账户中进行，该账户的性质和用途详见本章第六节。

【例 4-53】 ×月 1 日，向投资者发放利润 150 000 元。

这项经济业务的发生，一方面使企业银行存款减少，另一方面使企业负债减少，所以应作如下会计分录：

借：应付股利　150 000
　贷：银行存款　150 000

本章小结

工业企业的资金来源主要包括投资者投入和向债权人借入。在该过程中设置的主要账户：实收资本、短期借款、长期借款、固定资产等。

固定资产购置业务与材料采购业务阶段是工业企业的生产准备阶段，也称为供应阶段。在这个阶段，企业以货币资金购买设备等固定资产和各种原材料，并且支付货款、采购费用和税金等，这样就形成了该阶段的主要业务。

供应阶段设置的主要账户：在途物资、原材料、应付账款、预付账款、应交税费、其他应收款、管理费用等。

产品生产阶段是工业企业生产经营活动中极为重要的一个阶段，在这个阶段中，为了制造产品，就一定要耗费各种材料，支付职工工资，发生固定资产损耗以及支付其他各种费用。这些在产品阶段中发生的各项支出，就成为生产费用。它主要包括：直接材料、直接人工、其他直接支出、制造费用等。

产品生产阶段设置的主要账户：生产成本、制造费用、应付职工薪酬、累计折旧、库存商品等。

产品销售阶段是工业企业制造完工的产品进入市场流通的过程，也是企业的生产耗费取得补偿并实现积累的过程。因此，简单地说，发出产品，与购货单位进行货款结算；代税务机关向购货单位收取税金；支付各种销售费用；结转已售产品成本等，是产品销售阶段的基本经济业务。

产品销售阶段设置的主要账户：主营业务收入、主营业务成本、销售费用、税金及附加、应收账款、预收账款等。

利润是指企业在一定会计期间的经营成果。利润包括收入减去费用后的净额、直接计入当期利润的利得和损失等。利润是反映企业经济效益的一项重要指标。

利润核算需要设置的主要账户：本年利润、所得税费用、营业外收入、营业外支出、投资收益等。

利润分配就是指企业根据国家规定和投资者的决议，对企业净利润所进行的分配。利润分配核算需要设置的主要账户：利润分配、盈余公积、应付股利等。

成本计算是工业企业经济业务核算中的重要组成部分，包括采购成本的计算、生产成本的计算、销售成本的计算。在这三种成本的计算过程中，最重要的是确定分配标准。

思考题

1．资金筹集核算的内容是什么？在核算中需要设置哪些账户？如何进行账务处理？

2．固定资产购置和材料物资采购阶段核算的内容是什么？在核算中主要设置哪些账户？如何进行账务处理？

3．生产过程核算的主要内容是什么？在核算中需要设置哪些账户？如何进行账务处理？

4．销售过程核算的主要内容是什么？在核算中需要设置哪些账户？如何进行账务处理？

5．什么是利润？企业的利润是如何构成的？

6．财务成果形成及分配的核算主要设置哪些账户？如何进行账务处理？

7．资金退出企业核算的主要内容是什么？在核算中需要设置哪些账户？如何进行账务处理？

8．什么是成本计算？简述工业企业成本计算的主要内容和程序。

9．什么是成本项目？工业企业产品制造成本一般包括哪些成本项目？怎样计算产品的生产成本？

10．浅谈对支出、费用、成本等指标的理解。

练习题

习题 4-1

一、目的：练习资金筹集业务的核算。

二、资料：中亚公司 201×年 4 月份发生如下有关资金筹集业务：

(1) 1 日，收到国家投资资金 400 000 元，已经存入银行。

(2) 1 日，向银行借款 120 000 元存入银行，偿还期 6 个月，年利率 5%，利息按季结算。

(3) 3 日，收到 A 公司投入一台全新的设备，价值 250 000 元。

(4) 10 日，从银行借款 300 000 元，3 年期，用于生产经营，年利率 6%，利息按年结算支付，到期还本。

(5) 20 日，收到 B 公司投入资金 100 000 元，已经存入银行。

三、要求：根据上述经济业务编制会计分录。

习题 4-2

一、目的：练习固定资产购建业务的核算。

二、资料：华风企业 201×年 4 月发生如下有关固定资产购建的经济业务：

(1) 6 日，购入一套不需要安装的生产设备甲，对方开出增值税专用发票，标明价款 500 000 元，进项税额 85 000 元，全部款项均已经以银行存款付清，设备已经投入使用。

(2) 7 日，购入一台需要安装的生产设备乙，价款 300 000 元，进项税额 51 000 元，款项已经以银行存款付清。

(3) 7 日，支付设备乙的运输费 2 100 元，以支票支付。

(4) 10 日，以银行存款支付设备乙的安装调试费共 12 500 元。当天设备安装完毕，投入使用。

三、要求：根据上述经济业务编制会计分录。

习题 4-3

一、目的：练习在途物资业务的核算和在途物资成本的计算。

二、资料：东南工厂 201×年 7 月发生如下有关在途物资的业务，注意材料在月末结转采购成本：

(1) 3 日，向 A 公司购入甲材料 5 000 千克，每千克 12 元，共计价款 60 000 元，增值税 10 200 元，运费 500 元，款项均已经以银行存款付清。

(2) 10 日，向 B 企业购入甲材料 2 000 千克，每千克 12 元，乙材料 2 500 千克，每千克 7 元，增值税税率 17%，款项以已经承兑的商业汇票付讫。

(3) 11 日，以银行存款支付 10 日购买的甲、乙材料的运杂费 2 500 元，以库存现金支付其装卸费 900 元，运杂费和装卸费均按两种材料的重量分配。

(4) 15 日，根据合同约定，以银行存款预付江红公司购买乙材料货款 5 000 元。

(5) 25 日，收到江红公司发来的乙材料 2 000 千克，每千克 7 元，增值税 2 380 元，另外对方代垫运杂费 660 元，以银行存款支付余款。

(6) 月末，根据入库单，上述甲乙材料均已验收入库，按实际成本结转甲、乙材料的采购成本。

三、要求：

(1) 假设该厂原材料采用实际成本核算方法，请根据上述经济业务，编制会计分录。

(2) 根据会计分录登记“在途物资”明细分类账。

(3) 编制“在途物资成本计算表”。

习题 4-4

一、目的：练习生产业务的核算和产品生产成本的计算。

二、资料：东风公司 201×年 5 月发生下列有关生产经济业务：

(1) 1 日，经批准从银行借入年利率为 5%，为期 3 个月的短期借款 120 000 元。

(2) 7 日，以银行存款支付当月水电费 1 800 元。

(3) 10 日，以银行存款支付银行手续费 1 250 元。

(4) 12 日，采购员欧阳预支差旅费 2 000 元，出纳以库存现金支付。

(5) 15 日，从银行提取库存现金 65 000，以备发放工资。

(6) 15 日，以库存现金 65 000 元发放本月职工工资。

(7) 16 日，以银行存款支付下半年的报刊费 1 500 元。

(8) 17 日，欧阳回厂报销差旅费 1 800 元，退回多余库存现金 200 元。

(9) 31 日，会计部门根据领料单整理汇总，编制发出材料汇总表如表 4-11 所示。

表 4-11　材料汇总表

用　途	甲材料		乙材料		合计/元
	数量/千克	金额/元	数量/千克	金额/元	
A 产品生产用	45 000	90 000	5 000	35 000	125 000
B 产品生产用	8 000	16 000	3 000	21 000	37 000
小计	53 000	106 000	8 000	56 000	162 000
车间一般耗用			500	3 500	3 500
管理部门耗用	1 500	3 000			3 000
合计	54 500	109 000	8 500	59 500	168 500

(10) 31 日，计提本月固定资产折旧 20 000 元，其中生产用固定资产折旧 13 500 元，企业行政管理部门固定资产折旧 6 500 元。

(11) 31 日，预提本月应负担的短期借款利息 500 元。

(12) 31 日，摊销本月应负担的车间劳动保护费 1 200 元，厂部报刊费 250 元。

(13) 31 日，结转本月应付职工工资 65 000 元，其中 A 产品生产工人工资 32 000 元，B 产品生产工人工资 18 000 元，车间管理人员工资 8 000 元，企业行政管理人员工资 7 000 元。

(14) 31 日，按工资总额的 14% 提取本月职工福利费。

(15) 31 日，按 A、B 产品生产工时分配本月制造费用(A 产品生产工时 600 小时，B 产品生产工时 400 小时)。

(16) 31 日，根据产品成本计算表，结转完工产品制造成本，A 产品 500 台全部完工，B 产品全部未完工。

三、要求：

(1) 根据上述资料编制会计分录。

(2) 根据上述资料登记“生产成本”明细账，计算本期完工产品的总成本和单位成本。

习题 4-5

一、目的：练习销售业务的核算。

二、资料：华商工厂 201×年 6 月份发生下列有关产品销售经济业务，该厂为增值税一般纳税人，增值税税率 17%：

(1) 10 日，向甲公司销售 A 产品 1 500 件，每件售价 420 元，开出增值税专用发票，款项已经存入银行。

(2) 14 日，向乙公司销售 B 产品 800 件，每件售价 500 元，开出增值税专用发票，款项尚未收到。

(3) 15 日，以银行存款支付广告费 5 000 元，销售商品的运输费 1 500 元。

(4) 20 日，根据合同规定，向丙公司预收销售 A 产品货款 8 500 元。

(5) 30 日，结转本月已经销售产品的成本，其中，A 产品每件成本 300 元，B 产品每件成本 350 元。

三、要求：根据以上资料编制会计分录。

习题 4-6

一、目的：练习资金退出业务的核算。

二、资料：达利公司 201×年 2 月份发生如下有关经济业务：

(1) 5 日，该企业偿还长期借款，借款本金为 350 000 元，3 年期，该笔借款还款方式是每年付息，到期还本，其中第三年已经计提的利息为 15 000 元，已计入“长期借款”账户的贷方。

(2) 8 日，职工李司报销入托费 800 元，以库存现金支付。

(3) 20 日，以银行存款上缴消费税 2 500 元，城市维护建设税 950 元，教育费附加 480 元。

(4) 25 日，向投资者发放利润 250 000 元。

三、要求：根据以上资料编制会计分录。

习题 4-7

一、目的：练习财务成果的形成及其分配的核算。

二、资料：飞鸿公司 201×年 12 月发生如下有关经济业务：

(1) 10 日，以银行存款支付业务招待费 1 200 元。

(2) 2 日，向通达公司出售甲材料 400 千克，售价 25 元/千克，增值税税率 17%，款项已经收到存入银行。

(3) 15 日，以银行存款支付银行承兑手续费 700 元。

(4) 20 日，清理一笔无法支付的应付账款 4 500 元，作为“营业外收入”入账。

(5) 22 日，以银行存款通过公益机构为灾区捐款 5 000 元。

(6) 31 日，归还短期借款本金及利息。这笔借款本金为 80 000 元，已经预提利息 1 200 元，该月利息 600 元。

(7) 31 日，结转已经出售甲材料实际成本 6 000 元。

(8) 31 日，年末结账前有关损溢类账户余额如表 4-12 所示。

表 4-12　账 户 余 额

账户名称	借方余额/元	贷方余额/元
主营业务收入		450 000
其他业务收入		30 000
投资收益		35 000
营业外收入		6500
主营业务成本	280 000	
税金及附加	12 560	
其他业务成本	12 000	
管理费用	10 200	
财务费用	3 600	
销售费用	5 000	
营业外支出	6 200	

结转本月损溢类账户。

(9) 31 日，假设本期没有税前调整项目，按 25%的所得税税率计算结转本月应纳所得税。

(10) 31 日，将本年实现的净利润转入“利润分配”账户(假定 1 至 11 月实现净利润 480 000 元)。

(11) 31 日，按本年税后利润的 10% 提取法定盈余公积，按 50% 向投资者分配利润。

三、要求：

(1) 根据上述资料编制会计分录。

(2) 登记“本年利润”“利润分配”总分类账户。(假设“利润分配”账户年初为贷方余额 80000 元)

习题 4-8

一、目的：练习工业企业主要经济业务的核算。

二、资料：光明工厂 201×年 3 月发生下列经济业务，该企业为增值税一般纳税人，月末结转材料采购成本和产品销售成本：

(1) 5 日，购买甲材料 1 500 千克，单价 2.5 元/千克，收到增值税专用发票，显示价款 3 750 元，增值税为 637.5 元，用转账支票支付。

(2) 6 日，用银行存款支付甲材料运杂费 200 元。

(3) 7 日，从银行提取库存现金 28 000 元，以备发放工资。

(4) 8 日，以库存现金发放工资 28 000 元。

(5) 10 日，购入不需要安装的设备一台，价值 80 000 元，用银行存款支付。

(6) 10 日，仓库发出甲材料 3 480 千克，单位成本 2.5 元/千克，其中，生产 A 产品耗用 1 600 千克，生产 B 产品耗用 1 380 千克，车间一般耗用 500 千克；发出乙材料 1 000 千克，单位成本 1 元/千克，其中，生产 A 产品耗用 850 千克，行政管理部门耗用 150 千克。

(7) 11 日，向银行借入短期借款 60 000 元，已经存入银行。

(8) 12 日，采购乙材料 8 000 千克，单价 0.8 元/千克，收到增值税专用发票，税率为 17%，另发生运杂费 520 元，以银行存款支付。

(9) 12 日，以库存现金 150 元购买车间办公用品。

(10) 18 日，销售 A 产品 800 件，每件 250 元，销售 B 产品 700 件，每件 120 元，增值税税率 17%，货款已经收到并存入银行。

(11) 20 日，用库存现金 1 000 支付广告费。

(12) 21 日，以库存现金支付第二季度的保险费 2 400 元。

(13) 31 日，按本月采购甲、乙材料的实际成本结转采购成本。

(14) 31 日，计提本月固定资产折旧费，其中，车间使用固定资产折旧费 1 500 元，管理部门折旧 700 元。

(15) 31 日，摊销本月车间应该负担的预付账款 180 元。

(16) 31 日，计提应由本月负担的借款利息 120 元。

(17) 31 日，分配本月工资费用。其中，生产 A 产品的工人工资为 12 000 元，生产 B 产品工人的工资为 9 000 元，车间管理人员工资为 3 500 元，行政管理人员工资为 3 500 元。并按工资总额的 14% 提取职工福利费。

(18) 31 日，按生产工人的工资比例分配本月制造费用。

(19) 31 日，本月生产的 200 件 B 产品全部完工，结转其生产成本。

(20) 31 日，结转本月已经销售 A 产品、B 产品的成本，其中，A 产品每件 110.5 元，B 产品每件 83.7 元。

(21) 31 日，本月计提消费税 500 元，城市维护建设税 120 元，教育费附加 80 元。

(22) 31 日，将有关损溢类账户余额转入“本年利润”账户，并按 25% 计算本月应交纳的所得税(设无税前调整事项)。

三、要求：编制有关会计分录。

第 五 章

会 计 凭 证

内 容 提 要

会计凭证是记录经济业务、明确经济责任的书面证明，也是登记账簿的依据。填制和审核会计凭证，是会计工作的开始，也是对经济业务进行日常监督的重要环节。按其填制程序和用途不同，会计凭证可分为原始凭证和记账凭证。原始凭证通常在经济业务发生时取得或填制，是记账的原始依据，其填制必须遵循一定的技术要求，并应从业务的合法性、合理性和填写的完整性、正确性等方面对其进行严格审核；记账凭证由会计人员根据审核无误的原始凭证编制，是登记账簿的直接依据。不同类型的记账凭证，具有不同的格式和不同的填制方法。企业应建立记账凭证的专人审核制度。会计凭证的传递是会计制度的一个重要组成部分，企业应根据自身业务特点，制定科学的传递程序。同时，会计凭证是重要的经济档案和历史资料，必须遵循一定的方法和要求进行妥善整理和保管，不得丢失或任意销毁。通过对本章的学习，要求能够正确使用会计凭证这种方法。

第一节　会计凭证概述

一、会计凭证填制和审核的意义

会计凭证是记录经济业务、明确经济责任的书面证明，也是登记账簿的依据。填制和审核会计凭证，是会计工作的开始，也是对经济业务进行日常监督的重要环节。

会计凭证的填制和审核，对于保证完成会计工作任务，发挥会计在经济管理中的作用，具有十分重要的意义，归纳起来，有以下三个方面：

(1) 填制、取得会计凭证，可以及时正确地反映各项经济业务的完成情况。

各经济单位日常发生的业务，如资金的取得和运用、生产经营过程中活劳动和物化劳动的耗费、销售收入的取得、财务成果的形成和分配等，既有货币资金的收付，又有财产物资的进出，通过会计凭证的填制，可以将日常发生的大量的经济业务进行全面的记录，从而使会计凭证成为记录各单位经济活动的业务档案，并成为日后单位进行经济活动分析和会计检查的重要原始依据。

(2) 审核会计凭证，可以更有效地发挥会计的监督作用，使经济业务合理合法。

通过会计凭证的审核，可以监督经济业务的合法性，检查经济业务是否符合国家的有关法律、制度，是否符合企业目标和财务计划；检查经济业务有无违法乱纪，违反会计制度的现象，有无铺张浪费、贪污盗窃等损害公共财产的行为发生；可以及时发现经济管理中存在的问题和管理制度中存在的漏洞，及时加以制止和纠正，以改善经营管理，提高经济效益。

(3) 填制和审核会计凭证，便于分清经济责任，可以加强经济管理中的责任制。

各单位所发生的经济业务，特别是货币资金的收付，财产物资的购进、发出、领用、入库、售出等经济活动，都是由有关部门协同完成的，通过填制和审核会计凭证，不仅将经办单位和经办人员联系在一起，相互促进，相互监督，而且有利于划清经办单位和经办人的责任；即使发生了问题，也易于弄清情况，区分责任，作出正确的裁决。

二、会计凭证的分类

会计凭证按照其填制的程序和用途不同，可分为原始凭证和记账凭证两大类。

原始凭证是指在经济业务发生时取得或填制的、用以证明经济业务的发生或完成情况并作为记账原始依据的会计凭证。原始凭证是进入会计信息系统的初始数据资料。一般而言，在会计核算过程中，凡是能够证明某项经济业务已经发生或完成情况的书面单据就可以作为原始凭证，如有关的发票、收据、银行结算凭证、收料单、发料单等；凡是不能证明某项经济业务已经发生或完成情况的书面文件就不能作为原始凭证，如生产计划、购销合同、银行对账单、材料清购单等。

记账凭证是指根据审核无误的原始凭证填制的、用来记录经济业务简要内容、确定会计分录并作为记账直接依据的会计凭证。

原始凭证和记账凭证之间存在着密切的联系。原始凭证是记账凭证的基础，记账凭证是根据原始凭证编制的。在实际工作中，原始凭证附在记账凭证后面，作为记账凭证的附件；记账凭证是对原始凭证内容的概括和说明，它是会计核算的起点。

第二节 原始凭证

一、原始凭证的分类

原始凭证按其取得的来源不同，可以分为自制原始凭证和外来原始凭证两类。

(一) 自制原始凭证

自制原始凭证是指由本单位内部经办业务的部门或个人，在完成某项经济业务时自行填制的凭证。自制原始凭证按其填制手续不同，又可分为一次凭证、累计凭证、汇总原始凭证和记账编制凭证四种。

(1) 一次凭证。一次凭证是指只反映一项经济业务，或者同时反映若干项同类性质的经济业务，其填制手续是一次完成的原始凭证。如企业购进材料验收入库，由仓库保管员填制的“收料单”(格式与内容如表5-1所示)，车间或班组向仓库领用材料时填制的“领料单”(格式与内容如表5-2所示)，以及报销人员填制的、出纳人员据以付款的“报销凭单”等等，都是一次凭证。一次凭证只能反映一笔业务的内容，使用方便灵活，但数量较多，核算较麻烦。

表5-1

上 海 电 机 厂

收 料 单

供货单位：上海钢铁厂　　凭证编号：7856

发票编号：0276450　　200×年5月6日　　收料仓库：3号库

材料编号	材料类别	材料名称	规格	计量单位	数量		单价	金额(元)
					应收	实收		
10211	钢材	圆钢	10 cm	千克	2 000	2 000	3.00	6 000.00
10212	钢材	圆钢	12 cm	千克	1 000	1 000	2.80	2 800.00
		合计			3 000	3 000		8 800.00

仓库主管：郑江　　记账：李颖　　保管员：王刚　　收料：赵欣

表5-2

上 海 电 机 厂

领 料 单

领料部门：一车间　　凭证编号：5421

用　　途：B产品　　200×年5月16日　　发料仓库：3号库

材料编号	材料类别	材料名称	规格	计量单位	数量		单价	金额(元)
					请领	实发		
10212	钢材	圆钢	12 cm	千克	500	500	2.80	1 400.00
		合计			500	500		1 400.00

仓库主管：郑江　　记账：李颖　　发料人：王刚　　领料人：顾月

(2) 累计凭证。累计凭证是指在一定时期内可多次连续记录同类经济业务，直至记录了最后一项经济业务后才完成其凭证手续的原始凭证。如企业在生产商品时可据以多次领料的“限额领料单”(格式与内容如表5-3所示)就是累计凭证。对于累计凭证，由于平时随时登记发生的经济业务，并计算累计数，期末计算总数后作为记账的依据，所以能减少凭证数量，简化凭证填制手续。

表 5-3

上 海 电 机 厂

领料部门：一车间　　限额领料单　　凭证编号：3308

用　　途：A 产品　　200×年 6 月　　发料仓库：3 号库

材料编号	材料名称	规格	计量单位	计划投产量	单位消耗定额	领用限额	实发数量	单价	金额(元)
10211	圆钢	10 cm	千克	600	2 千克	1 200	1 100	3.00	3 300.00

日期	请领数量	实发				限额结余数量
		数　量	累　计	领料人	发料人	
6/2	300	300	300	杨梅	赵欣	900
6/12	200	200	500	王芳	赵欣	700
6/22	350	350	850	杨梅	赵欣	350
6/30	250	250	1 100	王芳	赵欣	100

供应部门主管：沈阳　　生产计划部门主管：潘云　　仓库主管：郑江

(3) 汇总原始凭证(也称原始凭证汇总表)。汇总原始凭证是指在会计核算工作中，为简化记账凭证的编制工作，将一定时期内若干张记录同类经济业务的原始凭证汇总成一张，用以集中反映某项经济业务总括发生情况的原始凭证。比如可以将一定时期的领料单汇总后编制“发出材料汇总表”(格式与内容如表 5-4 所示)，也可以将一定时期的收料单汇总后编制“收料凭证汇总表”等。

表 5-4

发出材料汇总表

200×年 4 月 1 日至 30 日

领料部门	用　　途	原材料	辅助材料	燃　料	合　计
生产车间	生产 A 产品	30 000	3 000		35 700
生产车间	生产 B 产品	18 000	1 500	2 700	21 300
生产车间	维护设备	1500	1 200	1 800	2 700
行政管理部门	修理办公设备	900	300		1 200
合　计		50 400	6 000	4 500	60 900

(4) 记账编制凭证。记账编制凭证是指由会计人员根据账簿记录和经济业务的需要编制的一种自制原始凭证。比如，月末在计算产品成本时，根据制造费用账户归集的本月发生的制造费用及有关分配标准编制的“制造费用分配表”(其格式与内容如表 5-5 所示)等。

表 5-5

制造费用分配表

200×年 4 月　　　　单位：元

产 品 名 称	分配标准(生产工人工时)	分配率	分 配 金 额
(1)	(2)	(3)	(4)=(2)×(3)
A 产品	8 000	1.20	9 600
B 产品	4 000	1.20	4 800
合　计	12 000	—	14 400

(二) 外来原始凭证

外来原始凭证是指在同外部单位发生经济往来关系时，从外部单位取得的原始凭证。比如，从供货单位购入货物时取得的发票(其格式与内容如表 5-6 所示)；支付费用所取得的收据和银行结算凭证等。

表 5-6

上海市统一发票

发 票 联　　　　编号：0276450

购货单位：上海电机厂　　　　200×年 6 月 1 日

货号	品名规格	计量单位	数量	单价	金额						
					万	千	百	十	元	角	分
5021	10 cm 圆钢	千克	1 500	3.00		4	5	0	0	0	0
5023	12 cm 圆钢	千克	1 000	2.80		2	8	0	0	0	0
合计人民币柒仟叁佰元整 (大写)					¥	7	3	0	0	0	0

企业(盖章)　　　　收款人：胡兰　　　　开单：徐梨

二、原始凭证的基本内容

由于各项经济业务的内容和经济管理的要求不同，各个原始凭证的名称、格式和内容也是多种多样的。但是，所有的原始凭证(包括自制的和外来的凭证)，都是作为经济业务的原始证据，必须详细载明有关经济业务的发生或完成情况，必须明确经办单位和人员的经济责任。因此，各种原始凭证都应具备一些共同的基本内容。原始凭证所包括的基本内容，通常称为凭证要素，主要有：① 原始凭证的名称和编号；② 原始凭证填制的日期；③ 原始凭证填制单位的名称；④ 接受原始凭证单位的名称；⑤ 经济业务的内容摘要；⑥ 经济业务的实物数量、单价和金额；⑦ 原始凭证的填制单位及经办人员的签名和盖章。

有些原始凭证除了包括上述基本内容以外，为了满足计划、统计等其他业务工作的需要，还要列入一些补充内容。例如，在有些原始凭证上，还要注明与该笔经济业务有关的计划指标、预算项目和经济合同等等。

三、原始凭证的填制要求

1. 记录真实，责任明确

(1) 凭证所反映的经济业务必须合法，必须符合国家有关政策、法令、规章、制度的要求；不符合以上要求的，不得列入原始凭证。

(2) 凭证填制的日期、业务内容和数字金额，必须真实可靠，要符合有关经济业务的实际发生或完成情况，不允许有任何歪曲和弄虚作假行为。

(3) 经办人员和有关部门的负责人都要在凭证上签字或盖章，对凭证的真实性、正确性负责。

(4) 从外单位取得的原始凭证，必须要有填制单位的公章或财务专用章；从个人取得的原始凭证，必须要有填制人的签名或盖章；对外开出的原始凭证，必须要加盖本单位的公章或财务专用章。

2. 内容完整，书写规范

(1) 各种凭证的内容必须逐项填写齐全，不得遗漏，必须符合手续完备的要求，经办业务的有关部门和人员要认真审核，签名盖章。

(2) 各种凭证的书写要用蓝黑墨水，文字要简要，字迹要清楚，易于辨认。不得使用未经国务院公布的简化字；对阿拉伯数字要逐个写清楚，不得连写；在数字前应填写人民币符号“￥”；属于套写的凭证，一定要写透，不要上面清楚，下面模糊。

(3) 大小写金额数字要符合规范，正确填写。大写金额数字应一律用如壹、贰、叁、肆、伍、陆、柒、捌、玖、拾、佰、仟、万、亿、元、角、分、零、整(正)等，不得乱造简化字；大写金额数字到元或者角为止的，在“元”或者“角”字之后应当写“整”字或“正”字；大写金额数字有分的，分字后面不写“整”字或“正”字。银行结算制度规定的结算凭证、预算的缴款凭证、拨款凭证、企业的发票、收据、提货单、运单、合同、契约，以及其他规定需要填列大写金额的各种凭证，必须有大写的金额。不得只填写小写金额，不填大写金额。

(4) 阿拉伯金额数字中间有“0”时，汉字大写金额要写“零”字；阿拉伯金额数字中间连续有几个“0”时，汉字大写金额中可以只写一个“零”字，如￥1 001.50，应写成“人民币壹仟零壹元伍角整”；阿拉伯金额数字元位是“0”，或者数字中间连续有几个“0”、元位也是“0”但角位不是“0”时，汉字大写金额可以只写一个“零”字，也可以不写“零”字，如￥107 000.53，应写“成人民币壹拾万柒仟元零伍角叁分”，或者写成“人民币壹拾万零柒仟元伍角叁分”；又如￥1 580.32，应写成“人民币壹仟伍佰捌拾元零叁角贰分”，或者写成“人民币壹仟伍佰捌拾元叁角贰分”。

(5) 原始凭证不得涂改、挖补。原始凭证有错误的应当由开出单位重开或者更正，更正处应当加盖开出单位的公章。对于支票等重要的原始凭证若填写错误，一律不得在凭证上更正，应按规定的手续注销留存，另行重新填写。

3. 连续编号，填制及时

每笔经济业务发生或完成后，经办业务的有关部门和人员必须及时填制原始凭证，做到不拖延、不积压，并要按规定程序将其及时送交财会部门，由财会部门加以审核，并据以编制记账凭证。各种凭证必须连续编号，以便查考。各种凭证如果已预先印定编号，在写错作废时，应当加盖“作废”戳记，全部保存，不得撕毁。

四、原始凭证的审核

原始凭证的审核是保证会计信息真实、正确和合法的前提，是充分发挥会计监督作用的重要环节。审核原始凭证是一项重要的工作，只有经过审核无误的原始凭证，才能作为记账的依据。原始凭证审核的内容有以下三个方面。

1. 审核原始凭证的真实性

会计人员应审核原始凭证是否反映了经济业务的本来面目。例如，经办业务的双方当事单位和当事人是否真实；经济业务发生的时间、地点及填制凭证的日期是否真实；经济业务的内容、数量和金额是否真实。

2. 审核原始凭证的合法性和合理性

会计人员应审核原始凭证所反映的经济业务是否符合国家的有关政策、法令、制度和本单位的计划、预算和合同的规定；是否符合审批权限和手续；费用是否符合开支标准和节约的原则等。对于违反制度和法令的一切收支，会计人员应拒绝付款、拒绝报销或拒绝执行，并向本单位领导报告。对于伪造凭证、涂改凭证和虚报冒领等不法行为，必须及时揭露，并向领导汇报，严肃处理。

3. 审核原始凭证的完整性

会计人员应审核原始凭证所具备内容是否填写齐全，经办人员和有关责任人员是否均已签章，是否按规定手续办理。对填制给外单位的原始凭证应在凭证上加盖本单位财务章。会计人员对内容填写不全、手续不完备的原始凭证，应退给原经办人员补办完整后才能受理。

4. 审核原始凭证的正确性

会计人员要审核原始凭证中的文字摘要和数字是否填写清楚、正确，数量、单价和金额的计算是否正确，大写与小写的金额是否一致等。会计人员对于填写不清楚或有错误的原始凭证，应退给原经办人员更正后才能受理。

第三节 记账凭证

一、记账凭证的作用

由于原始凭证反映了经济业务的内容，是登记账簿的原始依据，所以也可以根据审核无误的原始凭证在观念上确定会计分录后，直接登记账簿。但是单位的经济业务错综复杂，原始凭证的种类繁多，格式不一，大小各异，而总分类账户和明细分类账户的数量又很多，直接登记账簿难免发生差错。倘若发生差错，既不易于查找，而频繁的更改又影响账簿记录的严肃性，这就需要一种书面载体，先将观念上会计分录记录下来，这种书面载体就是记账凭证。

记账凭证的作用主要表现在三个方面：

首先，记账凭证是根据原始凭证载出的经济业务，对其会计要素的归属作出分析，列出其应借、应贷的会计科目和它们的金额，简要地列出经济业务的内容，经审核无误后，据以登记账簿。这就避免了根据原始凭证直接登记账簿容易发生的差错情况，保持了账簿记录的严肃性。

其次，记账凭证的编制也对经济业务的内容起到了整理的作用，使账簿记录更具条理性。

再次，为以后的审计工作提供了便利。

二、记账凭证的分类

(一) 专用记账凭证和通用记账凭证

记账凭证按其适用的经济业务，分为专用记账凭证和通用记账凭证。

1. 专用记账凭证

专用记账凭证是用来专门记录某一类经济业务的记账凭证。专用记账凭证按其所记录的经济业务与库存现金和银行存款的收付有无关系，又可分为收款凭证、付款凭证和转账凭证三种。

(1) 收款凭证。收款凭证是用来记录库存现金和银行存款等货币资金收款业务的凭证，它是根据有关库存现金和银行存款收款业务的原始凭证填制的(一般格式与内容如表 5-7 所示)。收款凭证又可以分为库存现金收款凭证与银行存款收款凭证，一般以“库存现金”或“银行存款”作为主体会计科目。收款凭证是登记库存现金日记账和银行存款日记账以及有关明细账和总分类账的依据，也是出纳人员收入款项的依据。

表 5-7

收 款 凭 证

借方科目：银行存款　　200×年 6 月 1 日　　凭证编号：银收字第 1 号

摘　要	贷方科目	明细科目	账页	金　额
收到客户前欠货款	应收账款	益民工厂	√	17 640.00
	应收账款	利群工厂	√	12 100.00
合　计				29 740.00

附件 2 张

会计主管(签章)　记账(签章)　出纳(签章)　复核(签章)　制证(签章)

(2) 付款凭证。付款凭证是用来记录库存现金和银行存款等货币资金付款业务的凭证，它是根据库存现金和银行存款付款业务的原始凭证填制的(一般格式与内容如表 5-8 所示)。

付款凭证又可以分为库存现金付款凭证与银行存款付款凭证，一般以“库存现金”或“银行存款”作为主体会计科目。付款凭证是登记库存现金日记账和银行存款日记账以及有关明细账和总分类账的依据，也是出纳人员付出款项的依据。

表 5-8

付 款 凭 证

贷方科目：库存现金　　　　200×年 6 月 1 日　　　　凭证编号：现付字第 1 号

摘　　要	借方科目	明细科目	账页	金　　额
采购员李明预支差旅费	其他应收款	李明	√	1 200.00
合　　计				1 200.00

附件 1 张

会计主管(签章)　记账(签章)　出纳(签章)　复核(签章)　制证(签章)

应当指出，采用专用记账凭证，当发生库存现金和银行存款之间相互划转的经济业务时，为了避免重复记账，按行业惯例一般只编制付款凭证，不编制收款凭证。比如，向银行提取库存现金时，只编制银行存款付款凭证；将库存现金存入银行时，只编制库存现金付款凭证。

(3) 转账凭证。转账凭证是用来记录与库存现金、银行存款等货币资金收付款业务无关的转账业务(即在经济业务发生时不需要收付库存现金和银行存款的各项业务)的凭证，它是根据有关转账业务的原始凭证填制的(其格式与内容如表 5-9 所示)。转账凭证是登记总分类账及有关明细分类账的依据。收付款凭证都有自己的主体会计科目，而转账凭证一般不设主体会计科目，某项业务所涉及的科目全部填在会计科目栏中。

表 5-9

转 账 凭 证

200×年 6 月 1 日　　　　凭证编号：转字第 1 号

摘　　要	总账科目	明细科目	账页	借方金额	账页	贷方金额
计提本月折旧	制造费用	折旧费	√	7 000.00		
	管理费用	折旧费	√	3 000.00		
	累计折旧				√	10 000.00
合　　计				10 000.00		10 000.00

附件 1 张

会计主管(签章)　记账(签章)　复核(签章)　制证(签章)

需要说明的是：在各种记账凭证中，账页栏在根据记账凭证登记账户时才予以记载。

在同一项经济业务中，如果既有库存现金或银行存款的收付业务，又有转账业务，应相应地填制收、付款凭证和转账凭证。如王明出差回来，报销差旅费 800 元，已预借 1 000

元，剩余款项交回现金。对于这项经济业务应根据收款收据的记账联填制库存现金收款凭证，同时根据差旅费报销凭单填制转账凭证。

收款、付款和转账凭证通常用不同颜色印制，以示区别。

2．通用记账凭证

通用记账凭证是指记录不同性质的经济业务均采用同一格式的记账凭证。通用记账凭证的格式与专用记账凭证中的转账凭证相同。收款、付款和转账业务都填制该种凭证(其格式与内容如表 5-10 所示)。

表 5-10

通 用 记 账 凭 证

200×年 6 月 1 日　　　　编号：1

摘　要	总账科目	明细科目	账页	借方金额	账页	贷方金额
收到客户偿还	银行存款		∨	29 740.00		
前欠货款	应收账款	益民工厂			∨	17 640.00
	应收账款	利群工厂			∨	12 100.00
合　计				29 740.00		29 740.00

附件 2 张

会计主管(签章)　记账(签章)　出纳(签章)　复核(签章)　制证(签章)

在经济业务比较简单的经济单位，为了简化凭证，可以使用通用记账凭证，记录所发生的各种经济业务。

(二) 复式记账凭证和单式记账凭证

记账凭证按填列会计科目的数目不同，分为复式记账凭证和单式记账凭证。

1．复式记账凭证

复式记账凭证又叫多科目记账凭证，是指将某项经济业务所涉及的全部会计科目集中填列在一张凭证上的记账凭证。上述收款凭证、付款凭证、转账凭证以及通用记账凭证的格式都是复式记账凭证的格式。

复式记账凭证的优点是能够集中反映账户的对应关系，因而便于了解经济业务的全貌，了解资金的来龙去脉，而且附件集中，便于进行复核和查找差错，同时可以减少填制记账凭证的工作量，减少记账凭证的数量；缺点是不便于按会计科目汇总金额，也不便于分工记账。

2．单式记账凭证

单式记账凭证又叫单科目记账凭证，是指按每笔经济业务所涉及的每个会计科目，分别填列在各张凭证上的记账凭证。采用单式记账凭证，一笔经济业务涉及几个会计科目，就要填制几张记账凭证，每张记账凭证只填列一个会计科目。单式记账凭证按其登记的内容不同又可分为借项记账凭证和贷项记账凭证两种。借项记账凭证是指填列借方会计科目和金额的记账凭证；贷项记账凭证是指填列贷方会计科目和金额的记账凭证。现以前面所列的转账凭证填制单式记账凭证，如表 5-11、表 5-12 和表 5-13 所示。

表 5-11

借项记账凭证

对应账户：累计折旧　　　　200×年 6 月 1 日　　　　编号：$1\frac{1}{3}$

摘　要	总账科目	明细科目	账页	金　额
计提本月折旧	制造费用	折旧费	√	7 000.00
合　计				7 000.00

附件 1 张

会计主管(签章)　　记账(签章)　　复核(签章)　　制证(签章)

表 5-12

借项记账凭证

对应账户：累计折旧　　　　200×年 6 月 1 日　　　　编号：$1\frac{2}{3}$

摘　要	总账科目	明细科目	账页	金　额
计提本月折旧	管理费用	折旧费	√	3 000.00
合　计				3 000.00

附件见 1/3 编号

会计主管(签章)　　记账(签章)　　复核(签章)　　制证(签章)

表 5-13

贷项记账凭证

对应账户：制造费用 管理费用　　　　200×年 6 月 1 日　　　　编号：$1\frac{3}{3}$

摘　要	总账科目	明细科目	账页	金　额
计提本月折旧	累计折旧		√	10 000.00
合　计				10 000.00

附件见 1/3 编号

会计主管(签章)　　记账(签章)　　复核(签章)　　制证(签章)

采用单式记账凭证时，每项经济业务要填制两张或两张以上的记账凭证，因此在编号时，对记录同一项经济业务的记账凭证应使用同样的顺序号，并在顺序号后面用分数形式表示共有几张凭证。如前面所列第一项经济业务有三张记账凭证，其编号为$1\frac{1}{3}$、$1\frac{2}{3}$、$1\frac{3}{3}$；倘若第二项经济业务有两张记账凭证，则编号为$2\frac{1}{2}$、$2\frac{2}{2}$。

单式记账凭证的优点是便于按会计科目汇总金额，便于分工记账；缺点是填制记账凭证的工作量大，不能在一张记账凭证上反映整个经济业务的全貌，而且出现差错时不易查找。

(三) 汇总记账凭证和非汇总记账凭证

记账凭证按其是否经过汇总，可以分为汇总记账凭证和非汇总记账凭证。

1．汇总记账凭证

在实际工作中，为了简化登记总账的工作，可以将一定时期内全部记账凭证汇总填制汇总记账凭证。汇总记账凭证按汇总方法不同，可分为分类汇总和全部汇总两种。

(1) 分类汇总凭证。分类汇总凭证是根据一定期间的记账凭证按其种类分别汇总填制的，如根据收款凭证汇总填制的“库存现金汇总收款凭证”和“银行存款汇总收款凭证”，根据付款凭证汇总填制的“库存现金汇总付款凭证”和“银行存款汇总付款凭证，以及根据转账凭证汇总填制的“汇总转账凭证”都是分类汇总凭证。

(2) 全部汇总凭证。全部汇总凭证是根据一定期间的记账凭证全部汇总填制的，如“科目汇总表”就是全部汇总凭证。

2．非汇总记账凭证

非汇总记账凭证是指没有经过汇总的记账凭证，前面介绍的收款凭证、付款凭证和转账凭证以及通用记账凭证都是非汇总记账凭证。

三、记账凭证的基本内容和填制要求

(一) 记账凭证的基本内容

记账凭证种类甚多，格式不一，但其主要作用都在于对原始凭证进行分类、整理，按照复式记账的要求，运用会计科目，编制会计分录，据以登记账簿。因此，记账凭证必须具备以下基本内容：

(1) 填制单位的名称；

(2) 记账凭证的名称；

(3) 记账凭证的编号和填制日期；

(4) 经济业务的内容摘要，即对经济业务的简要说明；

(5) 会计分录，包括会计科目(一级、二级和明细科目)的名称、记账方向和金额；

(6) 所附原始凭证的张数；

(7) 制证、复核、记账和会计主管等有关人员的签章，收款凭证和付款凭证还应由出纳人员签名或盖章。

(二) 记账凭证的填制要求

为了保证会计核算的质量，会计人员在填制记账凭证时，必须符合下列要求：

(1) 摘要必须简明扼要。记账凭证的摘要栏是对经济业务的简要说明，要用简明扼要的语言概括经济业务的主要内容，以便登记账簿。

(2) 经济业务必须记录明确。会计人员可以根据每一份原始凭证单独填制记账凭证，也可以根据同类经济业务的多份原始凭证汇总填制，还可以根据汇总的原始凭证来填制，以明确经济业务的来龙去脉和账户的对应关系。应当指出，不同类型业务的原始凭证，不能混同填制为一张记账凭证。

(3) 会计科目必须正确运用。会计人员必须根据经济业务的内容，采取会计制度规定的会计科目正确编制会计分录，以保证核算的口径一致，便于综合汇总。会计科目不能任意用科目的编号或简称来代替。

(4) 附件数量必须完整。记账凭证所附的原始凭证必须完整无缺，并在记账凭证上注明所附原始凭证的张数，以便于复核摘要栏内所列明的经济业务的内容和确定的会计分录是否正确，也便于日后审计时查阅原始凭证。

倘若同一张原始凭证需填制数张记账凭证，则应在未附原始凭证的记账凭证上注明“原始凭证×张，附于第×号凭证之后”字样。倘若同一张原始凭证的支出需要多个单位共同负担，应将其他单位负担的部分，开具原始凭证分割单，据以与对方进行结算。倘若原始凭证需要单独保管，应在附件处加以说明。更正错账和结账的记账凭证可以不附原始凭证。

(5) 编号必须连续。记账凭证在一个月内应当连续编号，以便查核。在使用通用记账凭证时，可按经济业务发生的顺序编号。采用收款凭证、付款凭证和转账凭证的，可采用“字号编号法”，即按凭证类别顺序编号。例如，收字第×号、付字第×号、转字第×号等。也可采用“双重编号法”，即按总字顺序编号与按类别顺序编号相结合。例如，某收款凭证为“总字第×号、收字第×号”。一笔经济业务需要编制多张记账凭证时，可采用“分数编号法”，例如，一笔经济业务需要编制两张转账凭证，凭证的顺序号为 10 号时，可编“转字第 $10\frac{1}{2}$ 号、转字第 $10\frac{2}{2}$ 号”，前面的整数表示业务顺序，分别表示两张中的第一张和第二张。在使用单式记账凭证时，也可采用“分数编号法”。

(6) 内容必须填写完整。记账凭证中的各项内容必须填写完整，制证、复核、出纳、记账、会计主管等有关人员完成了各自的职责以后均应签名盖章。出纳人员根据收款凭证收款，或根据付款凭证付款时，要在凭证上加盖“收讫”或“付讫”的戳记。

(7) 记账凭证填写错误需按规定方法更正。如果在填制记账凭证时发生差错，应当重新填制。已经登记入账的记账凭证，在当年内发现填写错误时，可以用红字填写一张与原内容相同的记账凭证，在摘要栏注明“注销某月某日某号凭证”字样，同时再用蓝字重新填制一张正确的记账凭证，注明“订正某月某日某号凭证”字样。如果会计科目没有错误，只是金额错误，也可以将正确数字与错误数字之间的差额，另编一张调整的记账凭证，调增金额用蓝字，调减金额用红字。发现以前年度记账凭证有错误的，应当用蓝字填制一张更正的记账凭证。

四、记账凭证的审核

为了使记账凭证核算的内容符合客观实际，正确地登记账簿和监督经济业务，必须对记账凭证进行严格的审核，审核的内容主要包括以下四个方面：

1. 审核所附的原始凭证的真实性

审核记账凭证是否附有原始凭证或原始凭证汇总表；所附的原始凭证是否齐全，是否审核无误；原始凭证反映的经济业务发生的日期和内容是否与记账凭证填列的日期和摘要的内容相一致。

2. 审核记账凭证的正确性

审核记账凭证上所列应借、应贷的会计科目及明细科目是否恰当；使用的会计科目及其核算的内容是否符合会计制度的规定；账户对应关系是否清晰；借、贷方的金额是否计算正确。

3. 审核记账凭证的完整性

审核记账凭证的各项内容是否按规定的要求填写完整；摘要是否填写清楚；日期、凭证编号、附件张数及各类有关人员的签章是否齐全等。

4. 审核记账凭证的合法性与合理性

审核记账凭证所反映的经济业务是否合法、合理，有无违法乱纪、弄虚作假的情况。

在审核过程中，如果发现差错，应查明原因，按规定办法及时处理和更正。只有经过审核无误的记账凭证，才能据以登记账簿。

对会计凭证进行审核，是保证会计信息质量，实施会计监督的重要手段。这是一项政策性很强的工作，要做好会计凭证的审核工作，正确发挥会计的监督作用，会计人员应当做到：既要熟悉和掌握国家政策、法令、规章制度和计划、预算的有关规定，又要熟悉和了解本单位的经营情况。这样，才能明辨是非，确定哪些经济业务是合理、合法的，哪些经济业务是不合理、不合法的。会计人员应自觉地执行政策、遵守制度，正确处理各种经济关系。

综上所述，现将会计凭证的分类归纳如图 5-1 所示。

- 会计凭证按填制程序和用途分类
  - 原始凭证—按来源分类
    - 外来原始凭证
    - 自制原始凭证—按填制程序和内容分类
      - 一次凭证
      - 累计凭证
      - 汇总凭证
      - 记账编制凭证
  - 记账凭证
    - 按用途分类
      - 专用记账凭证
        - 收款凭证
        - 付款凭证
        - 转账凭证
      - 通用记账凭证
    - 按填列科目的数目分类
      - 单式记账凭证
        - 借项记账凭证
        - 贷项记账凭证
      - 复式记账凭证
    - 按是否经过汇总分类
      - 汇总记账凭证
        - 汇总收款凭证
        - 汇总付款凭证
        - 汇总转账凭证
        - 科目汇总表
      - 非汇总记账凭证

图 5-1　会计凭证分类

第四节 会计凭证的传递和保管

一、会计凭证的传递

(一) 正确组织会计凭证传递的意义

会计凭证传递是指会计凭证从取得或填制起到归档保管为止，按规定的程序和时间在本单位内部各有关部门及人员之间的传送和交接。它包括传递程序和传递时间两个方面的内容。会计凭证的传递，具体地说，就是取得或填制会计凭证后，应在什么时间内交到哪个部门、哪个工作岗位上，应由谁接办业务手续，直至归档保管为止。倘若凭证是一式数联的，则应当具体明确各联的用途、交接时间和交接部门及工作岗位。

由于各种会计凭证所记录的经济业务不同，所涉及的部门和人员不同，所要据以办理的业务手续也不尽相同，因此各单位应根据自身各种经济业务的性质和特点，为每种会计凭证规定合理的传递程序和传递时间。

会计凭证既是经济业务的记录，又是办理业务手续的依据，因此正确组织会计凭证的传递有着重要的意义，主要表现在以下三个方面：

(1) 有利于经济业务的正常开展，提高经济活动的效率。经济业务的发生或完成往往由单位内部多个部门共同进行。例如，企业将商品销售给外地，通常要经过销售部门开单，储运部门提货发运，会计部门办理货款结算等手续，倘若会计凭证传递安排合理，就能使各个部门协调工作，缩短销售过程，从而提高经济活动的效率。

(2) 有利于完善岗位责任制，加强会计监督。会计凭证的传递体现了部门和人员之间的分工协作关系。任何单位在经济活动中所发生的各项经济业务，以及本单位与各方面的经济联系，都要借助于会计凭证加以记录和证明。会计凭证作为记录经济业务、明确经济责任的书面证据，体现了岗位责任制的执行情况。因此，会计凭证传递程序实际上还起着相互牵制和相互监督的作用，它能够督促经办业务的有关部门和人员及时、正确地完成各项经济业务，按规定履行办理凭证手续，有利于完善岗位责任制，加强会计监督。

(3) 有利于及时地进行会计监督和会计核算。经济业务从发生到完成直至登记账簿有一定的间隔时间，正确、顺畅的会计凭证传递，能使会计部门尽早地了解经济业务的发生和完成情况，及时地进行会计监督和会计核算。

(二) 制订会计凭证传递办法的要求

为了组织好会计凭证的传递，在制订会计凭证传递办法时，应遵循以下三点要求：

(1) 适当地规定会计凭证的联数和会计凭证流经的必要环节。应根据经济业务的特点，内部机构的设置和人员分工的情况，以及经营管理的需要，并从完善内部牵制制度的角度出发，具体规定各种会计凭证的联数，适当规定会计凭证流经的必要环节，使经办业务的部门和人员既能按照规定的程序处理业务，又能利用会计凭证了解经济业务的进程，及时提供信息，提高工作效率，还能避免会计凭证传递流经不必要的环节，影响凭证的传递速度。

(2) 合理地规定会计凭证在各个环节停留的时间。应根据各种会计凭证流经各个环节的部门及人员办理业务手续的需要，合理地确定会计凭证在各个环节停留的时间，以保证会计凭证的及时传递。既要防止时间过紧，影响业务完成的质量；又要防止时间过长，致使会计凭证传递缓慢，办事拖沓的情况产生。

(3) 在调查研究的基础上，协商确定凭证的传递程序和传递时间。由于原始凭证涉及单位的各个部门和有关人员，因此会计部门要在调查研究后，会同各个部门和有关人员共同协商，以确定其传递程序和传递时间。记账凭证是会计部门的内部凭证，可由会计主管人员与制证、复核、出纳、记账等人员协商后，确定其传递程序和传递时间。

二、会计凭证的保管

会计凭证的保管，是指会计凭证登账后的整理、装订和归档存查。会计凭证是记账的依据，是重要的经济档案和历史资料，所以对会计凭证必须妥善整理和保管，不得丢失或任意销毁。

对会计凭证的保管，既要做到会计凭证的安全和完整无缺，又要便于凭证的事后调阅和查找。会计凭证在保管中应做到以下几点：

(一) 会计凭证的整理和装订

会计凭证在登记账簿后，应每日或定期对各种会计凭证加以分类整理，将各种记账凭证按照编号顺序，连同所附的原始凭证折叠整齐，加具封面和封底，装订成册，并在装订线上加贴封签，在封签处应由装订人员和会计主管加盖骑缝章，以明确责任。然后由装订人员在封面上注明单位名称、所属的年度和月份、起讫的日期、记账凭证的种类、起讫号数、总计册数等。会计凭证封面的格式如表 5-14 所示。

表 5-14

会计凭证封面

年 月 份 第 册	(企业名称) 年　　月份　　共　　册第　　册 收款 付款　　凭证　　第　　号至第　　号共　　张 转账 附：原始凭证共　　张 会计主管(签章)　　保管(签章)

如果在一个月内，凭证数量过多，可分装若干册，在封面上加注共几册字样。如果某些记账凭证所附原始凭证数量过多，也可以单独装订保管，但应在封面上注明所属记账凭证的日期、种类及编号，同时应在有关记账凭证上注明“附件另订”和原始凭证的名称及编号，以备查找。

(二) 会计凭证的保管部门、保管期限和销毁

年度内装订成册的会计凭证，在会计年度终了后，可暂由会计机构保管一年，期满之

后，应当由会计机构编制移交清册，移交到本单位档案机构统一保管(未设立档案机构的，应当在会计机构内部指定专人保管，但出纳人员不得兼管)。根据我国最新《会计档案管理办法》，企业会计凭证的保管期限为 30 年，但涉及外事或其他重要的会计凭证要永久保管。在保管期间，倘若发生经济案件，需要某一会计凭证作证时，应采取复制的方式，不能直接抽出原始凭证。对于保管期满需要销毁的会计凭证，必须编造清单，经本单位领导审核，报经上级主管部门批准后，由上级主管部门、档案部门和会计部门共同派员监销。

本 章 小 结

会计凭证是记录经济业务、明确经济责任的书面证明，也是登记账簿的依据。填制和审核会计凭证是会计核算和监督单位经济活动的起点和基础。会计凭证按其填制的程序和用途不同，可分为原始凭证和记账凭证两大类。原始凭证和记账凭证之间存在着密切的联系。原始凭证是记账凭证的基础，记账凭证是根据原始凭证编制的。在实际工作中，原始凭证附在记账凭证后面，作为记账凭证的附件；记账凭证是对原始凭证内容的概括和说明。

原始凭证是指在经济业务发生时取得或填制的、用以记录经济业务的发生或完成情况的并作为记账原始依据的会计凭证。原始凭证按取得来源不同，可分为外来原始凭证和自制原始凭证。其中，自制原始凭证按其填制手续不同又可分为四类：一次凭证、累计凭证、汇总原始凭证、记账编制凭证。原始凭证的填制必须遵循一定的技术要求，并应从经济业务的合法性、合理性和填写的完整性、正确性等方面对其进行严格审核。

记账凭证是指会计人员根据审核无误的原始凭证填制的、用来记录经济业务简要内容、确定会计分录并作为记账直接依据的会计凭证。记账凭证按其适用的经济业务，分为专用记账凭证和通用记账凭证两类；按其填列的会计科目的数目，分为复式记账凭证和单式记账凭证两类；按其是否经过汇总，分为汇总记账凭证和非汇总记账凭证两类。不同类型的记账凭证，具有不同的格式和不同的填制方法。企业应建立专人审核制度，对审核过程中发现的差错，应查明原因，按规定办法及时处理和更正。只有经过审核无误的记账凭证，才能据以登记账簿。

会计凭证的传递是指会计凭证从填制到归档保管整个过程，在单位内部各有关部门和人员之间的传递程序和传递时间。会计凭证的传递是会计制度的一个重要组成部分，应当在会计制度中作出明确的规定。会计凭证的保管，是指会计凭证登账后的整理、装订和归档存查。会计凭证是记账的依据，是重要的经济档案和历史资料，所以要对会计凭证妥善整理和保管，不得丢失或任意销毁。

思考题

1. 什么是会计凭证？填制和审核会计凭证有什么重要意义？
2. 会计凭证有哪些种类？

3．试简单说明原始凭证和记账凭证的关系。

4．原始凭证应具备哪些内容?

5．填制原始凭证应遵循哪些要求?

6．原始凭证审核的主要内容是什么?

7．记账凭证应具备哪些内容?

8．填制记账凭证有哪些具体要求?

9．记账凭证审核的主要内容是什么?

10．涉及库存现金、银行存款之间的收付业务，应填制什么记账凭证？为什么?

11．试比较复式记账凭证和单式记账凭证的优缺点。

12．什么是会计凭证传递？正确组织会计凭证传递有什么意义？

13．制订凭证传递办法有哪些要求?

练习题

习题 5-1

一、目的：练习记账凭证的编制。

二、资料：东方工厂 200×年 5 月份发生下列经济业务。

(1) 2 日，向杭南工厂购进 A 材料 1 500 千克，每千克 32 元，增值税税额 8 160 元，A 材料已验收入库，货款尚未支付。

(2) 3 日，以银行存款支付 A 材料运输费 2 500 元，装卸费 500 元。

(3) 4 日，A 材料已采购完毕，结转 A 材料的实际采购成本。

(4) 5 日，以银行存款支付前欠杭南工厂货款 48 000 元。

(5) 6 日，从银行提取现金 1 000 元。

(6) 7 日，采购员预支差旅费 800 元，以库存现金付讫。

(7) 8 日，向银行借入短期借款 90 000 元，存入银行。

(8) 9 日，购入机器设备一台，价值 22 500 元，增值税税额 3 825 元，以银行存款支付。

(9) 10 日，销售给泰西工厂甲商品 400 件，每件售价 220 元，货款 88 000 元，增值税税额 14 960 元，货款和增值税均未收到。

(10) 11 日，以银行存款支付销售甲商品运输费 2 200 元。

(11) 12 日，收到泰西工厂前欠货款 102 960 元，存入银行。

(12) 14 日，采购员出差回来报销差旅费 640 元，退回多余现金 160 元，已结清其暂支款。

(13) 15 日，向银行提取库存现金 45 000 元，备发工资。

(14) 15 日，以库存现金 45 000 元发放工资。

(15) 16 日，根据合同规定预收安信工厂订购乙商品 500 件 40% 的货款 39 600 元，存入银行。

(16) 17 日，向杭北工厂购进 B 材料 1 000 千克，每千克 39.50 元，货款 39 500 元，增值税税额 6 715 元，以银行存款支付。

(17) 18 日，以银行存款支付 B 材料运输费 1 960 元，装卸费 540 元。

(18) 19 日，B 材料已验收入库，结转其实际采购成本。

(19) 22 日，以银行存款捐赠贫困山区希望工程 6 000 元。

(20) 24 日，收到库存现金 300 元，系客户付来的违约罚金。

(21) 25 日，生产甲商品耗用 A 材料 750 千克，每千克 34 元，B 材料 1 250 千克，每千克 42 元；生产乙商品耗用 A 材料 1 500 千克，每千克 34 元，B 材料 450 千克，每千克 42 元；生产车间一般耗用 A 材料 110 千克，每千克 34 元，行政管理部门耗用 B 材料 60 千克，每千克 42 元，予以转账。

(22) 26 日，计提本月份固定资产折旧额 9 600 元，其中：生产车间 7 900 元，行政管理部门 1 700 元。

(23) 27 日，以银行存款支付推销商品的广告费 2 750 元。

(24) 28 日，用银行存款支付短期借款利息 2 110 元。

(25) 30 日，销售给安信工厂乙商品 500 件，每件 198 元，货款 99 000 元，增值税税额 16 830，价税共计 115 830。其中 39 600 元为预收账款，收到其余部分货款 76 230 元，存入银行。

(26) 30 日，以银行存款支付销售乙商品运输费 2 000 元。

(27) 31 日，分配本月份职工工资，其中，生产甲商品工人工资 20 000 元，生产乙商品工人工资 16 000 元，车间管理人员工资 4 000 元，行政管理人员工资 5 000 元。

(28) 31 日，按工资总额 14% 计提职工福利费。

(29) 31 日，按生产工人工时分配本月份发生的制造费用。生产甲商品耗用 7 000 工时，生产乙商品耗用 6 500 工时。

(30) 31 日，本月份生产的甲商品 700 件，乙商品 650 件已全部完工，验收入库，分别结转其实际生产成本。

(31) 31 日，结转已售甲、乙两种商品的生产成本。

(32) 31 日，将收入类账户结转“本年利润”账户。

(33) 31 日，将费用类账户结转“本年利润”账户。

(34) 31 日，根据本月份实现的利润总额按 25% 的税率计提所得税。

(35) 31 日，将所得税结转“本年利润”账户。

(36) 31 日，按净利润的 20% 计提盈余公积金。

(37) 31 日，按净利润的 70% 计提应分配给投资者的利润。

三、要求：编制上列经济业务的会计分录，并指明每笔经济业务应编制的专用记账凭证的名称。

第六章

会计账簿

内容提要

设置和登记账簿是会计核算的专门方法，也是会计核算工作的中心环节。本章阐述了账簿的概念、意义、种类以及各种账簿的设置和登记。学习时要理解账簿的概念，掌握设置和登记账簿的意义，熟悉账簿的种类，在此基础上重点掌握各种账簿的设置和登记的规则并能够熟练地应用。

第一节　会计账簿概述

一、会计账簿的意义

在会计核算工作中，对每一项经济业务，都必须取得和填制原始凭证，经审核无误后采用复式记账的方法编制记账凭证，将大量的经济信息转化为会计信息，从而完成会计基本程序的第一步骤。然而记账凭证数量众多，又很分散，而且只能零散地反映个别经济业务的内容，不能连续、系统、全面、完整地反映和监督一个经济单位在一定时期内某类和全部经济业务的变化情况，为了给经济管理提供系统的核算资料，就需要运用登记账簿的方法，把分散在会计凭证上的大量的核算资料，加以集中和归类整理，登记到账簿中去。

会计账簿，是指由具有一定格式和相互联系的账页所组成，以会计凭证为依据，用来序时、分类地记录全部经济业务的簿籍。在会计核算工作中，账簿所发挥的是类似于计算机的“硬盘”作用，它是记录会计信息的载体。

账簿和账户有着十分密切的联系。账户是在账簿中按规定的会计科目开设的户头，用来反映某一个会计科目所要核算的内容，账户存在于账簿之中，账簿中的每一账页就是账户的存在形式和载体，没有账簿，账户就无法存在；账簿只是一个外在形式，账户才是它的真实内容。账簿序时、分类地记录经济业务，是在个别账户中完成的。因此也可以说，账簿是由若干账页组成的一个整体，而开设于账页上的账户则是这个整体中的个别部分，所以，账簿与账户的关系，是形式和内容的关系，是整体与部分的关系。

二、会计账簿的作用

设置和登记账簿，既是会计基本程序的第二步骤，又是对会计信息进行加工整理的一种专门方法。它是会计核算工作的一个重要环节，对加强经济管理有十分重要的作用，主要表现在以下四个方面：

(1) 提供系统完整的会计信息。

通过设置和登记账簿，将会计凭证上反映的零散的会计资料加以归类、整理和汇总，形成集中的、全面的、系统的会计核算资料，以全面、系统地反映各项资产、负债、所有者权益和经济活动的动态情况及其结果，为经营管理提供系统完整的会计信息。

(2) 保护单位财产物资的安全与完整。

通过设置和登记账簿，可以具体反映各项财产物资的增减变动情况及其结存情况，定期将账簿记录与财产物资进行核对，一旦发现账实不符，要及时查明原因，明确经济责任，从而有助于财产物资的严格管理，保护了单位财产物资的安全和完整。

(3) 为编制财务会计报告提供依据。

会计账簿所提供的各种会计信息，经过加工整理后，成为编制财务会计报告的依据。财务会计报告能否及时编制，财务会计报告上各项指标是否真实正确，均与账簿的设置和记录的质量有密切的关系。

(4) 为考核、分析和检查经济活动情况提供依据。

会计账簿记录提供了各种各样的会计核算资料，通过这些资料可以考核成本、费用、收入、利润预算的完成情况；分析经营管理中的成绩和不足，可以扬长避短，提高经营管理水平；并可以检查企业财经法规、制度的执行情况以及财经纪律的遵守情况。

三、设置账簿的原则

各个单位都应当根据经营业务的性质和特点来确定设置各种会计账簿及账簿组织的体系，尽管不同单位之间差异很大，但在设置账簿时，均应该遵循下列原则：

(一) 全面系统原则

由于会计账簿担负着记录会计数据，并将其加工制作成会计信息的重要任务，因此各单位账簿的设置应根据自身经济活动的特点和管理的需要，设置各种日记账和分类账等有关账簿。账簿设置的数量和格式必须以全面、系统地核算和监督单位经济活动情况为原则，从而为本单位的经营管理以及同本单位有着经济利益关系的单位或个人提供必要的会计信息。

(二) 科学适用原则

账簿的设置应在满足实际需要的前提下，考虑人力和物力的节约，力求避免重复设账和因人设账。账簿的格式应按所记录的经济业务的内容和需要提供的会计信息进行设计，力求简明实用，避免繁琐重复，以有利于提高核算的效率和质量，有利于单位的领导和群众看账及用账，使账簿的设置科学适用。

四、会计账簿的种类

会计账簿种类较多，用途和形式各异，相互之间构成严密的账簿体系，可为经营管理提供各种会计信息。为了正确地设置和运用会计账簿，就需要了解会计账簿的分类。会计账簿可以按不同的标准分类，分类的方法主要有以下两种：

(一) 按会计账簿的用途分类

会计账簿按其用途不同，可分为日记账簿、分类账簿和备查账簿三种。

1. 日记账簿

日记账簿又称序时账簿，简称日记账，是指按照经济业务发生的时间先后顺序，逐日、逐笔连续记录经济业务的账簿。日记账簿按其记录的内容不同，又可分为普通日记账和特种日记账两种。

(1) 普通日记账。普通日记账是指用来记录各单位全部经济业务发生情况的日记账簿。

(2) 特种日记账。特种日记账是指专门用来记录某一特定项目经济业务发生情况的日记账簿。

日记账作为经济业务的序时原始记录，便于查阅某一笔、某一天或某一时期经济业务的发生或完成情况，可以作为登记分类账的依据，也可以与分类账的有关账户相互核对、进行检查。日记账能防止凭证的散失和抽换，在保护会计凭证的完整性和严肃性方面发挥了重要的作用。

2. 分类账簿

分类账簿简称分类账，是指对经济业务按照账户的分类进行分户登记的账簿。由于账户分为总分类账户和明细分类账户，因此分类账也就分为总分类账和明细分类账。

(1) 总分类账。简称总账，是指按照总分类账户分类登记，用以记录全部经济业务总括核算资料的分类账簿。

(2) 明细分类账。简称明细账，是指按照明细分类账户分类登记，用以记录某一类经济业务明细核算资料的分类账簿。

分类账簿可以分别反映和监督各项资产、负债、所有者权益、收入、费用和利润的增减变动情况及其结果。

分类账簿提供的核算信息是编制会计报表的主要依据。

分类账簿和序时账簿的作用不同。序时账簿能提供连续系统的信息，反映企业资金运动的全貌；分类账簿则是按照经营与决策的需要而设置的账户，归集并汇总各类信息，反映资金运动的各种状态、形式及构成。在账簿组织中，分类账簿占有特别重要的地位。因为只有通过分类账簿，才能把数据按账户来形成信息，满足编制会计报表的需要。

小型经济单位，业务简单，总分类账户不多，为简化工作，可以把日记账簿和分类账簿结合起来，设置联合账簿。

3. 备查账簿

备查财簿又称辅助账簿，简称备查账，是指对某些在日记账簿和分类账簿中未能记载或记载不全的经济业务进行补充登记的账簿。其主要作用是为某些经济业务的内容提供必要的参考资料。例如租入固定资产备查簿是用来登记那些以经营租赁方式租入、不属于企业财产、不能记入本企业固定资产账户的机器设备；应收票据贴现备查簿是用来登记本企业已经贴现的应收票据，由于存在着票据付款人到期不能支付票据款项而使本企业产生连带责任的可能性(即负有支付票据款项的连带义务)，而这些应收票据已不能在企业的日记账簿或分类账簿中反映，所以要备查登记。

备查账簿与日记账簿和分类账簿相比，存在两点不同之处：一是登记依据可能不需要记账凭证，甚至不需要一般意义上的原始凭证；二是账簿的格式和登记方法不同，其格式可由各单位根据管理的需要自行设计，备查账簿的主要栏目不记录金额，它更注重用文字来表述某项经济业务的发生情况。例如，租入固定资产备查簿，它登记的依据主要就是租赁合同与企业内部使用单位收到设备的证明。这两者在企业一般经济业务的核算中，不能充当正式原始凭证，只能作为原始凭证的附件(如作为支付租金的依据)。登记租入固定资产备查簿，也不需要编制记账凭证。该备查簿记录的内容主要有出租单位、设备名称、规格、编号、设备原值、净值、租用时间、月份或年度租金数额、租金支付方式、租用期间修理、改造的有关规定及损坏赔偿规定、期满退租方式及退租时间等。

(二) 按会计账簿的外表形式分类

会计账簿按其外表形式不同，可分为订本式账簿、活页式账簿和卡片式账簿三种。

(1) 订本式账簿。订本式账簿简称订本账，是指在账簿启用前，将一定数量的印有专门格式的账页按顺序号固定装订成册的账簿。订本账的优点是能够避免账页散失和防止抽换账页，比较严密安全；其缺点是由于账页固定，不能准确地为各账户预留账页，预留过多，造成浪费，预留过少，则使账户记录前后分开影响连续登记，不便于查阅。而且在同一时间内，只能由一人登记，不便于分工记账。通常总分类账、库存现金日记账和银行存款日记账等重要的会计账簿应采用订本账形式。

(2) 活页式账簿。活页式财簿简称活页账，是指将一定数量的零散的印有专门格式的账页组成的账簿。活页式账簿平时将账页装置在账夹中，年终结账后装订成册。这种账簿的优点是可以根据实际需要，随时增减账页，不会造成浪费，也便于分工记账；其缺点是账页容易散失或被抽换。因此，账页在使用时应连续编号，并由记账人员和会计主管签章，以明确责任，防止弊端发生。通常各种明细分类账可以采用活页账形式。

(3) 卡片式账簿。卡片式账簿简称卡片账，是指将一定数量的、零散的、印有专门格式的硬纸卡片账页组成的账簿。卡片式账簿平时将账页装置在卡片箱中，由专人负责保管。其具有随时可以抽出账页、予以记录、并随时放回的特点，同时还具有可以根据需要跨年度使用特点。这种账簿的优缺点及防范措施与活页式账簿相同，不再重述。通常固定资产明细分类账、原材料明细分类账等财产物资明细账可以采用卡片账形式。

第二节 会计账簿的设置与登记

账簿的设置，是指各会计主体应该设置的账簿的种类、格式和各种账簿的基本内容以及规定账簿登记的方法等。在实际工作中，各会计主体一般需要设置的账簿无非两种，日记账和分类账。尽管日记账簿和分类账簿所记录的经济内容不同，账簿的格式又多种多样，而且不同账簿格式所包括的具体内容也不尽相同，但各种账簿应具备一些基本要素，因此，首先介绍账簿的基本结构。

一、账簿的基本结构

(一) 封面

每本账簿都应在它的封面上标明账簿名称和记账单位名称。如库存现金日记账、银行存款日记账、总分类账、库存材料明细账、固定资产明细账等。

(二) 扉页

账簿的扉页即账簿的首页。在每本账簿的首页，应设置“账簿启用和经管人员一览表”，表内载明单位名称、账簿启用日期和截止日期、账簿册数、账簿共计页数(如为活页账应在装订成册后记明页数)、经管账簿人员一览表和签章，会计主管签章、账户目录等。

(三) 账页

账页是构成账簿的主要部分，用来记录经济业务。账页的格式因反映经济业务内容的不同而有所不同，但基本内容应包括：

(1) 账户的名称(总账科目、二级或明细科目)。
(2) 登记日期栏。
(3) 凭证种类和编号栏。
(4) 摘要栏(记录经济业务内容的简要说明)。
(5) 金额栏(通过借、贷方金额及余额的方向，记录经济业务的增减变动)。
(6) 总页次和分页次。

二、日记账簿的设置与登记

日记账簿分为普通日记账和特种日记账两种，现分别加以论述。

(一) 普通日记账的设置与登记

普通日记账是用来序时记录全部经济业务的账簿。它是按经济业务发生或完成的先后顺序，确定会计分录后，将其记入普通日记账。普通日记账的格式如表6-1所示。

表 6-1

普通日记账

200×年		原始凭证	摘　要	会计科目	∨	借方金额	贷方金额
月	日						
6	1	现支	从银行提现金	库存现金		1 000	
				银行存款			1 000
6	2	发货票	购办公用品	管理费用		800	
		转支		银行存款			800

从上表可以看出普通日记账实质上是记录会计分录的账簿，因此又称为分录簿。

普通日记账是早期的日记账，它是根据原始凭证直接登记的，起到了记账凭证的作用。以后随着生产的不断发展，经营规模的不断扩大，企业的经济活动日益复杂。普通日记账不分主次地记录全部的经济业务，显得过于庞杂，已不能适应管理的需要，必须对账簿组织体系进行变革，从而诞生了特种日记账。

(二) 特种日记账的设置与登记

特种日记账是指用来序时登记某一特定项目经济业务的账簿，以反映某一特定项目的详细情况。它是从普通日记账发展而来的。例如：各单位为了加强对库存现金和银行存款的管理，设置了库存现金日记账和银行存款日记账，分别逐日逐笔地记录库存现金和银行存款的收付业务，还有转账日记账专门用来逐日逐笔记录不涉及库存现金、银行存款收付的转账业务。目前应用比较广泛的是库存现金日记账和银行存款日记账。设置这两种日记账有利于及时反映库存现金和银行存款的收支和结存情况，便于加强对货币资金的管理和监督。

1. 三栏式特种日记账。

三栏式特种日记账是指在账页设有收入、付出和结存三个金额栏的特种日记账。三栏式特种日记账主要有库存现金日记账和银行存款日记账。

库存现金日记账通常由出纳人员根据审核无误的现金收款凭证和付款凭证逐日逐笔顺序登记的。登记时应填明日期、凭证号数、摘要、对方科目、收入金额和付出金额。对于从银行提取现金的业务，由于只填制银行存款付款凭证，而不填制现金收款凭证，因此现金的收入数应根据银行存款付款凭证登记。每日收付款项登记完毕，应分别计算收入金额和付出金额的合计数，并结出余额。然后，再将账面余额与库存现金实存数相核对，以保证账款相符。现金日记账的格式如表 6-2 所示。

表 6-2

库 存 现 金 日 记 账

(三栏式)

200×年		凭证号数	摘　要	对方科目	收入金额	付出金额	结存金额
月	日						
			上年结转				800
		现付 1	王明预借差旅费	其他应收款		900	
	1	现付 2	支付购入材料运费	在途物资		205	
1	2	银付 5	提取现金	银行存款	850		
		现付 3	厂部复印机修理费	管理费用		255	
		现收 1	陈宏退回出差余款	其他应收款	50		
1	2		本日合计		900	1 360	340

银行存款日记账通常由出纳人员根据审核无误的银行存款收款凭证和付款凭证逐日逐笔顺序登记的。登记时应填明日期、凭证号数、摘要、结算凭证的种类和号数、对方科目、收入金额和付出金额。对于将现金存入银行的业务，由于只填制现金付款凭证，而不填制银行存款收款凭证，因此银行存款的收入数应根据现金付款凭证登记。每日收付款项登记

完毕，应分别计算收入金额和付出金额的合计数，并结出余额，以便与银行对账单核对。银行存款日记账的格式如表 6-3 所示。

表 6-3

银行存款日记账

(三栏式)

200×年		凭证号数	摘　要	结算凭证		对方科目	收入金额	付出金额	结存金额
月	日			种类	号数				
1	1		上年结转						67 850
	2	银收 1	产品销售收入			主营业务收入	16 760		
		银付 1	支付购买材料款			在途物资		13 340	
		银付 2	归还前欠材料款			应付账款		8 780	
		银付 3	提取现金			库存现金		698	
		银付 4	支付厂部电话费			管理费用		252	
		现付 3	将现金存入银行			库存现金	9 670		
		银收 2	收到前欠销货款			应收账款	6 320		
1	2		本日合计				32 750	23 070	77 530

2. 多栏式特种日记账

多栏式特种日记账是指在账页的收入金额栏和付出金额栏分别按对应科目设置专栏的特种日记账。多栏式特种日记账主要有库存现金日记账和银行存款日记账。通过多栏式特种日记账收入各专栏的金额，可以分别反映库存现金和银行存款收入的来源，通过付出各专栏的金额可以分别反映库存现金和银行存款的用途，这两种账簿的格式基本相同。

根据表 6-2 三栏式库存现金日记账的资料登记多栏式库存现金日记账如表 6-4 所示。

表 6-4

库 存 现 金 日 记 账

(多栏式)

200×年		凭证号数	摘　要	收入金额			付出金额				结存金额
				应贷对方科目			应借对方科目				
月	日			银行存款	其他应收款	合计	其他应收款	在途物资	管理费用	合计	
1			上年结转								800
		现付 1	王明预借差旅费				900			900	
	1	现付 2	支付购入材料运费					205		205	
	2	银付 5	提取现金	850		850					
		现付 3	厂部复印机修理费						255	255	
		现收 1	陈宏退回出差余款		50	50					
1	2		本日合计	850	50	900	900	205	255	1 360	340

在实际工作中，采用多栏式库存现金日记账和银行存款日记账时，往往会涉及较多的对应科目，将要设置较多的专栏，这就会造成账页篇幅过长。因此，多栏式库存现金或银行存款日记账又可以分别设置库存现金或银行存款收入日记账和库存现金或银行存款付出日记账。

根据表 6-3 银行存款日记账分别登记银行存款收入日记账和银行存款付出日记账如表 6-5 和表 6-6 所示。

表 6-5

银行存款收入日记账

200×年		凭证号数	摘要	应贷对方科目			收入合计	付出合计	结存金额
月	日			库存现金	应收账款	主营业务收入			
1	1		上年结转						67 850
	2	银收 1	产品销售收入			16 760	16 760		
		现付 3	销售收入现金解行	9 670			9 670		
		银收 2	收到前欠销货款		6 320		6 320		
1	2		本日合计	9 670	6 320	16 760	32 750	23 070	77 530

表 6-6

银行存款付出日记账

200×年		凭证号数	摘要	结算凭证		应借对方科目				付出合计
月	日			种类	编号	库存现金	在途物资	应付账款	管理费用	
1	2	银付 1	支付购买材料款				13 340			13 340
		银付 2	归还前欠材料款					8 780		8 780
		银付 3	提取现金			698				698
		银付 4	支付厂部电话费						252	252
1	2		本日合计			698	13 340	8 780	252	23 070

多栏式库存现金日记账和银行存款日记账的登记方法有两种。

一种是由出纳人员根据审核后的收付款凭证逐日、逐笔分别登记库存现金和银行存款的收入日记账和付出日记账，每日结出收入日记账和付出日记账的合计数，并将付出日记账的付出合计数转记入收入日记账当日付出合计栏内，以结算当日结存金额。会计人员应对多栏式库存现金日记账和银行存款日记账加强检查监督，并定期(旬末或月末)根据多栏式库存现金和银行存款日记账各专栏的合计数，分别登记各有关的总分类账户。采用这种做法可以简化核算工作。

另一种是设置库存现金和银行存款出纳登记簿，由出纳人员根据审核后的收付款凭证逐日逐笔登记，以便随时掌握现金和银行存款的收入、付出和结存情况，然后将收付款凭证转交会计人员据以逐日汇总登记多栏式现金和银行存款日记账，并定期根据日记账各专栏的合计数登记各有关的总分类账户。采用这种登记方法，出纳人员登记出纳登记簿，会计人员登记多栏式日记账等，符合内部会计控制原则，有利于加强内部控制和监督。

三、分类账簿的设置与登记

分类账簿分为总分类账和明细分类账，现在分别加以阐述。

(一) 总分类账的设置与登记

总分类账是按照一级会计科目分类设置的，用于反映全部经济业务总括情况的账簿。在总分类账中，应按照会计科目的编码顺序分别开设账户，由于总分类账一般都采用订本式账簿，所以事先应为每个账户预留若干账页。由于总分类账能够全面、总括地反映经济活动情况，并为编制会计报表提供资料，因而任何单位都要设置总分类账。

总分类账的格式因采用的记账方法和会计核算形式不同而异，一般有三栏式、多栏式等不同格式。

1. 三栏式总分类账

(1) 不反映对应科目的三栏式总分类账。该总分类账是指在账页中设有借方、贷方和余额三个金额栏的总分类账。这是最常用的一种总分类账，其格式和内容如表6-7所示。

这种总分类账是根据记账凭证逐笔登记的，在实际工作中，要根据单位所采用的会计核算程序来确定，各种会计核算程序总分类账的登记方法将在第十章会计核算程序中阐述。

(2) 反映对应科目的三栏式总分类账。该总分类账是指除在账页中设有借方、贷方和余额三个金额栏外，还设有对方科目栏，以便可以直接从总分类账户之中了解经济业务的来龙去脉。其格式和内容如表6-8所示。反映对应科目的三栏式总分类账只能根据记账凭证逐笔进行登记。

表6-7

总分类账

账户名称：原材料

200×年		凭证		摘　要	借　方	贷　方	借或贷	余　额
月	日	种类	编号					
1	1			上年结转			借	85 960
	2	转	5	生产甲产品领料		31 600	借	54 360
	3	转	13	结转A材料采购成本	17 700		借	72 060
	4	转	22	生产车间维修领料		2 100	借	69 960
	5	转	40	行政管理部门领料		1 110	借	68 850

表 6-8

总分类账

账户名称：原材料

200×年		凭证		摘　要	对方科目	借　方	贷　方	借或贷	余　额
月	日	种类	编号						
1	1			上年结转				借	85 960
	2	转	5	生产甲产品领料	生产成本		31 600	借	54 360
	3	转	13	结转 A 材料采购成本	在途物资	17 700		借	72 060
	4	转	22	生产车间维修领料	制造费用		2 100	借	69 960
	5	转	40	行政管理部门领料	管理费用		1 110	借	68 850

2. 多栏式总分类账

多栏式总分类账，又称日记总账，是指将全部账户集中在一张账页中登记的总分类账。它具有序时和分类的双重作用。采用这种总分类账簿，可以减少记账的工作量，提高工作效率，并能较全面地反映资金运动的情况，便于分析经济活动情况。但这种账簿篇幅较长，适用于经济业务较少的单位。其格式和内容如表 6-9 所示。

表 6-9

总分类账(日记总账)

×年		凭证		摘　要	发生额	科目		科目		科目		科目	
月	日	种类	编号			借	贷	借	贷	借	贷	借	贷

多栏式总分类账通常是根据记账凭证逐笔进行登记的。

(二) 明细分类账的设置与登记

明细分类账是用来分类登记经济业务的账簿。各种明细分类账是根据实际需要，分别按照二级或三级会计科目开设账户，用来分类、连续地记录有关资产、负债、所有者权益及收入、费用和利润的详细资料。明细分类账所提供的有关经济活动的详细资料，也是编制会计报表的依据。因此，各单位应根据实际需要为有关的总分类账户设置明细分类账。这样既能根据总分类账了解某一科目的总括情况，又能根据明细分类账进一步了解该科目的具体和详细情况，作为对总分类账的补充。

根据经济管理的要求和各明细分类账记录的内容的不同，明细分类账分别采用三栏式、数量金额式、多栏式和平行式(横线登记式)四种格式。

1. 三栏式明细分类账

三栏式明细分类账账页，只设有借方、贷方和余额三个金额栏，不设数量栏。它适用于只需要反映金额的经济业务，如反映应收账款、其他应收款、待摊费用、应付账款等总分类账户详细情况的明细分类账。三栏式明细分类账的格式与三栏式总分类账相同，只是明细分类账通常采用活页式账簿。

三栏式明细分类账是由会计人员根据审核无误的记账凭证或原始凭证，按经济业务发生的时间先后顺序逐日逐笔进行登记。

2. 数量金额式明细分类账

数量金额式明细分类账的账页，分别设有收入(借方)、发出(贷方)和结存(余额)的数量、单价和金额栏。这种格式适用于既要进行金额核算，又要进行数量核算的各种财产物资账户，如“原材料”、“库存商品”等账户的明细分类核算。

数量金额式明细分类账是由会计人员根据审核无误的记账凭证或原始凭证，按经济业务发生的时间先后顺序逐日逐笔进行登记的，其格式和内容如表 6-10 所示。

表 6-10

原材料明细分类账

材料类别：原料　　　　材料编号：1005

材料名称：A　　计量单位：公斤　　储备定额：2000　　存放地点：1 号库

×年		凭证		摘　要	收　入			发　出			结　存		
月	日	种类	编号		数量	单价	金额	数量	单价	金额	数量	单价	金额
1	1			上年结转							200	10	2 000
1	3	收	5	购入	600	10	6 000				800	10	8 000
1	5	领	8	生产甲商品				500	10	5 000	300	10	3 000

3. 多栏式明细分类账

多栏式明细分类账，是根据经济业务的特点和经营管理的需要，将属于同一个总账科目的各个明细科目或明细项目合并在一张账页上设置若干专栏，用以在同一张账页上集中反映各有关明细科目或明细项目的核算资料。这类账页格式适用于只记金额、不记数量，而且在管理上需要了解其构成内容的费用、收入、利润等账户。

按明细分类账登记的经济业务不同，多栏式明细分类账账页又可分为借方多栏、贷方多栏和借贷方均多栏三种。

(1) 借方多栏式明细分类账。

借方多栏式明细分类账的账页格式适用于借方需要设多个明细科目或明细项目的账户，如成本费用类明细分类账，平时在借方登记费用、成本的发生额，倘若发生冲减成本、费用的事项，则在借方相应专栏用红字冲记。会计期末将借方净发生额从贷方结转到“本年利润”或其他账户，其格式和内容如表 6-11 所示。

表 6-11

管理费用明细账

×年		凭证		摘　要	借方(项目)						贷 方	余 额
月	日	种类	编号		工资和福利费	折旧费	修理费	办公费	水电费	合计		

(2) 贷方多栏式明细分类账。

贷方多栏式明细分类账的账页格式适用于贷方需要设多个明细科目或明细项目的账户，如收入类明细分类账，平时在贷方登记收入的发生额，倘若发生冲减收入的事项，则在贷方相应专栏用红字冲记。会计期末将贷方净发生额从借方结转到“木年利润”账户，其格式和内容如表 6-12 所示。

表 6-12

多栏式收入明细账

×年		凭证		摘　要	借 方	贷方(项目)					余 额
月	日	种类	编号							合计	

(3) 借方贷方多栏式明细分类账。

借方贷方多栏式明细分类账的账页格式适用于借方贷方均需要设多个明细科目或明细项目的账户，如本年利润明细分类账、利润分配明细分类账等，其格式和内容如表 6-13 所示。

表 6-13

本年利润明细账

×年		凭证		摘　要	借方(项目)			贷方(项目)			借或贷	余额
月	日	种类	编号		…	…	合计	…	…	合计		

4. 平行式明细分类账

平行式明细分类账也称横线登记式明细分类账。它的账页结构特点是，将前后密切相关的经济业务在同一横行内进行详细登记，从而可根据每一行各个栏目的登记是否齐全来判断每笔经济业务的完成及变动情况。该种账页一般适用于登记材料采购业务、应收票据和一次性备用金业务。以“其他应收款”账户的备用金明细账为例：职工李明 3 月 2 日借款 500 元，张军 3 月 3 日借款 600 元，3 月 9 日张军报销，上述业务记账之后，备用金明细账的格式和内容如表 6-14 所示。

表 6-14

其他应收款——备用金明细分类账

×年		凭证号	摘要	借方			×年		凭证号	摘要	贷方			余额
月	日			原借	补付	合计	月	日			报销	退	合计	
3	2	6	李明	500										
3	3	10	张军	600		600	3	9	60	报销	600		600	0

四、总分类账与明细分类账的关系

如上所述，所谓总分类账，是指按照总分类科目开设的账户，对总分类科目的经济内容进行总括的核算，提供总括资料；所谓明细分类账，是指按照明细分类科目开设的账户，对总分类账的经济内容进行明细分类核算，提供详细资料，以满足不同管理部门对会计信息不同层次的需求。这就表明，总分类账和明细分类账是既有内在联系，又有区别的两类账户。

(一) 总分类账户和明细分类账户的内在联系

总分类账户和明细分类账户的内在联系主要表现在以下两个方面：

(1) 二者反映的经济业务内容相同，如“原材料”总分类账户与其所属的“A 材料”“B 材料”等明细分类账户都是用以反映材料的收发及结存业务的。

(2) 登记账簿的原始依据相同，虽然总分类账户是根据记账凭证登记，明细分类账是根据原始凭证登记的，但是记账凭证是根据原始凭证编制的，因此登记总分类账户和明细分类账户的原始依据均是证明经济业务发生的原始凭证，两者必须一致。

(二) 总分类账户和明细分类账户的区别

总分类账和明细分类账的区别主要表现在以下两个方面：

(1) 反映经济内容的详简程度不一样。总分类账反映资金增减变化的总括情况，提供总括资料；明细分类账反映资金运动的详细情况，提供某一方面的资料。有些明细分类账还可以提供实物数量指标和劳动量指标。

(2) 作用不同。总分类账提供的经济指标，是明细分类账资料的综合，对所属明细分类账户起着统驭和控制的作用，被称为统驭账户；明细分类账户对其被属总分类账户起着补充和说明的作用，被称为从属账户。由此可见，二者关系密切。在设置明细分类账时，一定要考虑二者这种既有联系又有区别的特征。

五、总分类账和明细分类账的平行登记

平行登记是指在经济业务发生后，以会计凭证为依据，一方面要在有关的总分类账户进行总括登记；另一方面要在总分类账户所属的明细分类账户进行详细登记。通过总分类账和明细分类账的平行登记，期末进行相互核对，可以及时发现错账，予以更正，以确保账簿记录的正确、完整。

(一) 平行登记的要点

采用平行登记规则，应注意以下要点：

(1) 登记总分类账及其所属的明细分类账的时期应当相同。对于需要提供其详细指标的每一项经济业务，应根据审核无误后的记账凭证，一方面记入有关的总分类账户，另一方面要记入同期总分类账户所属的有关各明细分类账户。

这里所指的同期是指在同一会计期间，而并非同一时点，明细账一般根据记账凭证及其所附的原始凭证于平时登记，而总分类账因会计核算组织程序不同，可能在平时登记，也可能定期登记，但登记总分类账和明细分类账必须在同一会计期间内完成。

(2) 登记总分类账及其所属的明细分类账的方向应当相同。这里所指的方向，是指所体现的变动方向，而并非是指账户的借贷方向。一般情况下，总分类账及其所属的明细分类账都按借方、贷方和余额设专栏登记，这时，在总分类账及其所属的明细分类账中的记账方向是相同的，如存货账户和债权、债务结算账户即属于这种情况。但有些明细分类账户按组成项目设多栏记录，采用多栏式明细账格式。在这种情况下，对于某些需要冲减有关组成项目额的事项，只能用红字记入其相反的记账方向，这与总分类账中的记账方向不同。如“财务费用”账户按其组成项目设置借方多栏式明细账，当发生需冲减利息费用的存款利息收入时，总分类账中记入贷方，而其明细账中则以红字记入“财务费用”账户利息费用项目的借方，以其净发生额来反映利息净支出。这时，在总分类账及其所属的明细分类账中，只能以相同的变动方向进行登记。

(3) 记入总分类账户的金额与记入其所属的各明细分类账户的金额相等。总分类账户提供总括指标，明细分类账户提供总分类账户所记内容的具体指标，所以，记入总分类账户的金额与记入其所属的各明细分类账户的金额相等。但这种金额相等只表明其数量关系，而不一定都是借方发生额相等和贷方发生额相等的关系。如上“财务费用”账户的明细账，采用多栏式时，本月既有存款利息收入，也有借款利息支出的情况下，“财务费用”总分类账户的贷方发生额与明细账的贷方发生额就不一致，但作为抵减利息支出的利息收入数额是相等的。

(4) 登记总分类账及其所属的明细分类账的原始依据相同。综上所述，总分类账户及其所属的明细分类账户，按平行登记规则进行登记，一般可以概括为：依据相同、时期相同、方向一致、金额相等。但要注意对“方向一致、金额相等”的正确理解。

(二) 平行登记的方法

在平行登记时，首先设置并登记总分类账户及其所属的明细分类账户的期初余额；其次根据记账凭证上列明的会计分录，在有关的总分类账户中进行总括登记，并根据记账凭证及其所属的原始凭证在总分类账户所属的明细分类账户中进行详细登记；最后分别在总分类账户及其所属明细分类账户中结出本期发生额与期末余额，并检查它们是否相等。

平行登记的结果使总分类账户和其所属的明细分类账户之间存在着特定的数量关系，这种关系用公式表示如下：

总分类账户本期发生额＝所属各明细分类账户本期发生额合计数

总分类账户期末余额＝所属各明细分类账户期末余额合计数

因此这两个公式成为检查总分类账户与其所属的明细分类账户的登记是否正确的依据。

现以原材料核算为例，对总分类账和明细分类账的平行登记加以说明。

【例 6-1】 胜利工厂 200×年 3 月 1 日原材料总分类账户余额为 35 400 元，其所属明细分类账户余额为 A 材料 750 千克，单价 28 元，金额 21 000 元；B 材料 600 千克，单价 24 元，金额 14 400 元。

3 月份发生下列有关的经济业务：

(1) 3 月 10 日，购进的 A 材料 500 千克，单价 28 元，金额 14 000 元，增值税 2 380 元，已验收入库，结转材料采购成本。

(2) 3 月 20 日，购进的 A 材料 450 千克、单价 28 元，金额 12 600 元，增值税 2 142 元；B 材料 750 千克，单价 24 元，金额 18 000 元，增值税 3 060 元，均已验收入库，结转材料采购成本。

(3) 3 月 31 日，根据各部门的领料单编制的材料耗用汇总表如表 6-15 所示。

表 6-15

材料耗用汇总表

耗用材料 / 材料用途	A 材料			B 材料			金额合计
	数量	单价	金额	数量	单价	金额	
生产甲产品	500	28	14 000	400	24	9 600	23 600
生产乙产品	350	28	9 800	350	24	8 400	18 200
生产车间一般耗用	50	28	1400	10	24	240	1 640
合　计	900		25 200	760		18 240	43 440

(1) 根据上列 3 笔经济业务，作分录如下：

3 月 10 日　　借：原材料——A 材料　　　　　　　　14 000

　　　　　　　　贷：在途物资——A 材料　　　　　　　　14 000

3 月 20 日　　借：原材料——A 材料　　　　　12 600
　　　　　　　　　　　　——B 材料　　　　　18 000
　　　　　　　　　贷：在途物资——A 材料　　　　　12 600
　　　　　　　　　　　　　　　——B 材料　　　　　18 000
3 月 31 日　　借：生产成本——甲产品　　　　　23 600
　　　　　　　　　　　　　——乙产品　　　　　18 200
　　　　　　　　　制造费用　　　　　　　　　1 640
　　　　　　　　　贷：原材料——A 材料　　　　　25 200
　　　　　　　　　　　　　——B 材料　　　　　18 240

(2) 根据前列资料及会计分录开设并登记原材料总分类账户及其所属明细分类账户如表 6-16 和表 6-17 所示。

表 6-16

总分类账

账户名称：原材料

200×年		凭证		摘　要	借　方	贷　方	借或贷	余　额
月	日	种类	编号					
3	1			期初余额			借	35 400
	10	转	1	购进	14 000		借	49 400
	20	转	2	购进	30 600		借	80 000
	31	转	3	领用		43 440	借	36 560
3	31			本期发生额及余额	44 600	43 440	借	36 560

表 6-17

原材料明细分类账

材料名称：A

×年		凭证号数	摘　要	收　入			发　出			结　存		
月	日			数量	单价	金额	数量	单价	金额	数量	单价	金额
3	1		期初余额							750	28	21 000
	10	1	购进	500	28	14 000				1 250	28	35 000
	20	2	购进	450	28	12 600				1 700	28	47 600
	31	3	领用				900	28	25 200	800	28	22 400
	31		本期发生额及余额	950	28	26 600	900	28	25 200	800	28	22 400

材料名称：B

×年		凭证号数	摘 要	收入			发出			结存		
月	日			数量	单价	金额	数量	单价	金额	数量	单价	金额
3	1		期初余额							600	24	14 400
	20	2	购进	750	24	18 000				1 350	24	32 400
	31	3	领用				760	24	18 240	590	24	14 160
	31		本期发生额及余额	750	24	18 000	760	24	18 240	590	24	14 160

(3) 根据原材料明细分类账户编制原材料明细分类账户本期发生额及余额试算表如表6-18所示。

表 6-18

原材料明细分类账户本期发生额及余额试算表

200×年3月份

明细分类账户	计量单位	单价	期初余额		本期发生额				期末余额	
			数量	金额	收入		发出		数量	金额
					数量	金额	数量	金额		
A材料	千克	28	750	21 000	950	26 600	900	25 200	800	22 400
B材料	千克	24	600	14 400	750	18 000	760	18 240	590	14 160
合 计	—	—	—	35 400	—	44 600	—	43 440	—	36 560

将原材料明细分类账户本期发生额及余额试算表的期初余额、本期发生额和期末余额的合计数，分别与原材料总分类账户的期初余额、本期发生额和期末余额相核对，结果完全相等，表明原材料总分类账户和其所属的明细分类账户的记录是正确的。如果两者的数额不相等，表明账户记录或结账有错误，应及时查明，予以更正。

第三节　记账规则与错账更正方法

一、会计账簿启用的规则

会计账簿是储存会计信息的重要的会计档案，为了确保账簿记录的严肃性、合规性和完整性，明确记账责任，会计人员在启用新账簿时，应在账簿封面上写明单位名称和账簿名称；在账簿扉页上应填明“账簿启用和经管人员一览表”，其内容包括：启用日期、账簿页数、记账人员和会计主管人员姓名，并加盖人名章和单位公章。记账人员或会计主管人员调动工作或因故离职时，应办理交接手续，在交接记录栏内填明交接日期、接办人员和监交人员姓名，由交接双方人员签名或盖章。

启用订本式账簿，应从第一页起按顺序编定页数，不得跳页、缺号。使用活页式账簿，其账页通常设有分页和总页，应在使用账页时按顺序编定分页数，年末必须装订成册。装订后再按实际使用的账页顺序编定总页数，另加目录，并注明各个明细分类账户的名称和页次。

二、会计账簿登记的规则

登记会计账簿是会计的基础工作，为了保证记账的准确、及时、完整、清晰和规范，会计人员应遵循下列规则。

1. 登记账簿的依据

账簿必须根据经过审核无误的记账凭证及其所附的原始凭证进行登记。企业单位每天发生的各种各样经济业务，都要记账，记账的依据是会计凭证。

2. 登记账簿用笔及记入账簿的颜色

登记账簿必须使用蓝色或黑色墨水钢笔书写，不得使用圆珠笔或铅笔。这是因为，各种账簿归档保管年限，国家规定一般都在10年以上，有些关系到重要经济资料的账簿需要长期保管，因此要求账簿记录保持清晰、耐久，以便长期查核使用，防止涂改。但在下列情况下，可以使用红色墨水钢笔书写：

(1) 在单项登记的多栏式日记账中，发生冲减成本、费用或收入，以及月末结转分配业务时，表示减少。

(2) 用红字更正法更正错账。

(3) 结账划线。

3. 登记账簿的内容

登记账簿时，应将记账凭证的日期、凭证种类和编号，以及经济业务的摘要和金额等逐项记入账内，记账后要在记账凭证上签章，并注明所记账簿的页次或划“√”符号，以防漏记或重记。

4. 账簿中书写文字和数字的要求

书写的文字和数字必须规范、整洁、清晰，应紧贴底线，并在上面留有适当的空距，一般应为格子宽度的二分之一至三分之二，以便于日后发生错账时更正。

5. 账簿的登记顺序

账簿必须按照账簿页次顺序逐行、逐页登记，不得跳行、漏页。倘若发生跳行、漏页情况，应将空行、空页处用红色墨水钢笔划对角线注销，注明“此行空白”或“此页空白”字样，并由记账人员签章确认。

6. 登记账簿的借贷方向必须正确

登记账簿必须按记账凭证上的分录所指明的借、贷方向登记，不得记错方向，凡需要结出余额的账户，在结出余额后，应在“借或贷”栏内写明“借”或“贷”的字样；没有余额的账户，应在该栏内写“平”字，并在余额栏“元”位上用“-0-”表示。库存现金日记账或银行存款日记账必须逐日结出余额。

7. 登记账簿的转页手续

各账户在一张账页记满时，应办理转页手续，以保持记账的连续和衔接。即每一账页登记完毕，应在该页的最末一行，分别加计借、贷双方发生额合计数和结出余额，并在该行摘要栏内注明“过次页”字样。然后再将借、贷双方发生额合计数和余额填入下一页的第一行内，并在摘要栏内注明“承上页”字样。

8. 登记账簿错误的更正

登记账簿发生错误后，应根据错误的情况，按规定的方法进行更正，严禁涂改、刮擦、挖补、用退色药水更改字迹或撕毁账页等。

三、更正错账的规则

(一) 错账的基本类型

会计人员在记账过程中由于种种原因可能会产生凭证的编制错误或账簿的登记错误。错账的基本类型主要有以下几种：

(1) 记账凭证正确，但依据正确的记账凭证登记账簿时发生过账错误。

(2) 记账凭证错误，导致账簿登记也发生错误。这种类型的错误包括三种情况：

① 由于记账凭证上的会计科目用错而引发的错误；

② 记账凭证上的金额多写而引发的错误；

③ 记账凭证上的金额少写而引发的错误。

(二) 错账的更正方法

会计人员发现账簿记录错误时，应根据错误的性质和具体情况采用正确的方法进行更正，更正的方法有划线更正法、红字更正法和补充登记法三种。

1. 划线更正法

划线更正法是指用划红线注销原有的错误记录，然后在错误记录的上方写上正确记录的方法。

记账凭证正确，在记账或结账过程中发现账簿记录中文字或数字有错误，应采用划线更正法进行更正。更正时，应在错误的文字或数字上划条红线，表示注销错账，要使原来的字迹仍可辨认，然后在红线上方空白处用蓝字填写正确的文字或数字，并由记账人员在更正处盖章，以明确责任。需要注意的是，当数字发生错误时，必须将整笔数字全部划去，重新书写，不得只划错误的数字进行局部更正。例如，将 6 500 元错写成 5 600 元，应将“5 600”元全部用红线划去，再在红线上面空白处用蓝字写上正确的“6 500 元”，不得只更正 5 和 6 两位数字。如记账凭证中的文字或数字发生错误，在尚未登账前，也可用这种方法更正。

2. 红字更正法

红字更正法又称红字冲账法，是指用红字冲销或冲减原有的错误记录，以更正或调整记账错误的方法。它主要适用于以下两种情况：

(1) 在记账以后，发现记账凭证中应借、应贷符号，会计科目或金额有错误时，应采用红字更正法进行更正。红字在记账中表示减少，起到了冲销的作用。更正时，先用红字金额填制一张与错误记账凭证相同的的记账凭证，在其摘要栏内写明“冲销某月某日某号凭证错账”，据以用红字登记入账，冲销原来的错误记录；然后再用蓝字重新填制一张正确的记账凭证，在其摘要栏内写明“更正某月某日某号凭证错账”，据以登记入账。

【例 6-2】 某企业购进材料 1 000 元，增值税 170 元，货款尚未支付。在填制记账凭证时误记入“应收账款”科目，作分录如下：

借：在途物资 1 000
　　应交税费——应交增值税(进项税) 170
　　贷：应收账款 1 170

在登记账簿后，发现上述错误时，应先用红字金额填制一张内容相同的记账凭证，作分录如下：

借：在途物资 1 000
　　应交税费——应交增值税(进项税) 170
　　贷：应收账款 1 170

再用蓝字填制一张正确的记账凭证，作分录如下：

借：在途物资 1 000
　　应交税费——应交增值税(进项税) 170
　　贷：应付账款 1 170

(2) 在记账以后，发现记账凭证中应借、应贷会计科目和方向都正确，只是金额发生错误，且所记金额大于应记金额，可采用红字更正法进行更正。更正时，可将多记的金额(即正确数与错误数之间的差额)用红字填制一张与原记账凭证应借、应贷科目相同的记账凭证，在摘要栏内写明“冲转某月某日某号凭证多记数”，并据以登记入账，以冲销原来多记的金额。

【例 6-3】 A 材料采购完毕，验收入库，结转 A 材料采购成本 3300 元，在填制记账凭证时，误记为 33 000 元，作分录如下：

借：原材料 33 000
　　贷：在途物资 33 000

在登记账簿后，发现上述错误时，为了更正错误的记录，应将多记的 29 700 元用红字金额填制一张记账凭证，作分录如下：

借：原材料 29 700
　　贷：在途物资 29 700

3. 补充登记法

补充登记法是指用蓝字填制一张补充记账凭证，补足账户中少记金额的方法。

记账以后如发现记账凭证上应借、应贷的会计科目和方向都无错误，只是金额发生错误，且所记金额小于应记金额，可采用补充登记法更正。更正时，可将少记金额用蓝字填制一张与原记账凭证应借、应贷科目相同的记账凭证，在摘要栏内写明“补记某月某日某号凭证少记数”，并据以登记入账，以补足原来账户少记的金额。

【例 6-4】 以现金支付行政管理部门计算机修理费 650 元。在填制记账凭证时，误记为 560 元，作分录如下：

借：管理费用 560
　　贷：库存现金 560

在登记账簿后，发现上述错误时，为了更正错误的记录，应将少记的90元用蓝字填制一张记账凭证，作分录如下：

借：管理费用　　　　　　90

　　贷：库存现金　　　　　　90

四、账簿的更换与保管

(一) 账簿的更换

为了保持会计账簿资料的连续性，在每一会计年度结束，新的会计年度开始时，应按会计制度规定，进行账簿的更换。

(1) 总账、日记账和大部分的明细账，要每年更换一次。年初，将旧账簿中各账户的余额直接记入新账簿中有关账户新账页的第一行“余额”栏内。同时，在摘要栏内加盖“上年结转”戳记，将旧账页最后一行数字下的空格，划一条斜红线注销，并在旧账页最后一行摘要栏内加盖“结转下年”戳记。在新旧账户之间转记余额，无需编制记账凭证。

在年度内，订本账记满更换新账时，办理与年初更换新账簿相似的手续。

(2) 部分明细账，如固定资产明细账等，因年度内变动不多，年初可不必更换账簿。但在摘要栏内，要加盖“结转下年”戳记，以划分新旧年度之间的金额。

(二) 账簿的保管

会计账簿、会计凭证和会计报表等都是企业重要的经济档案和历史资料，必须妥善保管，不得任意丢弃和销毁。

年末结账后，会计人员应将各种活页账簿连同“账簿启用和经管人员一览表”一起装订成册，并加上封面，统一编号后，与各种订本式账簿一并归档保管。

各种账簿应按年度分类归档，编制目录，妥善保管。既保证在需要时能迅速查阅，又保证各种账簿的安全和完整。

各种账簿的保管年限和销毁的审批程序，应按会计制度的规定严格执行。

第四节　对账和结账

登记账簿作为会计核算的专门方法之一，它包括记账、对账和结账三个相互联系而不可分割的工作环节。在上一节中，我们介绍了各种账簿的登记方法，本节将进一步介绍对账和结账的要求和方法。

一、对账

所谓对账，简单地说，就是在经济业务全部登记入账后，对账簿记录所进行的核对工作。

会计核算最基本的要求，是以实际发生的经济业务为依据，真实地反映企业的财务状况和经营成果。然而在实际工作中，难免会发生各种各样的差错，如编制记账凭证发生差错、登记账簿发生差错、存货在收发中发生差错等。为了保证各种账簿记录完整和正确实施，为编制会计报表提供真实可靠的数据资料，在结账前必须做好对账工作。

在对账时，可以运用复式记账的平衡原理、各种账簿记录之间相互勾稽的关系和账实之间的内在联系，验证账证、账账和账实是否相符。发现差错，予以更正，发现问题及时向领导汇报，以确保会计信息的真实可靠。

对账工作一般在会计期末进行，如果遇到特殊情况，如有关人员办理调动时或发生非常事件后，应随时进行对账。

对账工作一般应从以下几个方面进行。

(一) 账证核对

账证核对是指将各种会计账簿的记录与会计凭证之间进行相互核对。会计账簿包括各种日记账和分类账。会计凭证包括记账凭证及其所附的原始凭证。账簿与记账凭证核对，主要是检查记账工作是否正确，即账簿记录是否按照记账凭证确定的账户、方向和金额进行登记；账簿与原始凭证核对，主要是对账簿记录的经济业务的真实性、合法性进行检查。账证核对通常在日常记账工作过程中进行，可使错账及时得到更正。当月末发现账账不符或账实不符时，须溯本追源，进行账簿记录与会计凭证的检查核对，以确保账证相符。

(二) 账账核对

账账核对是指对各种账簿之间的有关数字进行相互核对。账账核对是在账证核对的基础上进行的。

账账核对的主要内容有：

(1) 总分类账各账户本月借方发生额合计数与贷方发生额合计数是否相等；

(2) 总分类账各账户期末余额与其所属有关明细分类账各账户期末余额合计数是否相等；

(3) 库存现金日记账和银行存款日记账的期末余额与总分类账中的库存现金和银行存款期末余额是否相等；

(4) 会计部门各种财产物资明细分类账期末余额与财产物资保管和使用部门的有关财产物资保管账的期末余额是否相等。

账账核对的方法主要有编制“总分类账本期发生额及余额试算表”和“明细分类账户本期发生额及余额试算表”等。

(三) 账实核对

账实核对是指将各种财产物资的账面余额与财产物资的实际结存数进行相互核对。账实核对是在账账核对的基础上进行的。

账实核对的主要内容有：

(1) 库存现金日记账账面余额与库存现金实际库存数相核对；

(2) 银行存款日记账账面余额与开户银行对账单余额相核对，每月至少核对一次；

(3) 原材料、库存商品等各种实物明细分类账账面余额与原材料、库存商品等各种实物实存数相核对；

(4) 各种应收、应付款项等明细分类账各账户余额与有关债务、债权单位或个人的账目进行查询核对。

在实际会计核算工作中，账实核对一般是通过财产清查进行的。财产清查是会计核算的一种专门方法，以后章节有专门介绍。

二、结账

为了总结各个会计期间的财务状况，考核经营成果，便于编制财务会计报告，必须在各个会计期末进行结账。

所谓结账，是指在会计期末经济业务全部登记入账后，按照规定的方法对该期内的账簿记录进行小结，结算出各账户的本期发生额合计和期末余额，并将其余额结转下期或者转入新账的过程。

结账工作的基本步骤和做法是：

(1) 在结账前，应检查本期发生的经济业务是否已全部登记入账。

不能为了赶编财务会计报告而提前结账；也不能将本期发生的经济业务拖延至下期入账，更不能先编制财务会计报告而后结账。

(2) 按照权责发生制原则进行期末账项调整。

在会计期末，应对各项跨期收入和费用项目进行账项调整，编制记账凭证记入有关账簿，以调整账簿记录，从而准确地计算当期的经营成果和成本。

(3) 采用划线结账法结计出各账户本期发生额和期末余额。

① 结计损溢类账户。损溢类账户包括收入类账户和费用类账户，这类账户的本期发生额，在会计期末全部要结转“本年利润”账户，结转后均无余额，因此，损溢类账户又被称为虚账户。

② 结计资产、负债和所有者权益类账户。资产、负债和所有者权益类账户在会计期末结账后，通常均有期末余额，因此这些账户又被称为实账户。

③ 结账工作一般在会计期末进行，按照结算时期的不同，可以有月结、季结和年结。

月度结账时，在各账户本月份最后一笔数字下，结出本月借方发生额、贷方发生额和期末余额，在摘要栏内注明“本月发生额及期末余额”字样或“本月合计”字样，如果没有余额，在余额栏内注明“平”字，并在数字的上端和下端各划一根红线，表示本月结束。

季末的结账方法与月结基本相同。季度结账时，在各账户本季度最后一个月月结下面，结出本季借方发生额、贷方发生额和期末余额，在摘要栏内注明“本季发生额及期末余额”字样或“本季合计”字样，并在数字的上端和下端各划一根红线，表示本季结束。

年度结账时，应将全年发生额的合计数填制于12月份结账记录的下面，并在摘要栏内注明“全年发生额及年末余额”字样或“本年合计”字样，并在数字下端划双红线，表示“封账”。年度结账后，根据各账户的年末余额，过入新账簿，结转下年度。

本章小结

设置和登记账簿既是会计基本程序的第二步骤，又是会计核算的专门方法之一，也是会计核算工作的重要环节，在经济管理中有着重要的作用。本章对账簿的概念、意义、种类以及各种账簿的设置和登记等内容作了比较详细的介绍。学习时要理解账簿的概念，认识设置和登记账簿的意义，熟悉账簿的种类，在此基础上重点掌握各种账簿的设置和登记的规则并能够熟练地应用。

在账簿的设置和登记中，包括了日记账的设置和登记、总分类账的设置和登记、明细账的设置和登记。每种账簿为了满足不同的核算内容的要求，需要设置不同的账页格式，如三栏式日记账、三栏式总账、三栏式明细分类账、数量金额式明细分类账及多栏式明细分类账等。在这个账簿体系中，各种账簿之间相互联系、相互勾稽。因此，通过学习，要求学生不仅要了解和掌握各种账簿的设置与登记，还要理解账簿之间的相互联系。例如，总分类账和明细分类账之间的关系及平行登记等。

账簿的登记和使用必须遵守一定的规则，它包括账簿的启用规则、账簿的登记规则和错账的更正规则。其中三种错账的更正方法各有其适用的情况和更正的要求，是学习中非常重要的知识点。

企业还必须定期地进行对账和结账，以满足经济管理和编制会计报表的需要。对账工作的内容和结账工作的基本程序及方法都是非常重要的知识点，在学习中不能忽视。

思考题

1．什么是会计账簿？设置账簿有什么作用？

2．设置会计账簿应遵循哪些原则？

3．会计账簿按其用途不同可分为哪几种？分述各种账簿的定义。

4．日记账按其记录的内容不同可分为哪几种？分述各种账簿的定义。

5．分类账可以分为哪几种？分述各种账簿的定义。

6．会计账簿按其外表形式不同可分为哪几种？分述各种账簿的定义、优缺点和适用性。

7．分别谈谈三栏式库存现金日记账和银行存款日记账记账的依据、记账的内容和记账的要求。

8．多栏式特种日记账与三栏式特种日记账相比较有何优点？

9．试述总分类账的格式。

10．明细分类账有哪几种格式？各应怎样登记？

11．试述账簿启用的规则和登记的规则。

12．试述总分类账与明细分类账的关系。

13．什么是平行登记？平行登记必须做到哪些要点？

14．更正错账的方法有哪几种？各种更正方法的特点和适用条件是什么？

15．什么是对账？对账工作包括哪些内容？

16．什么是结账？结账工作包括哪些内容？

练习题

习题 6-1

一、目的：练习登记库存现金和银行存款日记账。

二、资料：某工厂 200×年 8 月 31 日银行存款日记账余额为 300 000 元；库存现金日记账余额为 3 000 元。9 月上旬发生下列银行存款和现金收付业务：

(1) 1 日，投资者投入现金 25 000 元，存入银行(银收 801 号)。

(2) 1 日，以银行存款 10 000 元归还短期借款(银付 801 号)。

(3) 2 日，以银行存款 20 000 元偿付应付账款(银付 802 号)。

(4) 2 日，以现金 1 000 元存入银行(现付 801 号)。

(5) 3 日，用现金暂付职工差旅费 800 元(现付 802 号)。

(6) 3 日，从银行提取现金 2 000 元备用(银付 803 号)。

(7) 4 日，收到应收账款 5 000 元，存入银行(银收 802 号)。

(8) 5 日，以银行存款 46 800 元支付购买材料的价款 40 000 元和增值税 6 800 元(银付 804 号)。

(9) 5 日，以银行存款 1 000 元支付购买材料运费(银付 805 号)。

(10) 6 日，从银行提取现金 18 000 元，准备发放工资(银付 806 号)。

(11) 6 日，用现金 18 000 元发放职工工资(现付 803 号)。

(12) 7 日，以银行存款支付本月电费 1 800 元(银付 807 号)。

(13) 8 日，销售产品一批，价款 50 000 元，增值税 8 500 元，价税共计 58 5000 元存入银行(银收 803 号)。

(14) 9 日，用银行存款支付销售费用 410 元(银付 808 号)。

(15) 10 日，用银行存款上交销售税金 3500 元(银付 809 号)。

三、要求：

(1) 根据上列资料设置三栏式库存现金日记账和银行存款日记账。

(2) 根据上列资料编制的收款凭证和付款凭证分别登记三栏式库存现金日记账和银行存款日记账。

习题 6-2

一、目的：练习错账的更正。

二、资料：兴安工厂发生下列错账：

(1) 生产产品领用材料 14 000 元，作分录如下，并已登记入账。

借：生产成本　　41 000

　　贷：原材料　　41 000

(2) 采购员预支差旅费 1 000 元，开具库存现金付讫，作分录如下，并已登记入账。

借：管理费用　　1 000

　　贷：库存现金　　1 000

(3) 乙材料采购完毕，验收入库，结转乙材料实际采购成本 31 000 元，作分录如下，并已登记入账。

借：原材料　　13 000

　　贷：在途物资　　13 000

(4) 计提本月份生产车间固定资产折旧费 7 600 元，做分录如下，并已登记入账。

借：生产成本　　6 700

　　贷：累计折旧　　6 700

(5) 预收红河工厂订购B商品40%的货款16 000元，存入银行，作分录如下，并已登记入账。

借：银行存款 16 000

贷：主营业务收入 16 000

(6) 购进甲材料1 000千克，每千克25元，货款25 000元，增值税4250元，价税合计29 250，款项尚未支付，作分录如下，并已登记入账。

借：在途物资 25 000

贷：应付账款 25 00

(7) 以库存现金120元购买办公用品，作分录如下。

借：管理费用 120

贷：库存现金 120

登账时记为102元。

(8) 以银行存款支付推销商品的广告费980元，作分录如下，尚未登记入账。

借：销售费用 890

贷：银行存款 890

三、要求：写出上述错账的更正方法以及更正过程。

第七章

财产清查

内容提要

会计核算的任务之一，是反映和监督财产物资的保管和使用情况，保证企业财产物资的安全完整，提高企业各项资产的利用效果。本章重点介绍财产清查的概念、作用、种类、制度和方法，并对财产清查的要求和清查结果的处理作较详细地叙述。

第一节 财产清查概述

一、财产清查的概念和作用

(一) 财产清查的概念和作用

财产清查也叫财产检查，是通过对各项财产物资的实地盘点以及对银行存款、往来款项的核对，查明实有数和账存数是否相符，根据账实不符的原因进行适当调整的一种会计核算方法。

为保证单位财产物资的完整，虽然可通过对账，在账证、账账核对的基础上，基本可提供真实的会计资料。但是，只有账簿记录得正确，还不能说明账簿所作的记录真实可靠，因为有很多因素会使单位的各项财产物资的账面数额与实际结存数发生差异，造成账实不符。

一般说来，造成账实不符有以下几种原因：

(1) 在财产物资收发时，由于计量器具的误差会发生差异，这种差异往往客观存在。

(2) 财产物资在运输、保管、收发过程中，在数量上发生差异。

(3) 工作人员在登记账簿时发生漏记、重记、错记，或计算上的错误，造成账实不符。

(4) 由于管理不善，或工作人员的失职而发生财产物资的破损、变质、短缺，造成账实不符。

(5) 由于不法分子的贪污盗窃、营私舞弊，造成财产物资的损失，造成账实不符。

(6) 自然灾害造成的非常损失等。

上述种种原因都会影响账实的一致性。因此，运用财产清查的手段，对各种财产物资进行定期或不定期的清查具有十分重要的意义。

(二) 财产清查的作用

财产清查，对于保护财产物资的安全与完整，充分挖掘物资潜力，加速资金周转，加强企业管理，维护财经纪律，保证会计指标的真实可靠，具有十分重要的意义。它是会计核算方法体系中的专门方法之一，是一项极其重要的工作。通过财产清查，可以起到以下作用：

(1) 通过财产清查，保证会计资料的真实可靠。财产清查，可以确定各项财产的实存数，并与账存数进行对比，查明各项财产物资的实有数与账面数的差额，从而及时调整账簿记录，做到账实相符，以保证会计账簿提供的数据资料真实、准确，为经济管理提供可靠的信息。

(2) 通过财产清查，可以挖掘财产物资的潜力，加速资金周转，促进经济效益的提高。在财产清查过程中，可以查明各项财产物资盘盈、盘亏的原因和责任，从而找出财产物资管理中存在的问题，同时查明财产物资的储备情况，有无积压呆滞、不配套或储备过多，以便积极处理，调剂解决。这样，可以促进各单位加强对财产物资的管理，使之能合理储备，充分挖掘财产物资潜力，提高其使用效能，加速资金周转。

(3) 通过财产清查，促使保管人员加强责任感，健全财产物资的管理制度。财产清查也是对各项财产物资进行的会计监督活动。通过财产清查，可以查明账实不符的原因，从而发现财产物资管理上存在的问题，促使企业改进财产物资管理，健全财产物资的管理制度，保护财产物资的安全完整。

(4) 通过财产清查，保证财经纪律和结算制度的贯彻执行。在财产清查过程中，通过检查核对往来账项，查明各项债权债务的结算是否遵守财经纪律和结算制度，促使各单位自觉遵守财经纪律。

二、财产清查的种类

财产清查有多种不同的方法，可以按不同的标志进行分类：

(一) 按财产清查范围分类

财产清查按其清查范围不同，可分为全面清查和局部清查。

(1) 全面清查。全面清查，就是对所有的财产物资和往来款项进行全面的盘点和核对。这种清查涉及的内容很广，一般包括：所有的固定资产、材料、在产品、产成品及其他物资的清查；现金、银行存款、银行借款和其他债权、债务的清查核对；在途材料、商品和物资、委托其他单位加工保管的材料、商品和物资的核对等。

由于全面清查工作量较大，所以，一般只在企业年终决算之前，或企业撤销、合并及按上级要求开展清查时才进行。

(2) 局部清查。局部清查，就是对一部分财产物资所进行的清查。这种清查的针对性较强，可以根据具体需要而确定。例如，对各种贵重物资，可以半个月或一个月进行一次清查；对于现金，应由出纳员在每天业务终了时清点核对，在出纳员调换时进行清查，也可以随时进行抽查；对于银行存款、银行借款，每月都要与银行核对等。

(二) 按财产清查的时间分类

财产清查按清查时间不同，可分为定期清查和不定期清查。

(1) 定期清查。定期清查就是按预先计划安排的时间对财产物资所进行的清查。这种清查一般在年末、季末或月末结账前进行。定期清查可以是全面清查，也可以局部清查。

(2) 不定期清查。不定期清查就是事前不规定清查时间，只因需要进行的临时性清查，也称临时清查。例如，为了分清责任，对有关人员所保管的财产、物资、现金等所进行的清查；发生意外灾害时，对受损失的有关财产进行清查等。不定期清查一般是局部清查，有时也可以是全面清查，如临时开展的清产核资工作。

三、财产物资的盘存制度

财产清查与单位财产物资的盘存制度有关。盘存制度有"永续盘存制"和"实地盘存制"两种。在不同的盘存制度下，各项财产物资在账簿中记录的方法、清查的目的和发挥的作用也不相同。

(一) 永续盘存制

永续盘存制也称账面盘存制。是平时对单位各项财产物资分别设立明细账，根据会计凭证连续记载其增减变化并随时结出余额的一种管理制度。这种盘存制，能从账簿资料中及时反映出单位各项财产、物资的结存数额。为及时掌握单位财产增减变动情况和余额提供可靠的依据，有利于加强单位财产物资的管理。

在永续盘存制下，通常要按存货的品种和规格开设总账和明细账，但如果单位的存货种类太多，还可以在总账和明细账之间按存货类别开设二级账。由于会计和物资管理部门都需要及时了解存货的变化，因而这两个系统的存货记录应分工协作，提高核算效率。

永续盘存制虽然可以从账面上随时反映出财产物资的结存数，但为了保证账实相符，期末仍需进行实地盘点，以验证账实是否相符。

(二) 实地盘存制

实地盘存制也称定期盘存制，是平时根据会计凭证，只登记财产、物资的增加数，不登记减少数，月末或一定时期，根据实地盘点资料，确定期末余额，然后根据期末余额倒推出本期的减少数(即：本期减少数=期初余额+本期增加数－期末余额)的一种管理制度。

实地盘存制最大的特点就是简化了会计核算的工作量，这种方法虽然看起来账是平衡的，但由于手续不严密，可能会掩盖经营过程中的问题，不利于保护单位的财产物资。企业如果采用这种盘存制度，必须加强实物的管理和内部控制制度，以免造成不良后果。

第二节　财产清查的方法

财产清查是一项细致复杂的工作，它涉及面广、政策性强、工作量大。为了妥善地做好此项工作，必须充分做好各项准备工作。

首先，要做到组织落实，确定清查对象和清查范围，确定清查人员的具体分工和计划进度。其次，要将清查的财产物资整理清楚。如会计部门要将总账、明细账等有关资料登记齐全，核对正确，结出余额。保管部门要对所保管的各种财产物资以及账簿、账卡等标明品种、规格、数量，以备查对。最后，准备好各种计量器具及盘存表等表册。

由于各种财产物资的形态不同，清查的方法也有所区别。

一、货币资金的清查

货币资金包括库存现金、在开户银行和其他金融机构的各种存款。货币资金的清查往往是清查的重点，以防止经济案件的发生。

(一) 现金清查

现金清查通过实地盘点进行。由于现金的收支业务十分频繁，容易出现差错，因此出纳员应当经常进行现金盘点并与现金账的现金余额核对。清查时一般由主管会计或财务负责人、出纳本人共同清点出各种面值钞票的张数和辅币的个数并填写盘存单。清点时要特别注意是否有短缺、是否以借条、白条抵充现金的现象，是否超过库存限额。

现金清点完毕，应及时填写“库存现金盘点报告表”，如表7-1所示，对现金的长款、短款的原因要认真调查，提出意见。

表7-1 库存现金盘点报告表

单位：元

实存金额	账存金额	对比结果		备注
		盘盈	盘亏	

有价证券主要包括：国库券、金融债券、公司债券、股票等。其清查方法与现金相同。

(二) 银行存款的清查

银行存款的清查是采取与银行核对账目的方法进行。在核对前，首先要详细检查本单位银行存款日记账，力求正确、完整，然后与银行对账单逐笔核对，发生错账漏账，要及时查清更正。由于单位同银行之间结算凭证传递时间有先后，经常会发生一方已经入账，而另一方尚未收到有关凭证而没有入账的未达账项。因此，单位账面银行存款余额与银行对账单的存款余额往往不相一致。这种不相一致，主要表现为以下四种类型：

(1) 单位送存银行的款项，单位账面已经登记银行存款增加，而银行尚未入账。

(2) 单位付出银行存款，单位账面已经登记银行存款减少，而银行尚未入账。

(3) 银行代单位收妥款项，银行已经登记单位存款增加，但单位未收到收款通知，尚未入账。

(4) 银行代单位支付款项，银行已经登记单位存款减少，但单位尚未收到付款通知，尚未入账。

发生(1)、(4)两种未达账项时，会使单位银行存款日记账的账面余额大于银行对账单的账面余额；而发生(2)、(3)两种类型的未达账项，则会使单位银行存款日记账的账面余额小于银行对账单的存款余额。

【例 7-1】 某单位 200×年 10 月 31 日银行存款日记账余额为 67 000 元，银行对账单余额为 78 000 元，经逐笔核对，发现以下未达账项：

(1) 单位月末送存银行转账支票 800 元，单位已入账，银行尚未入账；

(2) 银行代单位收到发出商品的销货款 12 500 元，银行已入账，而单位尚未收到收款通知，未能入账；

(3) 单位月末开出现金支票 200 元，持票人尚未到银行办理提款，银行未能入账；

(4) 银行代单位支付电费 900 元，银行已入账，而单位尚未收到付款通知，未能入账。

为了查明单位银行存款的实有数，检查双方账目是否错漏，应根据上述资料，编制“银行存款余额调节表”来核对银行存款余额。也就是在单位与银行双方账面余额的基础上，各自加上对方已收，本单位未收的款项，减去对方已付，本单位未付的款项。“银行存款余额调节表”格式见表 7-2。

表 7-2　银行存款余额调节表

200×年 10 月 31 日　　　　单位：元

项　目	金额	项　目	金额
银行存款日记账账面余额	67 000	银行对账单存款余额	78 000
加：银行已收单位未收款项	12 500	加：单位已收银行未收款项	800
减：银行已付单位未付款项	900	减：单位已付银行未付款项	200
调整后存款余额	78 600	调整后存款余额	78 600

调整后的存款余额，就是单位可以动用的银行存款实有数。双方账目如果没有发生其它差错，经上表调节后，双方账目必定相等。若经调节后，双方账目余额仍不相等，就要进一步检查不符的原因，及时处理。至于银行已经入账，单位尚未入账的未达账项，应等收到有关凭证后，再进行账务处理。

二、实物资产的清查

对于具有实物形态的各种物资(如固定资产、低值易耗品、原材料、在产品、库存商品等)都要从数量和质量上进行清查。

由于实物资产的种类繁多，形态各异，体积、重量、价值和存放方式也各不相同。因此可采用不同的清查方法。实物资产通常采用的清查方法有实地盘点法、抽样盘点法和技术推算法三种。

实地盘点法是对各项实物通过逐一清点或用计量器具来确定其实存数量的方法。这种方法适用面广，通常适用于能逐一清点的实物资产。

抽样盘点法就是对财产物资抽取一定数量的样本进行盘点，以此来推断其整体实存数量的方法，主要用于数量多、价值小的财产物资。

技术推算法是指通过对实物体积的计量，再用一定的技术方法推算其实存数量的方法。这种方法适用于量大成堆、难以逐一清点实物资产，如煤炭、石子、黄沙等。

在实物资产清查时，必须有经管人员在场，清查一般采取实物盘点或技术推算盘点的方法。对于各种盘点都应及时填制盘存表或盘存单，并由盘存人员和经管人员签章。盘存表或盘存单是记录实物盘存结果的书面证明，也是反映财产物资实有数的原始凭证。其格式见表 7-3。

表 7-3 盘存表(或盘存单)

单位名称：

盘点时间： 财产类别： 存放地点：

编号	名称	规格	计量单位	数量	单价	金额	备注

盘点人： 实物保管人：

根据盘存表或盘存单所列物资的数量、金额，财会部门应与有关明细账户进行核对，并编制“账存实存对比表”。通过对比揭示账面结存数与实际结存数的差异，以便查明发生差异的具体原因，作出适当的处理。对比表通常只编列账实不符的物资，对于账实相符的物资不必在表中填列，以简化记录。账存实存对比表的格式见表 7-4 所示。

表 7-4 账存实存对比表

财产类别： 年 月 日

编号	名称及规格	计量单位	单价	实际盘存		账面盘存		盘盈		盘亏		备注
				数量	金额	数量	金额	数量	金额	数量	金额	

填列此表时，财会部门应将账实不符的财产物资的实际数量和金额，填入“实际盘存”栏，将账面数量和金额，填入“账面盘存”栏，通过“账存”、“实存”对比后，其差额填入“盘盈”或“盘亏”栏。

三、往来款项的清查

往来款项是指各种应收、应付款项，对往来款项的清查主要采取核对的方法。

单位与其他单位之间，由于购销业务发生的各种应收或应付款，可采用由清查单位寄送对账单的方法进行，即把有关单位的应收、应付款账户的业务内容全部录下，编成对账单，寄送到对方单位，由对方单位核对后盖章退回。如有未达账项和其他结算问题，应在对账单中注明。

对单位内部各部门或职工个人的各种应收、应付款项，由清查人员和经管人员根据账簿记录进行清查，可以采取张榜公布的方式进行，也可采取逐人核对方式进行。发现不符，应立即查明原因，予以更正。

第三节 财产清查结果的账务处理

一、财产清查结果的处理原则与程序

(一) 财产清查结果的处理原则

经过财产清查，会发现会计工作、财产物资管理工作方面的许多问题。妥善处理这些问题，是财产清查工作的重要环节。

财产清查的结果不外乎三种情况：① 账存数与实存数相等，表示财产物资账实一致；② 账存数大于实存数，表示财产物资发生短缺，即盘亏；③ 账存数小于实存数，表示财产物资发生盈余，即盘盈。

一旦发生账实不符的情况，无论是短缺还是盈余，原则上都必须调查研究，分析原因，按规定程序严肃处理，处理原则如下：

(1) 认真查明发生账实不符的原因和性质。无论是盘盈、盘亏或毁损等都说明单位在经营管理中、财产物资的保管中存在着一定的问题。因此，一旦发生账存数与实存数不一致时，应该核准数字，进一步分析形成差异的原因，明确经济责任，提出相应的处理意见。

(2) 积极处理超储积压物资，及时清理各种长期拖欠的债权债务。在清查中凡发现有积压的材料物资，要尽早处理，能用的尽量用。不需用的可销售、转让，加速资金周转，提高资金的利用率；凡未使用、不需用的固定资产，如生产设备，也应尽早外销或用于对外投资，提高其利用率，提高经济效益。对积压的产成品、半成品要积极寻找市场进行销售；对市场上无销路、滞销的产品，应找出原因后对产品的设计加以改造，适应市场需要，完全没有市场的产品应通知生产部门停止生产。拖欠比较长的应收账款，应查明原因，及时解决。如果确实不能收回的，应及时作坏账处理。

(二) 财产清查结果的处理程序

对清查中发现的各项差异，在会计上应分两个步骤进行处理：首先，将已查明盘盈、盘亏和毁损等的财产，根据有关原始凭证(如实存账存对比表等)，填制记账凭证，并登记入账，使各项财产的账存数与实存数完全一致。其次，依据差异的性质和发生的原因，报经有关部门批准，根据有关批文编制记账凭证，据以登记入账。

二、财产清查结果的账务处理

为了核算和监督财产物资的盘盈、盘亏和毁损等情况，应设置和运用“待处理财产损溢”账户。

“待处理财产损溢”属资产类账户，用来核算在财产清查中所发现的各项财产物资的盘盈、盘亏和毁损及其处理情况。该账户借方登记清查中发现的财产物资的盘亏毁损数和已处理的财产物资盘盈数；贷方登记财产物资盘盈数和已处理的财产物资盘亏毁损数。对清查的各种财产损溢应在期末结账前处理完毕，所以该账户期末没有余额。该账户设应设置“待处理固定资产损溢”和“待处理流动资产损溢”两个明细分类账户，进行明细分类核算。

下面，举例说明流动资产、固定资产、往来款项清查结果的账务处理。

(一) 流动资产盘盈、盘亏的账务处理

1. 流动资产盘盈的账务处理

盘盈的流动资产，应按其重置成本作为入账的价值，并通过“待处理财产损溢”账户进行会计处理，按管理权限报经批准后，冲减当期管理费用。

【例 7-2】 企业财产清查，发现 A 材料盘盈 50 公斤，单价 10 元，重置价值 500 元。经调查，是由于收发计量不准确的原因造成的。

报批前，调整有关账户的记录，会计分录为：

借：原材料——A 材料　　500

　　贷：待处理财产损溢——待处理流动资产损溢　　500

有关部门批准，将此盘盈材料冲减管理费用。

借：待处理财产损溢——待处理流动资产损溢　　500

　　贷：管理费用　　500

2．流动资产盘亏的账务处理

流动资产发生盘亏、毁损时，也应查明原因，报经批准，并根据盘亏或毁损的原因，分别情况进行处理：

(1) 属于计量收发差错和管理不善等原因造成的流动资产短缺，应先扣除残料价值，以及可以收回的保险赔偿和过失人赔偿，将净损失计入管理费用。

(2) 属于自然灾害等非常原因造成的毁损，应先扣除处置收入(残料价值)，以及可以收回的保险和过失人赔偿，净损失计入营业外支出。

在批准前，应调整账户记录，借记“待处理财产损溢——待处理流动资产损溢”账户，贷记有关账户。批准后，再根据批准意见，借记有关账户，贷记“待处理财产损溢——待处理流动资产损溢”账户。

【例 7-3】 企业财产清查，发现 A 材料短缺 500 公斤，单位成本 4 元，计 2000 元。现查明其中 250 公斤属于自然损耗，200 公斤属自然灾害损失，另 50 公斤属保管不善造成的损失。

报批前，调整有关账户的记录，会计分录为：

借：待处理财产损溢——待处理流动资产损溢　　2 000

　　贷：原材料——A 材料　　2 000

其次，根据材料短缺的原因，批经批准后，分别作出相应的处理。

材料的自然损耗，列入管理费用。

自然灾害造成损失，列入营业外支出。

保管不善造成损失，由过失人赔偿。

根据上述决定，作会计分录为：

借：管理费用　　1 000

　　营业外支出　　800

　　其他应收款——×××　　200

　　贷：待处理财产损溢——待处理流动资产损溢　　2 000

(二) 固定资产盘盈、盘亏的账务处理

(1) 固定资产盘盈的账务处理。对于盘盈的固定资产作为前期差错处理，盘盈的固定资产通过“以前年度损溢调整”科目核算。“以前年度损溢调整”科目属于损溢类科目，用于核算企业本年度发生的调整以前年度损溢的事项，以及本年度发现的重要前期差错更正涉及调整以前年度损溢的事项。

【例 7-4】 旺能公司于 2008 年 12 月 31 日对企业全部的固定资产进行清查，盘盈一台机器设备，其重置成本为市场价格为 200 万元。

旺能公司的账务处理：

借：固定资产　　2 000 000

　贷：以前年度损溢调整　　2 000 000

(2) 固定资产盘亏的账务处理。盘亏的固定资产的批准前，按其原值和已提折旧的差额，借记“待处理财产损溢——待处理固定资产损溢”账户，按已提折旧额，借记“累计折旧”账户。按固定资产原值，贷记“固定资产”账户。待批准后，按可收回的保险赔偿或过失赔偿，借记“其他应收款”账户，按应计入营业外支出的金额，借计“营业外支出”账户，贷记“待处理财产损溢——待处理固定资产损溢”账户。

【例 7-5】 企业财产清查，发现丢失设备一台，原值 40 000 元，已提折旧 28 000 元。

批准前，调整有关账户记录。会计分录为：

借：待处理财产损溢——待处理固定资产损溢　　12 000

　　累计折旧　　28 000

　贷：固定资产　　40 000

经批准后，作营业外支出处理，会计分录为：

借：营业外支出　　12 000

　贷：待处理财产损溢——待处理固定资产损溢　　12 000

(三) 往来款项清查结果的账务处理

对于往来款项清查中发现的确认无法收回的应收款项，在批准前不作账务处理，按规定程序批准转销后再作账务处理；对于确实无法支付的应付款项，也应报经批准后作账务处理。不需要通过“待处理财产损溢”账户。

对于无法收回的应收款项，应采用备抵法，直接冲销“坏账准备”账户(借方)处理； 对于无法支付的应付款项，列作企业“营业外收入”账户(贷方)处理。

【例 7-6】 某公司在财产清查中，查明应收某单位货款 5 000 元，因该单位撤销，确实无法收回。经批准核销，作坏账损失处理。应作如下会计分录：

借：坏账准备　　5 000

　贷：应收账款　　5 000

【例 7-7】 某企业在财产清查中，查明应付某单位购货款 2 000 元，因该单位撤销，确实无法支付。经批准转作营业外收入处理。应作如下会计分录：

借：应付账款　　2 000

　贷：营业外收入　　2 000

本章小结

财产清查，是通过对各项财产物资的实地盘点以及对银行存款、往来款项的核对，查明实有数和账存数是否相符，根据账实不符的原因进行适当调整的一种会计核算方法。通过财产清查，可以起到以下作用：

(1) 通过财产清查，保证会计资料的真实可靠。

(2) 通过财产清查，可以挖掘财产物资的潜力，加速资金周转，促进经济效益的提高。

(3) 通过财产清查，促使保管人员加强责任感，健全财产物资的管理制度。

(4) 通过财产清查，保证财经纪律和结算制度的贯彻执行。

财产清查，可以按不同的标志进行分类：财产清查按其清查范围不同，可分为全面清查和局部清查；财产清查按清查时间不同，可分为定期清查和不定期清查。

财产清查与单位财产物资的盘存制度有关。盘存制度有“永续盘存制”和“实地盘存制”两种。在不同的盘存制度下，各项财产物资在账簿中记录的方法、清查的目的和发挥的作用也不相同。理解这两种盘存制度的含义，及优缺点和适用范围。

财产清查是一项细致复杂的工作，它涉及面广、政策性强、工作量大。由于各种财产物资的形态不同，清查的方法也有区别。现金清查通过实地盘点进行，银行存款的清查是采取与银行核对账目的方法进行；对于具有实物形态的各种物资(如固定资产、原材料、在产品、库存商品等)都要从数量和质量上进行清查，一般采取实地盘点或技术推算盘点的方法；对往来款项的清查主要采取核对的方法。

对财产清查结果的账务处理，在会计上应分两个步骤进行处理：首先，将已查明的财产盘盈、盘亏和毁损等，根据有关原始凭证(如实存账存对比表等)，填制记账凭证，并登记入账，使各项财产的账存数与实存数完全一致。其次，依据差异的性质和发生的原因，报经有关部门批准，根据有关批文编制记账凭证，据以登记入账，并设置和运用“待处理财产损溢”账户。

思考题

1. 简述财产清查的意义。
2. 什么是未达账项？为什么会存在未达账项？
3. 银行与企业之间的未达账项有哪些？
4. 什么是永续盘存制？它的优点是什么？
5. 什么是实地盘存制？它的优缺点是什么？
6. 如何进行银行存款的清查？

练习题

习题 7-1

一、目的：练习银行存款余额调节表的编制。

二、资料：大众公司某年 8 月 31 日银行存款日记账的余额为 96 500 元，银行对账单余额为 95 700 元，经逐笔核对发现以下未达账项：

(1) 公司月末送存转账支票一张，金额 5 000 元，公司已入账，银行尚未记账；

(2) 银行代公司支付水电费 1 800 元，支付电话费 1 700 元，银行已入账，公司尚未接到付款通知，未能入账；

(3) 公司月末开出现金支票一张，金额 1 500 元，公司已入账，支票持有人尚未到银行办理提款，银行未能入账；

(4) 银行收到公司应收账款 6 200 元，银行已入账，公司尚未收到收款通知，未能入账。

三、要求：根据上述未达账项，编制银行存款余额调节表。

习题 7-2

一、目的：练习财产清查结果的会计处理。

二、资料：大众公司某年 12 月份进行财产清查。

(1) 清查中发现账外机器一台，估计重置价值为 12 000 元，新旧程度为六成新。

(2) 材料清查结果如下：

材料名称	计量单位	单价(元)	实际结存		账面结存		盘盈		盘亏		备注
			数量	金额	数量	金额	数量	金额	数量	金额	
甲	千克	6	1 000	6 000	1 100	6600			100	600	定额内自然损耗
乙	吨	400	3	1 200	2	800	1	400			计量不准溢余
丙	只	60	245	14 700	250	15 000			5	300	管理不善丢失
合计	—	—	—		—		—	400	—	900	

(3) 上述各项盘盈、盘亏物资报请有关部门批准后作如下处理：

① 账外机器作为“以前年度损溢调整”处理；

② 材料收发计量上的差错(不论盘盈、盘亏)和定额内自然损耗，均通过“管理费用”列支；

③ 管理人员失职造成的材料损失，责成过失人赔偿。

(4) 公司“应收账款”的账面数，其中：查明新华厂的欠款 25 000 元长达 5 年未还，该厂已撤销，公司无法收回拖欠款。报经批准列作坏账失处理。(该公司是提取坏账准备的单位)。

三、要求：

(1) 根据上述清查结果，编制审批前的会计分录。

(2) 根据批准处理后的意见，编制审批后的会计分录。

(3) 登记“待处理财产损溢”账户。

第八章

账户的分类

内容提要

本章主要阐述了按账户的经济内容以及按账户的用途及结构对会计账户进行分类的问题。学习要点包括：账户按经济内容的分类以及每一类账户的核算内容和具体的构成；账户按用途和结构的分类以及每一类账户的含义、构成及特点。通过学习，要求了解会计账户的共性及其内在联系，理解各个账户在账户体系中的作用，掌握各类账户的特点、含义、性质、内容和结构，以更好地理解、设置和熟练运用账户。

为了全面核算企业生产经营过程，我们设置了一系列的会计账户。通过账户的记录，可以核算与监督会计对象的具体内容，获得企业经营管理所需的各种核算资料。每个账户之间不是彼此孤立的，而是相互联系的，它们共同组成了一个完整的账户体系。为了更好地掌握账户的设置和运用，认识每个账户在整个账户体系中地位和作用，我们必须对所设置的账户进行合理的分类。

会计账户可以采用不同的标准分类，通常采用的分类标准有两个：一是按账户的经济内容分类；二是按账户的用途和结构分类。

第一节　账户按经济内容分类

账户的经济内容是指账户所核算和监督的会计对象的具体内容，这是最基本的分类方法。在我国的企业会计准则中，账户按其所反映的经济内容可分为“资产类”“负债类”“共同类”“所有者权益”“成本类”和“损溢类”六大类。在每类账户中设立若干具体账户，从而构成了一个完整的账户体系。这种分类便于明确每个账户核算和监督的具体内容，区分每个账户的经济性质，了解账户提供会计信息的规律性。

账户按经济内容分类见图 8-1。

一、资产类账户

资产类账户是用于反映企业资产的增减变动及其结存情况的账户。资产类账户按资产的流动性，可为分为反映流动资产的账户和反映非流动资产的账户。

(1) 反映流动资产的账户主要有“库存现金”“银行存款”“应收账款”“原材料”“库存商品”等账户。

(2) 反映非流动资产的账户主要有“长期股权投资”“固定资产”“无形资产”“长期待摊费用”等账户。

这类账户的特点是一般都有余额，且余额一般在借方。

- 账户
  - 资产类账户
    - 流动资产类
      - 库存现金
      - 银行存款
      - 应收账款
      - 原材料
      - 库存商品
    - 非流动资产类
      - 长期股权投资
      - 固定资产
      - 无形资产
      - 长期待摊费用
  - 负债类账户
    - 流动负债
      - 短期借款
      - 应付职工薪酬
      - 应付账款
      - 应付税费
      - 应付股利
      - 其他应付款
    - 长期负债
      - 长期借款
      - 应付债券
      - 长期应付款
  - 共同类账户
    - 货币兑换
    - 套期工具
    - 衍生工具
    - 清算资金往来
  - 所有者权益类账户
    - 实收资本
    - 资本公积
    - 盈余公积
    - 本年利润
    - 利润分配
  - 成本类账户
    - 生产成本
    - 制造费用
    - 劳务成本
  - 损益类账户
    - 主营业务收入
    - 其他业务收入
    - 投资收益
    - 营业外收入
    - 主营业务成本
    - 其他业务成本
    - 销售费用
    - 管理费用
    - 财务费用
    - 营业外支出
    - 税金及其附加

图 8-1　按经济内容分类的账户

二、负债类账户

负债类账户是用来反映企业债务的增减变动及其结存情况的账户。负债类账户按负债偿还期限的长短分为反映流动负债的账户和反映长期负债的账户。

(1) 反映流动负债的账户主要有“短期借款”“应付账款”“应付职工薪酬”“应付股利”“其他应付款”“应交税费”等账户。

(2) 反映长期负债的账户主要有“长期借款”“应付债券”“长期应付款”等账户。

这类账户的特点是一般都有余额，且余额一般在贷方。

三、共同类账户

共同类账户是用来反映企业(金融企业)经营过程中资金往来、货币兑换和衍生金融工具资金变化情况的账户，主要有“清算资金往来”“货币兑换”“衍生工具”和“套期工具”等账户。

这类账户期末余额可能在借方，也可能在贷方。要根据余额方向判断账户性质。

四、所有者权益类账户

所有者权益类账户是用来反映企业所有者权益的增减变动及其结存情况的账户。所有者权益账户按所有者权益在企业产生和形成的原因分为反映所有者原始投资的账户、反映经营积累的账户以及核算所有者权益其他来源的账户。

(1) 反映所有者投入资本的账户主要有“实收资本”或“股本”账户。

(2) 反映经营积累的账户主要有“盈余公积”“利润分配”“本年利润”账户。

(3) 反映所有者权益其他来源的账户主要有“资本公积”账户。

这类账户的特点是一般都有余额，且余额一般在贷方。

五、成本类账户

成本类账户是用来反映企业生产经营过程中各成本计算对象的费用归集、成本计算情况的账户，主要有“生产成本”“制造费用”“劳务成本”等账户。

这类账户如果有余额，一般在借方，表示尚未完成工艺过程的成本计算对象的实际成本。

六、损溢类账户

损溢类账户是指那些核算内容与损溢的计算确定直接相关的账户，可分为反映企业收入的账户和反映企业费用的账户。

(1) 反映企业收入的账户主要包括“主营业务收入”“其他业务收入”“营业外收入”等账户。

(2) 反映企业费用类的账户主要包括“主营业务成本”“其他业务成本”“营业外支出”“管理费用”“财务费用”“销售费用”“税金及附加”等账户。

这类账户的特点是一般期末无余额。

第二节　账户按用途和结构分类

账户的用途是指通过账户的记录能提供什么核算指标，也就是设置和运用账户的目的。账户的结构是指在账户中如何提供核算资料，即账户的借方、贷方各登记什么，怎样登记以及余额反映什么内容。以制造业为例，账户按用途和结构可分为盘存账户、结算账户、资本账户、跨期摊销账户、集合分配账户、成本计算账户、集合配比账户、财务成果账户和调整账户共九类。

下面分别说明各类账户的用途、结构和特点。

一、盘存账户

盘存账户是用来核算和监督可以用盘存方法进行清查的各种货币资金和财产物资增减变动及其实有数额的账户。

这类账户的结构特点是：借方登记各项货币资金和实物资产的增加数，贷方登记各项货币资金和实物资产的减少数，其余额在借方，表示各项货币资金和实物资产的期末实有数。盘存账户的结构见图 8-2。

盘存账户

借方	贷方
期初余额：货币资金或财产物资的期初存数 发生额：本期货币资金或财产物资的增加数	发生额：本期货币资金和财产物资减少数
期末余额：货币资金和财产物资的期末结存数	

图 8-2　盘存账户的结构

属于盘存账户的有“库存现金”“银行存款”“固定资产”“原材料”“库存商品”等账户。

二、结算账户

结算账户是用来核算和监督企业与其他单位或个人以及企业内部各单位之间债权、债务结算关系的账户。按照账户的具体用途和结构，结算账户可分为债权结算账户、债务结算账户和债权债务结算账户共三类。

1. 债权结算账户

债权结算账户是用来核算企业与各个债务人之间的债权结算业务的账户。

这类账户的结构特点是：借方登记各项债权的增加数，贷方登记各项债权的减少数，其余额在借方，表示债权的期末实有数。债权结算账户的结构见图 8-3。

属于债权结算账户的有“应收账款”“预付账款”“其他应收款”等账户。

债权结算账户

借方	贷方
期初余额：债权的实有数 发生额：本期债权的增加数	发生额：本期债权的减少数
期末余额：债权的期末实有数	

图 8-3 债权结算账户的结构

2. 债务结算账户

债务结算账户是用来核算企业与各个债权人之间的债务结算业务的账户。

这类账户的结构特点是：贷方登记各项债务的增加数，借方登记各项债务的减少数，其余额在贷方，表示债务的期末实有数。债务结算账户的结构见图 8-4。

属于债务结算账户的有“应付账款”“预收账款”“其他应付款”“短期借款”“应付职工薪酬”“应交税费”等账户。

债务结算账户

借方	贷方
发生额：本期债务的减少数	期初余额：债务的实有数 发生额：本期债务的增加数
	期末余额：债务的期末实有数

图 8-4 债务结算账户的结构

3. 债权债务结算账户

债权债务结算账户是用来核算企业与其他单位或个人以及企业内部之间的往来结算业务的账户。

这类账户的结构特点是：借方登记债权的增加或债务的减少，贷方登记债权的减少或债务的增加，其余额在借方的是企业的债权，余额在贷方的是企业的债务。

债权债务结算账户的结构见图 8-5。

债权债务结算账户

借方	贷方
期初余额：期初债权大于债务的差额 发生额：本期债权的增加数/本期债务的减少数	期初余额：期初债务大于债权的差额 发生额：本期债权的减少数/本期债务的增加数
期末余额：期末债权大于债务的差额	期末余额：期末债务的增加数

图 8-5 债权债务结算账户的结构

有的企业为了简化手续，设置了“内部往来”“其他往来”等债权债务重性的账户，这些账户就属于债权债务结算账户。

在实际工作中，预收账款不多的企业，可以不设“预收账款”账户，把收到的款项直接记入“应收账款”的贷方，在这种情况下的“应收账款”账户就是一个债权债务账户。同样，企业也可以不设“预付账款”账户，把预付的款项直接记入“应付账款”的借方，这种情况下的“应付账款”账户也成了一个债权债务账户。

三、资本账户

资本账户是用来核算和监督企业所有者投资的增减变动及其结存情况的账户。

这类账户的结构特点是：贷方登记所有者权益的增加数，借方登记所有者权益的减少数，其余额在贷方，表示所有者权益的期末实有数。资本账户的结构见图 8-6。

属于资本账户的有“实收资本”“资本公积”“盈余公积”“利润分配”等账户。

资本账户

借方	贷方
发生额：本期所有者权益的减少数	期初余额：期初所有者权益的实有数 发生额：本期所有者权益的增加数
	期末余额：所有者权益的期末实有数

图 8-6　资本账户的结构

四、跨期摊销账户

跨期摊销账户是用来核算和监督由几个会计期间共同负担的费用，并将这些费用在各个成本计算期进行分摊的账户。设置跨期摊销账户的目的是按照权责发生制原则，严格划分费用的受益期限，以正确计算各个会计期间的损溢。

跨期摊销账户有“长期待摊费用”账户，用来核算企业已经支出但应由本期和以后各期分别承担的费用账户。该账户的借方登记费用的实际发生数或支出数，贷方登记各个会计期间的摊销数，期末余额在借方，表示尚未摊销的长期待摊费用数额。

长期待摊费用账户的结构见图 8-7。

长期待摊费用账户

借方	贷方
期初余额：期初已付款但未摊配的待摊费用的数额 发生额：本期支出的数额	发生额：本期分摊的数额
期末余额：期末尚未分摊的数额	

图 8-7　长期待摊费用账户的结构

五、集合分配账户

集合分配账户是用来汇集和分配生产经营过程某个阶段所发生的有关生产费用，借以核算和监督有关生产费用的发生及分配情况的账户。

这类账户的结构特点是：借方登记费用的发生额，贷方登记费用的分配数，期末一般没有余额。集合分配账户的结构见图 8-8。

集合分配账户

借方	贷方
发生额：本期某种费用的发生额	发生额：分配到各成本计算对象的数额

图 8-8　集合分配账户的结构

属于集合分配账户的有“制造费用”账户。

六、成本计算账户

成本计算账户是用来核算生产经营过程中某一阶段所发生的全部费用，并据以确定各个成本计算对象实际成本的账户。

这类账户的结构是：借方登记某个阶段所发生的应计成本的全部费用，贷方登记结转已完成某个阶段的成本计算对象的实际成本，期末如有余额，则在借方，表示尚未完成某个阶段的成本计算对象的实际成本。成本计算账户的结构见图 8-9。

成本计算账户

借方	贷方
期初余额：期初尚未完成某个阶段的成本计算对象的实际成本 发生额：归集某个阶段所发生的全部费用数额	发生额：结转已经完成某一阶段的成本计算对象的实际成本
期末余额：期末尚未完成某个阶段的成本计算对象的实际成本	

图 8-9 成本计算账户的结构

属于成本计算账户的有“生产成本”“材料采购”和“在建工程”等账户。“生产成本”账户是计算生产阶段各成本计算对象实际成本的账户；“材料采购”账户是计算采购阶段各成本计算对象实际成本的账户；“在建工程”账户是计算固定资产购建阶段各成本计算对象实际成本的账户。

七、集合配比账户

集合配比账户是用来汇集经营过程中所取得的收入和发生的成本、费用和营业外收支，并据此计算确定本期损溢的账户。集合配比账户又可分为以下两类：

1. 收入账户

收入账户是用来核算企业在一定时期内所取得的各种收入或收益的账户。这类账户的结构特点是：贷方登记取得的收入或收益，借方登记收入或收益的冲减数以及期末转入“本年利润”账户的收入或收益数。结转后期末没有余额。收入账户的结构见图 8-10。

收入账户

借方	贷方
发生额：本期收入的冲减数或期末转入“本年利润”账户的收入数	发生额：本期取得的收入数

图 8-10 收入账户的结构

属于收入类账户的有“主营业务收入”“营业外收入”“其他业务收入”和“投资收益”等账户。

2．费用账户

费用账户是用来核算企业在一定时期内所发生的应计入当期损溢的各项费用、成本和支出的账户。这类账户的结构特点是：借方登记发生的各项费用支出数，贷方登记费用支出的冲减数以及期末转入“本年利润”账户的费用支出数。结转后期末没有余额。费用账户的结构见图 8-11。

费用账户

借方	贷方
发生额：本期发生的各项费用支出	发生额：本期费用支出的冲减数或期末转入“本年利润”账户的费用支出数

图 8-11　费用账户的结构

属于费用类账户的有“主营业务成本”“营业外支出”“其他业务成本”“管理费用”“财务费用”和“销售费用”等账户。

八、财务成果计算账户

财务成果计算账户是用来核算和监督企业在一定时期内全部生产经营活动的最终成果，并确定企业利润或亏损数额的账户。这类账户的结构特点是：贷方登记一定时期内的主营业务收入、其他业务收入和营业外收入的数额，借方登记一定时期内的主营业务成本、期间费用、其他业务成本、税金及附加、营业外支出和所得税费用等数额。期末(1～11 月)如为贷方余额，表示实现的利润，如为借方利润，表示发生的亏损。年末将实现的净利润或发生的亏损转入“利润分配”账户，结转后没有余额。财务成果计算账户的结构见图 8-12。

属于财务成果计算账户的有“本年利润”账户。

财务成果计算账户

借方	贷方
发生额：计算期的主营业务成本、期间费用、其他业务成本、税金及附加、营业外支出和所得税费用的转入数额 本期借方余额(1～11月)发生的亏损数	发生额：计算期的主营业收入、其他业务收入、营业外收入的转入的转入数额 本期贷方余额：(1～11月)实现的利润数
年末无余额	年末无余额

图 8-12　账务成果计算账户的结构

九、调整账户

调整账户是用来调整某个账户的金额，以确定被调整账户所反映的具体会计对象实际数额的账户。在会计核算中，由于管理上的需要或其他原因，对于某些资产或负债，有的需要用两种不同的数字，开设两个账户来进行记录反映。其中一个账户反映资产、负债的原始数字的账户称为被调整账户；另一个账户用来记录对原始数字的调整数字的账户称为调整账户。将原始数字与调整数字相加或相减，就可以得出某项指标的现有实存数字。这两个账户的配合，即能全面、完整地反映同一个会计对象，又能满足管理上对不同指标的需要。

调整账户按其调整方式的不同，可以分为备抵账户、附加账户和备抵附加账户三种。

(一) 备抵账户

备抵账户是用来抵减被调整账户的余额以求得被调整账户实际余额的账户。这类账户的特点是调整账户与被调整账户的性质是相反的，两个账户的余额方向也是相反的。调整账户须依赖于被调整账户而存在；调整账户与被调整账户核算的经济内容相同，被调整账户反映的是原始数据，调整账户反映的是调整数额。

两者的关系可用公式表示如下：

被调整账户的余额 − 备抵调整账户的余额 = 被调整账户的实际余额

例如："累计折旧"账户是"固定资产"账户的备抵账户。"固定资产"账户借方余额反映的是企业固定资产的原始价值，固定资产价值减少不直接记入"固定资产"账户的贷方，而是另设一个账户"累计折旧"，将提取的折旧记入"累计折旧"的贷方，用以反映固定资产由于使用后损耗而引起的价值减少。固定资产的净值就是将"固定资产"账户的借方余额减去"累计折旧"账户的贷方余额。即

固定资产净值 = 固定资产原值(借方余额) − 累计折旧金额(贷方余额)

同样，"坏账准备"账户是"应收账款"账户的备抵账户。

资产备抵账户与被调整账户的关系见图 8-13。

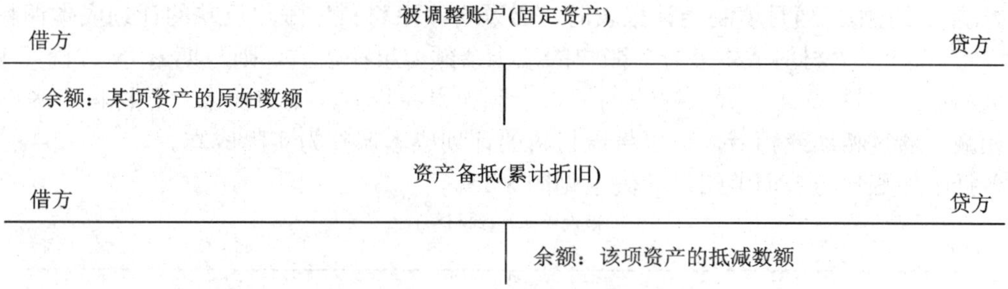

图 8-13　资产备抵账与被调整账户的关系

例如，期末"固定资产"账户为借方余额 100 万元，"累计折旧"账户的贷方余额为 30 万元，则固定资产的净值(实有数额)为 100 − 30 = 70(万元)。

(二) 附加账户

附加账户是用来增加被调整账户的余额以求得被调整账户实际余额的账户。这类账户的特点是调整账户与被调整账户的性质是相同的，两个账户的余额方向也是相同的。调整账户须依赖于被调整账户而存在；调整账户与被调整账户核算的经济内容相同，被调整账户反映的是原始数据，调整账户反映的是调整数额。

附加账户与被调整账户的关系见图 8-14。

两者的关系可用公式表示如下：

被调整账户的余额 + 附加调整账户的余额 = 被调整账户的实际余额

被调整账户

借方	贷方
余额：该项资产的原始数额	余额：该项负债的原始数额

调整账户

借方	贷方
余额：该项资产的增加数额	余额：该项负债的增加数额

图 8-14　附加账户与被调整账户的关系

(三) 备抵附加账户

备抵附加账户是同时具备备抵和附加两种调整职能的账户。这类账户的特点是当调整账户与被调整账户的余额方向相同的时候，调整账户是被调整账户的附加账户；当调整账户与被调整账户的余额方向相反的时候，调整账户是被调整账户的备抵账户。

例如：在制造企业里“材料成本差异”账户是“原材料”的备抵附加账户。如果企业的材料核算采用计划成本方式，就必须设置“材料采购”“原材料”“材料成本差异”三个账户，分别计算材料的实际采购成本和计划成本以及实际成本与计划成本之间的差异额。企业购入材料物资时，按实际采购成本记入“材料采购”账户的借方，当材料物资入库时，从“材料采购”账户的贷方按计划成本转入“原材料”账户的借方。此时，“材料采购”账户的借贷方就有一个差异，将物资采购实际成本大于计划成本的差额登记在“材料成本差异”的借方(超支额)，将物资采购实际成本小于计划成本的差额登记在“材料成本差异”的贷方(超节约额)。当月填制会计报表时，必须将“原材料”账户反映的计划成本调整为实际成本。这时，“材料成本差异”账户的期末余额如果在借方，则与期末“原材料”账户的数额相加；“材料成本差异”账户的期末余额如果在贷方，则与期末“原材料”账户的数额相减，通过相加或相减，可以将原材料的计划成本调整为实际成本。

备抵附加账户与被调整账户的关系见图 8-15。

被调整账户(原材料)

借方	贷方
余额：该项资产的原始数额	

调整账户(材料成本差异)

借方	贷方
余额：该项资产的增加数额	余额：该项资产的抵减数额

图 8-15　备抵附加账户与被调整账户的关系

两者的关系可用公式表示如下：

$$被调整账户的余额 \pm 备抵附加调整账户的余额 = 被调整账户的实际余额$$

例如，期末“原材料”账户为借方余额(计划成本)200 万元，“材料成本差异”账户为借方余额为 5 万元，则原材料的实际成本为 200 + 5 = 205(万元)；期末“原材料”账户为借方余额(计划成本)200 万元，“材料成本差异”账户为贷方余额为 5 万元，则原材料的实际成本为 200 − 5 = 195(万元)。

账户按用途和结构分类情况如图 8-16 所示。

- 账户
  - 盘存账户
    - 库存现金
    - 银行存款
    - 其他货币资金
    - 原材料
    - 库存商品
    - 固定资产
  - 盘存账户
    - 债权结算账户
      - 应收账款
      - 预付账款
      - 其他应收款
    - 债务结算账户
      - 应付账款
      - 其他应付款
      - 预收账款
      - 短期借款
      - 应付职工薪酬
      - 应交税费
  - 资本账户
    - 实收资本
    - 资本公积
    - 盈余公积
    - 利润分配
  - 跨期摊销账户——长期待摊费用
  - 集合分配账户——制造费用
  - 成本计算账户
    - 材料采购
    - 生产成本
    - 在建工程
  - 集合配比账户
    - 收入类账户
      - 主营业务收入
      - 其他业务收入
      - 营业外收入
      - 投资收益
    - 费用类账户
      - 主营业务成本
      - 其他业务成本
      - 销售费用
      - 管理费用
      - 财务费用
      - 营业外支出
  - 财务成果账户——本年利润
  - 调整账户
    - 备抵调整帐户
      - 坏账准备
      - 累计折旧
    - 附加调整账户
    - 备抵附加调整账户——材料成本差异

图 8-16 按用途和结构分类的账户

本章小结

建立账户体系的标准主要有两个：一个是按账户的经济内容分类；二是按账户的用途和结构分类。账户按经济内容分类是最基本的分类方法，它是建立账户体系的基础。账户按经济内容可分为资产类、负债类、共同类、所有者权益类、成本类和损溢类六大类，同时在每大类中设置若干具体账户，构成了一个完整的账户体系。

账户的用途是指设置和运用账户的目的。账户的结构是指在账户中如何提供核算资料，即账户的借方、贷方各登记什么，怎样登记以及余额反映什么内容。账户按用途和结构分类可分为盘存账户、结算账户、资本账户、跨期摊销账户、集合分配账户、成本计算账户、集合配比账户、财务成果账户和调整账户九大类。根据用途和结构建立的账户体系，能使我们了解各账户的用途和结构，以便更好地掌握、理解和运用账户。

思考题

1．什么是账户的经济内容？账户按经济内容可分为哪几类？
2．账户按用途和结构分类，可分为哪几类？
3．什么是盘存账户？它的内容、结构和特点是什么？
4．试述集合分配账户的用途和结构。
5．试述跨期摊销账户的概念、用途、结构及内容。
6．调整账户分为哪几类？它们的结构和用途是什么？
7．什么是备抵账户？举例说明备抵账户与被调整账户的关系。

第九章

财务会计报告

内容提要

企业通过日常的会计核算工作所形成的账簿记录虽然分类，系统但却独立分散，不能集中反映该会计期间的财务状况和经营成果的全貌。所以，有必要根据账簿记录、编制会计报表、并辅以注释说明，补充揭示会计报表中无法反映的重要信息，满足信息使用者的需求。本章主要在讲述财务会计报告的意义、种类、基本内容以及财务会计报告编制要求的基础上，结合业务实例讲解财务会计报告的主要构成部分——会计报表的编制。要求重点掌握资产负债表的概念、基本内容、编制方法；利润表的概念、基本内容、编制方法；了解现金流量表的含义、内容。

第一节　财务会计报告概述

一、财务会计报告的定义及种类

财务会计报告是指企业对外提供的综合反映企业在某一特定日期的财务状况和某一会计期间的经营成果和现金流量等会计信息的文件。主要由会计报表、会计报表附注和财务情况说明书组成。

会计报表是以统一的货币计量单位，运用表格形式，依据审核无误的账簿记录及其他有关资料，总括地反映会计主体经济活动、财务收支及财务成果的报告文件。企业通过日常的会计核算工作，将经济业务分类、系统地登入账簿，借以反映经济活动情况和实行会计监督。但账簿记录独立分散，不能集中反映该会计期间的财务状况和经营成果的全貌。所以，有必要根据账簿记录，编制会计报表，并辅以注释说明，补充揭示会计报表中无法反映的重要信息，满足信息使用者的需求。

会计报表是对企业财务状况、经营成果和现金流量的结构性表述，至少应当包括资产负债表、利润表、现金流量表、所有者权益(或股东权益)变动表等会计报表主表。小企业编制的会计报表可以不包括现金流量表。

会计报表附注是财务会计报告不可缺少的组成部分，是对在资产负债表、利润表、现金流量表和所有者权益变动表等报表中列示项目的文字描述或明细资料，以及未能在这些报表中列示项目的说明等。会计报表附注应当披露财务报表的编制基础，相关信息应当与资产负债表、利润表、现金流量表和所有者权益等报表中列示的项目相互参照。附注一般应当按照下列顺序披露：财务报表的编制基础、遵循企业会计准则的声明、重要会计政策的说明、重要会计估计的说明、会计政策和会计估计变更以及差错更正的说明等。

会计报表、附注虽然已经反映了财务状况、经营成果的主要信息，但是还有一些会计或其他经济信息是会计报表及其附注中所无法揭示的，而这些信息对会计报表的用户来说或许可以帮助他们更全面地了解报表单位，对其经营成果与财务状况作出更恰当的评价。因而在财务会计报告体系中，有必要对会计报表进行分析、说明、解释、评价，对未来作出估计、判断、预测等。涵盖这些内容的书面文件，我们将其称为财务情况说明书。

总之，财务会计报告是提供会计资料的重要手段，是会计核算体系中一个非常重要的组成部分，是会计核算的最后环节。

二、会计报表的分类

会计报表可以按照不同的标准进行分类。

(一) 会计报表按反映的经济内容分类

会计报表按其反映经济内容的不同，分为财务状况报表和经营成果报表。

财务状况报表是反映会计主体在一定日期的财务状况和一定期间财务状况变动情况的会计报表。主要有资产负债表、现金流量表和所有者权益变动表等。

经营成果报表是反映单位在一定时期内的收入实现、成本耗费和利润形成及其分配等情况的会计报表。主要有利润表。

(二) 会计报表按编制时间分类

会计报表按编制时间，可以分为月度、季度、半年度和年度报表。其中：月度、季度、半年度均称为会计中期。月度报表主要包括资产负债表和利润表。

(三) 会计报表按编制单位和编报范围分类

会计报表按编制单位和编报范围的不同可分为基层会计报表和汇总会计报表。基层会计报表是由实行独立核算的基层单位编制的会计报表。汇总会计报表是根据上级主管部门所属单位的基层会计报表和本部门的会计报表资料汇总编制的会计报表。汇总会计报表通常按行政隶属关系逐级汇总，从纵向上反映某一部门、行业和地区的总括情况。

(四) 会计报表按母、子公司之间的关系分类

会计报表按母、子公司之间的关系可以分为个别会计报表和合并会计报表。

个别会计报表是由单位编制的单独反映本单位自身经营成果、财务状况及其变动情况的会计报表；合并会计报表是由企业集团对其他单位拥有控制权的母公司编制的综合反映企业集团整体经营成果、财务状况及其变动情况的会计报表。合并会计报表是按投资关系进行编制的，从横向上综合反映企业集团整体经营成果、财务状况及其变动情况，如合并资产负债表、合并利润表、合并现金流量表等。

(五) 会计报表按报送对象分类

会计报表按报送对象进行分类可分为外部会计报表和内部会计报表。

外部会计报表是单位按照企业会计准则的规定编制的，报送上级主管部门和其他政府

管理部门以及单位的债权人和使用本单位相关资料的外部信息需求者的会计报表。内部会计报表是单位根据自身需要编制的，提供本单位内部使用的会计报表。它没有统一的格式和统一的指标体系，不对外公开，如各种成本报表、费用报表等。

(六) 会计报表按其所反映的资金运动状况分类

会计报表按其所反映的资金运动状况可以分为静态报表和动态报表。

静态报表是反映单位一定时日的财务状况的会计报表。如资产负债表。

动态报表是反映单位在一定期间的经营成果或财务状况变动情况会计报表。如利润表和现金流量表。

三、财务会计报告的编制要求

编制财务会计报告的基本目的，是向会计信息使用者提供有关财务方面的信息资料，保证财务报告提供的信息能够及时、准确、完整、清晰地反映会计主体的财务状况和经营成果。为了充分发挥会计信息的作用，确保信息质量，各会计主体单位必须按照一定的程序、方法和要求，编制合法、真实和公允的财务会计报告。具体编制要求有：

(一) 数字真实

财务会计报告是一个信息系统，要求各项数字真实准确，以客观地反映企业的财务状况、经营成果和现金流量。编制财务会计报告时，不得匡计数据，更不得弄虚作假，隐瞒谎报数据。

(二) 内容完整

财务会计报告必须全面反映企业的财务状况、经营成果和现金流量，各财务会计报告之间，财务会计报告的各项指标之间是相互联系、互为补充的，因此必须按照制度规定的种类、格式和内容填报，不得漏编、漏报。

(三) 计算准确

财务会计报告必须在账账相符、账实相符的基础上编制，并对报告中的各项指标要认真地计算，做到账表相符，以保证会计信息的准确性。

(四) 报送及时

财务会计报告必须在规定的期限内及时报送，使各有关方面及时了解企业的财务状况、经营成果和现金流量，以保证会计信息的使用者进行决策的时效性。

第二节 资产负债表

一、资产负债表及其内容和结构

(一) 资产负债表的概念

资产负债表是反映企业某一特定日期财务状况的会计报表，它是根据资产、负债和所有者权益(或股东权益，下同)之间的相互关系，按照一定的分类标准和一定的顺序，把企业一定日期的资产、负债和所有者权益各项目予以适当排列，并对日常工作中形成的大量数据进行高度浓缩整理后编制而成的。资产负债表是根据“资产=负债 + 所有者权益”的会计基本等式编制而成的，是一张静态报表，一般要求按月、按季、按半年、按年度编制。

(二) 资产负债表的内容

资产负债表是指反映企业在某一特定日期财务状况的会计报表。它反映企业在某一特定日期所拥有或控制的经济资源、所承担的现有义务和所有者对净资产的要求权。通过资产负债表可以提供某一日期资产的总额及其结构，表明企业拥有或控制的资源及其分布情况；可以提供某一特定日期的负债总额及其结构，表面企业未来需要多少资产或劳务清偿债务以及清偿时间；可以反映所有者所拥有的权益，据以判断资本保值、增值的情况以及对负债的保障程度。此外，资产负债表还可以提供进行财务分析的基本资料，如将负债总额和资产总额进行比较，计算出负债率，可以表明企业的偿债能力等。

资产负债表中，资产按其流动性(变现能力)排列，包括流动资产和非流动资产。其中流动资产有货币资金、交易性金融资产、应收账款、预付账款、其他应收款、存货等构成；非流动资产有可供出售金融资产、持有至到期投资、长期股权投资、固定资产、在建工程、工程物资、无形资产等构成。负债按偿还期的长短和先后排列，具体包括流动负债和长期负债。其中流动负债由短期借款、应付账款、预收账款、应付职工薪酬等构成；长期负债由长期借款、应付债券、长期应付款等构成。所有者权益依据净资产的不同来源和特定用途分为实收资本、资本公积、盈余公积和未分配利润。

(三) 资产负债表的结构

目前，国际上的资产负债表编制结构主要有账户式和报告式两种。我国资产负债表采用账户式结构。账户式资产负债表分为左方和右方，左方列示资产各项目，反映全部资产的分布及存在形态；右方列示负债和所有者权益各项目，反映全部负债和所有者权益的内容及构成情况。资产各项目的合计等于负债和所有者权益各项目的合计，即“资产 = 负债 + 所有者权益”。通过账户式资产负债表，反映资产、负债和所有者权益之间的内在关系，并达到资产负债表左方和右方平衡。同时，为了使使用者通过比较不同时点资产负债表的数据，掌握企业财务状况的变动情况及发展趋势，企业需要提供比较资产负债表，即列示各项目的年初数和期末数。我国资产负债表的基本格式，如表 9-2 所示。

二、资产负债表的编制方法

(一) 资产负债表编制的常用方法

会计报表的编制，主要是通过对日常会计核算记录的数据加以归集、整理，使之成为有用的财务信息。我国企业资产负债表各项数据，主要来源于实账户(资产类、负债类、所有者权益类)的期末余额，并主要通过以下几种方式取得：

(1) 根据总账科目余额直接填列。资产负债表各项目的数据来源，主要是根据总账科目期末余额直接填列，如“应付票据”项目、“短期借款”项目等。

(2) 根据总账科目余额计算填列。资产负债表某些项目需要根据若干个总账科目的期末余额计算填列，如“货币资金”项目，根据“库存现金”“银行存款”“其他货币资金”科目的期末借方余额的合计数填列。

(3) 根据明细科目余额计算填列。资产负债表某些项目不能根据总账科目的期末余额，或若干个总账科目的期末余额计算填列，需要根据有关科目所属的相关明细科目的期末余额计算填列，如“应付账款”项目，根据“应付账款”“预付账款”科目的所属相关明细科目的期末贷方余额计算填列。

(4) 根据总账科目和明细科目余额分析计算填列。资产负债表某些项目不能根据总账科目期末余额直接或计算填列，也不能根据明细账科目期末余额计算填列，而是需要根据总账科目及其所属明细科目期末余额分析计算填列。如：“长期借款”科目，应根据“长期借款”总账科目余额扣除“长期借款”科目所属的明细科目中反映的将于一年内到期的长期借款部分分析计算填列。

(5) 根据有关科目余额减去其备抵科目余额后的净额填列。如“长期股权投资”项目，应根据“长期股权投资”科目的期末余额减去具“长期股权投资减值准备”备抵科目余额后的净额填列。又如“固定资产”项目，按照“固定资产”科目的期末余额减去“累计折旧”、“固定资产减值准备”科目余额后的净额填列，以反映固定资产的期末可收回金额。

(6) 综合运用上述填列方法分析填列。如“存货”项目，应根据“在途物资”“原材料”“库存商品”“委托加工物资”“生产成本”等科目的期末余额合计，再减去“存货跌价准备“科目期末余额后的金额填列。

(二) 资产负债表具体项目的编制

由于资产负债表反映企业一定日期全部资产、负债和所有者权益的情况，因此该表数据设有两栏：年初数和期末数。

本表“年初数”栏内各项数字，应根据上年末资产负债表“期末数”栏内所列数字填列。如果本年度资产负债表规定的各个项目的名称和内容同上年度不相一致，应对上年年末资产负债表各项目的名称和数字按照本年度的规定进行调整，填入本表“年初数”栏内。

本表“期末数”各项目的内容和填列方法：

(1) “货币资金”项目，反映企业库存现金、银行结算户存款、外埠存款、银行汇票存款、银行本票存款、信用卡存款、信用证保证金存款等的合计数。本项目应根据“库存现金”“银行存款”“其他货币资金”科目的期末余额合计填列。

(2) “交易性金融资产”项目，反映企业持有的以公允价值计量且其变动计入当期损溢的为交易目的所持有的债券投资、股票投资、基金投资等金融资产。本项目应根据“交易性金融资产”科目的期末余额填列。

(3) “应收票据”项目，反映企业收到的未到期收款也未向银行贴现的应收票据，包括商业承兑汇票和银行承兑汇票。本项目应根据“应收票据”科目的期末余额，减去“坏账准备”科目中有关应收票据计提的坏账准备期末余额后的金额填列。已向银行贴现和已背书转让的应收票据不包括在本项目内，其中已贴现的商业承兑汇票应在会计报表附注中单独披露。

(4) “应收账款”项目，反映企业因销售商品、产品和提供劳务等而应向购买单位收取的各种款项，减去已计提的坏账准备后的净额。本项目应根据“应收账款”科目所属各明细科目的期末借方余额和“预收账款”所属明细账的期末借方余额合计，减去“坏账准备”

科目中有关应收账款计提的坏账准备期末余额后的金额填列。目前，对于已经执行新金融准则和新收入准则的企业设置了“应收票据及应收账款”项目，具体内容将在专业会计中进一步学习。

如“应收账款”科目所属明细科目期末有贷方余额，应在本表“预收账款”项目内填列。

(5)“预付款项”项目，反映企业预付给供应单位的款项。本项目应根据“预付账款”科目所属各明细科目的期末借方余额和“应付账款”科目所属各明细科目的期末借方余额合计填列。如“预付账款”科目所属有关明细科目期末有贷方余额的，应在本表“应付账款”项目内填列。

(6)“应收利息”项目，反映企业因债权投资而应收取的利息。企业购入到期一次还本付息债券应收的利息，不包括在本项目内。本项目应根据“应收利息”科目的期末余额填列。

(7)“应收股利”项目，反映企业因股权投资而应收取的现金股利和企业应收其他单位分配的利润。本项目应根据“应收股利”科目的期末余额填列。

(8)“其他应收款”项目，反映企业对其他单位和个人的应收和暂付的款项，减去已计提的坏账准备后的净额。本项目应根据“其他应收款”科目的期末余额，减去“坏账准备”科目中有关其他应收款计提的坏账准备期末余额后的金额填列。

(9)“存货”项目，反映企业期末在库、在途和在加工中的各项存货的可变现净值，包括各种材料、商品、在产品、半成品、包装物、低值易耗品、分期收款发出商品、委托代销商品、受托代销商品等。本项目应根据“材料采购”“在途物资”“原材料”“低值易耗品”“生产成本”“库存商品”“包装物”“分期收款发出商品”“委托加工物资”“委托代销商品”“受托代销商品”等科目的期末余额合计，减去“受托代销商品款”“存货跌价准备”科目期末余额后的金额填列。材料采用计划成本核算，以及库存商品采用计划成本或售价核算的企业，还应按加或减材料成本差异、商品进销差价后的金额填列。

(10)“一年内到期的非流动资产”项目，反映企业核算的非流动资产在资产负债表日应作为流动资产反映的项目。本项目根据相关的非流动资产科目期末余额分析填列。

(11)“其他流动资产”项目，反映企业除以上流动资产项目外的其他流动资产，本项目应根据有关科目的期末余额填列。如其他流动资产价值较大的，应在会计报表附注中披露其内容和金额。

(12)“流动资产合计”项目，反映企业所有流动资产的总额，应根据上述各流动资产项目的合计数填列。

(13)“债权投资”项目，反映资产负债表日企业以摊余成本计量的长期债权投资的期末账面价值。本项目根据“债权投资”账户的相关明细账户期末余额减去“债权投资减值准备”账户中相关减值准备的期末余额后的金额分析填列。自资产负债表日起一年内到期的长期债权投资的期末账面价值在“一年内到期的非流动资产”项目反映。企业购入的以摊余成本计量的一年内到期的债权投资的期末账面价值在“其他流动资产”项目反映。

(14)“其他债权投资”项目，反映资产负债表日企业分类为以公允价值计量且其变动计入其他综合收益的长期债权投资的期末账面价值。该项目应根据“其他债权投资”科目的相关明细科目期末余额分析填列。自资产负债表日起一年内到期的长期债权投资的期末账面价值，在“一年内到期的非流动资产”项目反映。企业购入的以公允价值计量且其变动计入其他综合收益的一年内到期的债权投资的期末账面价值，在“其他流动资产”行项目反映。

(15)“长期应收款”项目，反映企业融资租赁资产产生的应收款项、采用递延方式具有融资性质的商品销售和提供劳务等产生的应收款项。本项目应根据“长期应收款”科目的期末余额，减去“未实现融资收益”科目贷方余额，减去所属相关科目中将于一年内到期的部分，再减去“坏账准备”科目中有关长期应收款计提的坏账准备期末余额后的金额填列。

(16)“长期股权投资”项目，反映企业对子公司投资、对合营企业投资、对联营企业投资以及对投资单位不具有控制、共同控制或重大影响，在活跃市场上没有报价且公允价值不能可靠计量的权益性投资的可收回金额。本项目应根据“长期股权投资”科目的期末借方余额，减去“长期投资减值准备”科目中有关股权投资减值准备期末余额后的金额填列。

(17)“其他权益工具投资”项目，反映资产负债表日企业指定为以公允价值计量且其变动计入其他综合收益的非交易性权益工具投资的期末账面价值。该项目应根据“其他权益工具投资”科目的期末余额填列。

(18)“投资性房地产”项目，反映企业为赚取租金或资本增值，或两者兼有而持有的房地产的成本或公允价值，包括已出租的土地使用权、持有并准备增值后转让的土地使用权及已出租的建筑物等。企业采用成本模式下，本项目应根据“投资性房地产”科目的期末借方余额，减去“投资性房地产累计折旧(摊销)”和“投资性房地产减值准备”科目期末贷方余额后的金额填列；企业采用公允价值模式下，该项目根据“投资性房地产”科目的期末借方余额填列。

(19)“固定资产”项目，反映企业所拥有的固定资产的净值。本项目应根据“固定资产”科目的期末借方余额减去“累计折旧”科目和“固定资产减值准备”科目的期末贷方余额后的净额填列。融资租入固定资产的净值也包括在内。

(20)“在建工程”项目，反映企业期末各项未完工程的实际支出，包括交付安装的设备价值，未完建筑安装工程已经耗用的材料、工资和费用支出、预付出包工程的价款、已经建筑安装完毕但尚未交付使用的工程等的可收回金额。本项目应根据“在建工程”科目的期末借方余额，减去“在建工程减值准备”科目期末余额后的金额填列。

(21)“工程物资”项目，反映企业各项工程尚未使用的工程物资的实际成本。本项目应根据“工程物资”科目的期末借方余额填列。

(22)“固定资产清理”项目，反映企业因出售、毁损、报废等原因转入清理但尚未清理完毕的固定资产的账面价值，以及固定资产清理过程中所发生的清理费用和变价收入等各项金额的差额。本项目应根据“固定资产清理”科目的期末借方余额填列；如“固定资产清理”科目期末为贷方余额，以“-”号填列。

(23)“无形资产”项目，反映企业各项无形资产的期末可收回金额。本项目应根据“无形资产”科目的期末借方余额，减去“无形资产减值准备”科目期末余额后的金额填列。

(24)“开发支出”项目，反映企业开发无形资产过程中能够资本化形成无形资产成本的支出部分。本项目应根据“研发支出”科目中所属的“资本化支出”明细账户期末借方余额填列。

(25)“商誉”项目，反映企业合并中形成的商誉的价值。本项目应根据“商誉”科目的期末余额，减去相应减值准备后的金额填列。

(26)“长期待摊费用”项目，反映企业已经发生的尚未摊销的摊销期限在1年以上(不含1年)的各种费用，如租入固定资产改良支出以及摊销期限在1年以上(不含1年)的其他待摊费用。长期待摊费用中在一年内(含 1 年)摊销的部分，在资产负债表“一年内到期的非流动资产”项目填列。本项目应根据“长期待摊费用”科目的期末余额减去 1 年内(含 1 年)摊销的数额后的金额填列。

(27) “递延所得税资产”项目，反映企业确认的可抵扣暂时性差异产生的递延所得税资产。本项目应根据“递延所得税资产”科目的期末借方余额填列。

(28) “其他非流动资产”项目，反映企业除以上资产以外的其他长期资产。本项目应根据有关科目的期末余额填列。如其他长期资产价值较大的，应在会计报表附注中披露其内容和金额。

(29) “非流动资产合计”项目，反映企业所拥有的全部非流动资产的总额。本项目应根据上述非流动资产项目的合计数填列。

(30) “资产合计”项目，反映企业所拥有的全部资产的总额。本项目根据“流动资产”项目与“非流动资产”项目之和填列。

(31) “短期借款”项目，反映企业借入尚未归还的偿还期限在 1 年(含 1 年)以内的借款。本项目应根据“短期借款”科目的期末贷方余额填列。

(32) “交易性金融负债”项目，反映企业承担的以公允价值计量且其变动计入当期损溢的为交易为目的所持有的金融负债。本项目应根据“交易性金融负债”科目的期末贷方余额填列。

(33) “应付票据”项目，反映企业为了抵付货款等而开出、承兑的尚未到期付款的商业汇票，包括银行承兑汇票和商业承兑汇票。本项目应根据“应付票据”科目的期末余额填列。

(34) “应付账款”项目，反映企业购买原材料、商品和接受劳务供应等而应付给供应单位的款项。本项目应根据“应付账款”科目所属各有关明细科目的期末贷方余额合计填列；如“应付账款”科目所属各明细科目期末有借方余额，应在本表“预付账款”项目内填列。目前，对于已经执行新金融准则和新收入准则的企业设置了“应付票据及应付账款”项目，具体内容将在专业会计中进一步学习。

(35) “预收款项”项目，反映企业预收购买单位的账款。本项目应根据“预收账款”科目所属各有关明细科目的期末贷方余额合计填列。如“预收账款”科目所属有关明细科目有借方余额的，应在本表“应收账款”项目内填列；如“应收账款”科目所属明细科目有贷方余额的，也应包括在本项目内。

(36) “应付职工薪酬”项目， 反映企业根据有关规定应付给职工的工资、职工福利、社会保险费、住房公积金、工会经费、职工教育经费、非货币性福利、辞退福利等各种薪酬。本项目根据“应付职工薪酬”科目的贷方余额填列，如果期末为借方余额，以“-”号填列。

(37) “应交税费”项目，反映企业期末未交、多交或未抵扣的各种税费，包括增值税、消费税、营业税、所得税、资源税、土地增值税、城市维护建设税、房产税、车船税、教育费附加等。本项目应根据“应交税金”科目的期末贷方余额填列；如“应交税费”科目期末为借方余额，以“-”号填列。

(38) “应付利息”项目，反映企业按照合同约定应付未付的利息，包括分期付息到期还本的长期借款、企业债券等应支付的利息。本项目应根据“应付利息”科目的期末贷方余额填列。

(39) “应付股利”项目，反映企业尚未支付的现金股利或利润。本项目应根据“应付股利”科目的期末贷方余额填列。

(40) “其他应付款”项目，反映企业除上述应付项目外的应付和暂收其他单位和个人的款项。本项目应根据“其他应付款”科目的期末贷方余额填列。

(41) “一年内到期的非流动负债”项目，反映企业核算的非流动负债在资产负债表日应作为流动负债列示的金额。本项目应根据相关的非流动负债科目期末贷方余额分析填列。

(42) “其他流动负债”项目，反映企业除以上流动负债以外的其他流动负债。本项目应根据有关科目的期末余额填列。如其他流动负债价值较大的，应在会计报表附注中披露其内容及金额。

(43) “流动负债合计”项目，反映企业所有流动负债合计金额。本项目应根据上述流动负债项目的合计数填列。

(44) “长期借款”项目，反映企业向银行或非银行的其他金融机构借入尚未归还的 1 年期以上(不含 1 年)的各项借款。本项目应根据“长期借款”科目的期末贷方余额填列。

(45) “应付债券”项目，反映企业发行的尚未偿还的各种长期债券的本息。本项目应根据“应付债券”科目的期末贷方余额填列。

(46) “长期应付款”项目，反映企业除长期借款和应付债券以外的其他各种长期应付款。本项目应根据“长期应付款”科目的期末余额，减去相应的“未确认融资费用”科目期末余额后的金额填列。

(47) “专项应付款”项目，反映企业取得政府作为企业所有者投入的具有专项或特定用途的款项。本项目应根据“专项应付款”科目的期末贷方余额填列。

(48) “预计负债”项目，反映企业已确认但尚未支付的预计负债。本项目应根据“预计负债”科目的期末贷方余额填列。

(49) “递延所得税负债”项目，反映企业已确认的应纳税暂时性差异产生的递延所得税负债。本项目应根据“递延所得税负债”科目的期末贷方余额填列。

(50) “其他非流动负债”项目，反映企业除以上长期负债项目以外的其他非流动负债。本项目应根据有关科目的期末余额填列。如其他非流动负债价值较大的，应在会计报表附注中披露其内容和金额。

(51) “非流动负债合计”项目，反映企业所有非流动负债合计金额。本项目应根据上述费流动负债项目的合计数填列。

上述非流动负债各项目中将于 1 年内(含 1 年)到期的，应在“1 年内到期的非流动负债”项目内单独反映。上述非流动负债各项目均应根据有关科目期末余额减去将于 1 年内(含 1 年)到期的长期负债后的金额填列。

(52) “负债合计”项目，反映企业全部负债总额。本项目根据“流动负债”项目和“非流动负债”项目之和填列。

(53) “实收资本(或股本)”项目，反映企业各投资者实际投入的资本(或股本)总额。本项目应根据“实收资本”(或“股本”)科目的期末贷方余额填列。

(54) “资本公积”项目，反映企业收到的投资者出资额超出其在注册资本中所占份额的部分和直接计入所有者权益的利得和损失。本项目应根据“资本公积”科目的期末贷方余额填列。

(55) “盈余公积”项目，反映企业从税后利润中提取的盈余公积的期末余额。本项目应根据“盈余公积”科目的期末贷方余额填列。

(56) “未分配利润”项目，反映企业尚未分配的利润。本项目应根据“本年利润”科目和“利润分配”科目的余额分析计算填列；在年末时，本项目应根据“利润分配”科目的期末贷方余额填列；未弥补的亏损，在本项目内以“-”号填列。

(57) “所有者权益合计”项目，反映企业全部所有者权益的总额。本项目根据上述所有者权益项目的合计数填列。

(58) “负债和所有者权益合计”项目，反映企业全部负债和全部所有者权益的总额。本项目根据上述“负债合计”项目和“所有者权益合计”项目之和填列。

三、资产负债表编制实例

假设新中公司201×年末各账户余额见表9-1(设年初数已知)。

表 9-1　新中公司总账账户余额表

201×年 12 月 31 日

账户名称	借方余额	贷方余额
库存现金	12 000	
银行存款	168 000	
交易性金融资产	150 000	
应收票据	160 000	
应收账款	470 000	
坏账准备		30 000
其他应收款	50 000	
原材料	250 000	
生产成本	200 000	
库存商品	120 000	
低值易耗品	80 000	
长期股权投资	500 000	
固定资产	2 470 000	
累计折旧		720 000
无形资产	120 000	
短期借款		350 000
应付票据		150 000
应付账款		230 000
其他应付款		70 000
应付职工薪酬		12 000
预收账款		45 000
应交税费		15 000
应付股利		8 000
长期借款		500 000
应付债券		200 000
实收资本		1 000 000
资本公积		640 000
盈余公积		470 000
利润分配—未分配利润		310 000
合计	4 750 000	4 750 000

根据表 9-1 编制资产负债表，见表 9-2。

表 9-2　资产负债表

会企 01 表

编制单位：新中公司　　201×年 12 月 31 日　　单位：元

资　产	年初数	期末数	负债和所有者权益(或股东权益)	年初数	期末数
流动资产：			流动负债：		
货币资金	120 000	180 000	短期借款	400 000	350 000
交易性金融资产	80 000	150 000	交易性金融负债	0	0
应收票据	20 000	160 000	应付票据	102 000	150 000
应收账款	380 000	440 000	应付账款	140 000	230 000
预付款项	0	0	预收款项	30 000	45 000
应收利息	0	0	应付职工薪酬	10 000	12 000
应收股利	0	0	应交税费	18 000	15 000
其他应收款	0	50 000	应付利息		
存货	450 000	650 000	应付股利	2 000	8 000
一年内到期的非流动资产	0	0	其他应付款	10 000	70 000
流动资产合计	1 050 000	1630 000	一年内到期的非流动负债	0	0
非流动资产：			其他流动负债	0	0
债权投资	0	0	流动负债合计：	712 000	880 000
其他债权投资	0	0	非流动负债：		
长期应收款	0	0	长期借款	500 000	500 000
长期股权投资	500 000	500 000	应付债券	108 000	200 000
投资性房地产	0	0	长期应付款		
固定资产	1 100 000	1 750 000	专项应付款		
在建工程	20 000	0	预计负债		
工程物资			递延所得税负债		
固定资产清理	0	0	其他非流动负债		
无形资产	130 000	120 000	非流动负债合计	608 000	700 000
开发支出			负债合计	1320 000	1 580 000
商誉			所有者权益(或股东权益)：		
长期待摊费用	0	0	实收资本(或股本)	750 000	1 000 000
递延所得税资产			资本公积	150 000	640 000
其他非流动资产			盈余公积	250 000	470 000
非流动资产合计	1 750 000	2 370 000	未分配利润	330 000	310 000
			所有者权益(或股东权益)合计	1 480 000	2 420 000
资产总计	2 800 000	4 000 000	负债和所有者权益(或股东权益)总计	2 800 000	4 000 000

填列说明：资产负债表中期末数根据上述总分类账户期末余额填列，在编制资产负债表时要注意以下特殊项目的填列：

货币资金 = 12 000 + 168 000 = 180 000 元

应收账款 = 470 000 − 30 000 = 440 000 元

存货 = 250 000 + 200 000 + 120 000 + 80 000 = 650 000 元

固定资产 = 2 470 000 − 720 000 = 1 750 000 元

第三节　利　润　表

一、利润表及其内容和结构

(一) 利润表的概念

利润表是指反映企业在一定会计期间经营成果的报表。它以“收入 − 费用 = 利润”等式为理论依据编制。编制利润表的主要目的是将企业经营成果的信息，提供给报表用户，以供他们作为决策的依据或参考。通过该报表，可以解释、评价和预测企业的经营成果和获利能力、偿债能力，据以评价和考核管理人员的绩效。按照规定，该报表要求每月编制一次。

(二) 利润表的内容

利润表作为用来反映经营成果的报表，必须列示企业在一定会计期间内的所有损溢内容，既包括来自生产经营方面的已实现的各项收入，已耗费需要在本期配比的各项成本、费用，也包括来自其他方面的业务收支，以及在本期发生的各项营业外收支，并计算利润。通过利润表，可以反映企业在一定会计期间的收入实现情况，如实现的营业收入、营业外收入各有多少；可以反映企业在一定会计期间的费用耗费情况，如营业成本、管理费用等各有多少；可以反映企业生产经营活动的成果，据以判断资本保值增值情况等。将利润表中的信息和资产负债表中的信息相结合，还可以提供进行财务分析的基本资料，如营业成本和存货余额比较，计算出存货周转率，可以反映企业存货周转情况等。

利润表中，费用应当按照功能分类，分为从事经营业务发生的成本、管理费用、销售费用和财务费用等。

利润表至少应当单独列示反映下列信息的项目：营业收入、营业成本、税金及附加、管理费用、销售费用、财务费用、投资收益、公允价值变动损溢、资产减值损失、非流动资产处置损溢、所得税费用、净利润。

(三) 利润表的结构

利润表的格式有单步式和多步式两种。

(1) 单步式利润表。单步式利润表是一种最简单的报告式利润表，就是以垂直形式，先将所有各项收入列示于表的上端，然后将各项成本和费用支出列示于其下，最后按全部收支差额一次结出企业的净损溢。单步式利润表的优点是简单明了，但它提供的信息少、不便于分析企业损溢的构成情况。

(2) 多步式利润表。多步式利润表是根据企业生产经营和管理中的各个不同职能环节，按照一定的顺序，将相关的收入与成本费用相配合而划分为若干阶段，分层次、分步骤地逐步逐项计算编制而成的报表。它根据经营活动与非经营活动对企业利润的贡献情况排列编制，目前我国的利润表格式采用多步式。其程序通常分为如下几步：

第一步：从营业收入出发，反映营业利润的各项要素。通过下列公式计算营业利润

营业利润 = 营业收入 – 营业成本 – 税金及附加 – 管理费用 – 销售费用
– 财务费用 – 资产减值损失 + 公允价值变动收益(损失以“–”号填列)
+ 投资收益(损失以“–”号填列)

第二步：从营业利润出发，反映利润总额(或亏损总额)的构成。通过下列公式计算利润总额

利润总额 = 营业利润 + 营业外收入 – 营业外支出

第三步：从利润总额出发，反映净利润(或净亏损)的各项要素。通过下列公式计算净利润(净亏损)

净利润(净亏损) = 利润总额 – 所得税费用

同时，在利润表上分设“本期金额”和“上期金额”两栏。利润表中的“本期金额”栏反映各项目的本期实际发生数；各项数字一般应根据损溢类科目的发生额分析填列；“上期金额”栏内各项数字，应根据上年该期利润表“本期金额”栏内所列数字填列，如果上年该期利润表规定的各个项目的名称和内容同本期不相一致，应对上年该期利润表各项目的名称和数字按本期的规定进行调整，填入利润表“上期金额”栏内。

二、利润表的编制方法

利润表各项目指标主要来源于虚账户(损溢类账户)的本期发生额。本表各项目的具体内容及其填列方法说明如下：

(1) “营业收入”项目，反映企业主要经营业务和其他业务所取得的收入总额。本项目应根据“主营业务收入”科目和“其他业务收入”科目的发生额分析填列。

(2) “营业成本”项目，反映企业主要经营业务和其他业务发生的实际成本总额。本项目应根据“主营业务成本”科目和“其他业务成本”科目的发生额分析填列。

(3) “税金及附加”项目，反映企业经营业务应负担的消费税、城市维护建设税、资源税、土地增值税和教育费附加等。本项目应根据“税金及附加”科目的发生额分析填列。

(4) “销售费用”项目，反映企业在销售商品和材料、提供劳务等过程中发生的包装费、广告费等费用以及为销售本企业商品而专设的销售机构的职工薪酬、业务费等费用。本项目应根据“销售费用”科目的发生额分析填列。

(5) “管理费用”项目，反映企业为组织和管理生产经营发生的管理费用。本项目应根据“管理费用”科目的发生额分析填列。

(6) “财务费用”项目，反映企业为筹集生产经营所需资金等而发生的筹资费用。本项目应根据“财务费用”科目的发生额分析填列。

(7) “资产减值损失”项目，反映企业计提各种资产减值准备所形成的损失。本项目应根据“资产减值损失”科目的发生额分析填列。

(8) “公允价值变动收益”项目，反映企业应当计入当期损溢的资产或负债的公允价值变动收益。本项目应根据“公允价值变动损溢”科目的发生额分析填列，如为净损失，本项目以“－”号填列。

(9) “投资收益”项目，反映企业以各种方式对外投资所取得的收益。本项目应根据“投资收益”科目的发生额分析填列，如为投资损失，以“－”号填列。

(10) “营业利润”项目，反映企业实现的营业利润。如为亏损，本项目以“－”号填列。

(11) “营业外收入”项目，反映企业发生的与经营业务无直接关系的各项收入。本项目应根据“营业外收入”科目的发生额分析填列。

(12) “营业外支出”项目，反映企业发生的与经营业务无直接关系的各项支出。本项目应根据“营业外支出”科目的发生额分析填列。

(13) “利润总额”项目，反映企业实现的利润总额。如为亏损总额，以“－”号填列。

(14) “所得税费用”项目，反映企业当期确认的应从利润总额中扣除的所得税费用。本项目应根据“所得税费用”科目的发生额分析填列。

(15) “净利润”项目，反映企业实现的净利润。如为净亏损，以“－”号填列。

(16) “基本每股收益”和“稀释每股收益”项目的列表按照《企业会计准则第34号－每股收益》的相关要求填列。

三、利润表编制实例

根据表9-3所提供的新中公司201×年12月份有关利润表各账户(损溢类账户)的本年累计发生额，说明年度利润表的填列方法(假设所得税税率为25%)。

表9-3　损溢类账户的本年累计发生额

201×年12月　　单位：元

账户名称	本月发生额	
	借方	贷方
主营业务收入		6 500 000
主营业务成本	3 900 000	
税金及附加	500 000	
其他业务收入		2 602 000
其他业务成本	1 800 000	
销售费用	980 000	
管理费用	1 260 000	
财务费用	130 000	10 000
营业外收入		60 000
营业外支出	110 000	
投资收益	5 000	33 000

根据表 9-3 编制的新中公司 201×年 12 月份利润表如表 9-4 所示。

表 9-4　利　润　表

会企 02 表

编制单位：新中公司　　　　201×年 12 月　　　　单位：元

项　　目	本期金额	上期金额(略)
一、营业收入	9 102 000	
减：营业成本	5 700 000	
税金及附加	500 000	
销售费用	980 000	
管理费用	1 260 000	
财务费用	120 000	
资产减值损失		
加：公允价值变动收益		
投资收益	28 000	
其中：对联营企业和合营企业的投资收益	0	
二、营业利润(亏损以“－”号表示)	570 000	
加：营业外收入	60 000	
减：营业外支出	110 000	
其中：非流动资产处置损失		
三、利润总额(亏损总额以“－”号表示)	520 000	
减：所得税费用	130 000	
四、净利润(净亏损以“－”号表示)	390 000	
五、每股收益		
(一) 基本每股收益		
(二) 稀释每股收益		

根据上述总分类账户本期发生额填列，在编制利润表时要注意以下特殊项目的填列：营业收入 = 6 500 000 + 2 602 000 = 9 102 000 元，营业成本 = 3 900 000 + 1 800 000 = 5 700 000 元，财务费用 = 130 000 － 10 000 = 120 000 元，投资收益 = 33 000 － 5 000 = 28 000 元，所得税费用 = 520 000 × 25% = 130 000 元，净利润 = 520 000 － 130 000 = 390 000 元。利润表中其他项目的数额可根据账户发生额直接填列。

第四节　现金流量表

一、现金流量表及其结构和内容

(一) 现金流量表的概念

现金流量表是指反映企业在一定会计期间现金和现金等价物流入和流出以及现金净流量的会计报表。通过现金流量表的分析，有助于了解企业现金充裕或不足的主要原因；评价企业偿还债务及支付投资报酬的能力；了解企业本期净利润与经营活动中现金流量产生差异的原因等。其中，现金是指企业库存现金、可以随时用于支付的存款及现金等价物。现金等价物是指企业持有的期限短、流动性强、易于转换为已知金额现金、价值变动风险很小的投资(除特别注明外，以下所指的现金均包含现金等价物)。

(二) 现金流量表的结构和内容

现金流量表的基本结构包括基本报表和补充资料。基本报表的内容包括三个方面：一是经营活动产生的现金流量，二是投资活动产生的现金流量，三是筹资活动产生的现金流量。其中，各类现金流量又分为现金流入与现金流出两个部分。

(1) 经营活动产生的现金流量。经营活动是指企业投资活动和筹资活动以外的所有交易和事项。就工商企业来说，经营活动主要包括：销售商品、提供劳务、经营性租赁、购买商品、接受劳务、广告宣传、推销产品、交纳税款等。经营活动产生的现金流入量主要包括：销售商品、提供劳务收到的现金、收到的租金、收到的其他与经营活动有关的现金等。经营活动产生的现金流出量主要包括：购买商品、接受劳务支付的现金、经营租赁支付的现金、支付给职工以及为职工支付的现金、支付的各项税费和支付的其他与经营活动有关的现金等。

(2) 投资活动产生的现金流量。投资活动是指企业长期资产的购建和不包括在现金等价物范围内的投资及其处置活动。这里的长期资产是指固定资产、在建工程、无形资产、其他资产等持有期限在一年或一个营业周期以上的资产。投资活动产生的现金流入量主要包括：收回投资所收到的现金、取得投资收益所收到的现金、处置固定资产、无形资产和其他长期资产而收到的现金净额等。投资活动产生的现金流出量主要包括：购建固定资产、无形资产和其他长期资产所支付的现金、投资所支付的现金。

(3) 筹资活动产生的现金流量。筹资活动是指导致企业资本及债务规模和构成发生变化的活动。这里的资本包括实收资本(股本)、资本溢价(股本溢价)；债务是指企业对外举债所借入的款项，如发行债券、向金融企业借入款项以及偿还债务等。筹资活动产生的现金流入量主要包括：吸收投资所收到的现金、借款所收到的现金等。筹资活动产生的现金流出量主要包括：偿还债务所支付的现金、分配股利或利润所支付的现金、发生筹资费用所支付的现金、偿付利息所支付的现金、融资租赁所支付的现金、减少注册资本所支付的现金等。

(4) 汇率变动对现金及现金等价物的影响。编制现金流量表时，应当将企业外币现金流量以及境外子公司的现金流量折算成记账本位币。外币现金流量以及境外子公司的现金流量，应当采用现金流量发生日的即期汇率或按照系统合理的方法确定的、与现金流量发生日即期汇率近似的汇率折算。汇率变动对现金的影响额应当作为调整项目，在现金流量表中单独列报。

(5) 现金及现金等价物净增加额。是指企业现金及现金等价物的流入量和流出量之差。

(6) 现金流量表补充资料。是指未能列入现金流量表正表的、而需要予以披露的内容，实际上是以间接法(间接法是以净利润为出发点，通过对有些并没有实际发生现金流入和流出但已经形成利润的项目的调整，可将净利润调整为经营活动现金流量)编制的经营活动的现金流量。

补充资料包括将净利润调节为经营活动的现金流量、不涉及现金收支的投资和筹资活动、现金及现金等价物净变动情况等三个部分的内容。

具体结构与内容见表 9-5。

表 9-5　现金流量表

会企 03 表

编制单位：　　　　　　　　　　　　＿＿＿＿年度　　　　　　　　　　　　单位：元

项　　目	本期金额	上期金额
一、经营活动产生的现金流量：		
销售商品、提供劳务收到的现金		
收到的税费返还		
收到其他与经营活动有关的现金		
经营活动现金流入小计		
购买商品、接受劳务支付的现金		
支付给职工以及为职工支付的现金		
支付的各项税费		
支付其他与经营活动有关的现金		
经营活动现金流出小计		
经营活动产生的现金流量净额		
二、投资活动产生的现金流量：		
收回投资所收到的现金		
取得投资收益所收到的现金		
处置固定资产、无形资产和其他长期资产收回的现金净额		
处置子公司及其他营业单位收到的现金净额		
收到其他与投资活动有关的现金		
投资活动现金流入小计		
购建固定资产、无形资产和其他长期资产支付的现金		
投资支付的现金		
取得子公司及其他营业单位支付的现金净额		
支付其他与投资活动有关的现金		
投资活动现金流出小计		
投资活动产生的现金流量净额		
三、筹资活动产生的现金流量：		
吸收投资所收到的现金		
取得借款收到的现金		
收到其他与筹资活动有关的现金		
筹资活动现金流入小计		
偿还债务支付的现金		
分配股利、利润或偿付利息支付的现金		
支付其他与筹资活动有关的现金		
筹资活动现金流出小计		
筹资活动产生的现金流量净额		

续表

项　　目	本期金额	上期金额
四、汇率变动对现金及现金等价物的影响		
五、现金及现金等价物净增加额		
加：期初现金及现金等价物余额		
六、期末现金及现金等价物余额		
补充资料		
1. 将净利润调节为经营活动现金流量		
净利润		
加：资产减值准备		
固定资产折旧、油气资产折耗、生产性生物资产折旧		
无形资产摊销		
长期待摊费用摊销		
待摊费用(减：增加)		
处置固定资产、无形资产和其他长期资产的损失(收益以“-”号填列)		
固定资产报废损失(收益以“-”号填列)		
公允价值变动损失(收益以“-”号填列)		
财务费用(收益以“-”号填列)		
投资损失(收益以“-”号填列)		
递延所得税资产减少(增加以“-”号填列)		
递延所得税负债增加(减少以“-”号填列)		
存货的减少(增加以“-”号填列)		
经营性应收项目的减少(增加以“-”号填列)		
经营性应付项目的增加(减少以“-”填列)		
其他		
经营活动产生的现金流量净额		
2. 不涉及现金收支的投资和筹资活动		
债务转为资本		
一年内到期的可转换公司债券		
融资租入固定资产		
3. 现金及现金等价物净增加额		
现金的期末余额		
减：现金的期初余额		
加：现金等价物的期末余额		
减：现金等价物的期初余额		
现金及现金等价物净增加额		

二、现金流量表的编制方法

现金流量表反映企业在一定会计期间内有关现金和现金等价物的流入和流出的信息，

在编制时应按照经营活动产生的现金流量、投资活动产生的现金流量和筹资活动产生的现金流量分别以流入量和流出量反映，并且在反映时一般按现金流入和流出总额进行。但代客户收取或支付的现金以及周转快、金额大、期限短的项目的现金收入和现金支出，可以按净额反映。

本表各主要项目的内容及填列方法如下：

(1) 经营活动产生的现金流量。

①“销售商品、提供劳务收到的现金”项目，反映企业销售商品、提供劳务实际收到的现金(含销售收入和应向购买者收取的增值税额)，包括本期销售商品、提供劳务收到的现金，以及前期销售和前期提供劳务本期收到的现金和本期预收的账款，减去本期退回本期销售的商品和前期销售本期退回的商品支付的现金。企业销售材料等业务收到的现金，也在本项目反映。本项目可以根据“库存现金”“银行存款”“应收账款”“应收票据”“主营业务收入”“其他业务收入”等科目的记录分析填列。

②“收到的税费返还”项目，反映企业收到返还的各种税费，包括收到返还的增值税、消费税、营业税、关税、所得税和教育费附加等。本项目可以根据“库存现金”“银行存款”“税金及附加”“营业外收入”“其他应收款”等科目的记录分析填列。

③“收到的其他与经营活动有关的现金”项目，反映企业除了销售商品、提供劳务收到的现金以外的其他与经营活动有关的现金流入，如罚款收入、流动资产损失中由个人赔偿的现金收入等。其他现金流入如价值较大的，应单列项目反映。本项目可以根据“库存现金”、“银行存款”、“营业外收入”等科目的记录分析填列。

④“购买商品、接受劳务支付的现金”项目，反映企业购买材料、商品、接受劳务实际支付的现金，包括本期购入材料、商品、接受劳务支付的现金(包括增值税进项税额)，以及本期支付前期购入商品、接受劳务的未付款项和本期预付款项。本期发生的购货退回收到的现金应从本项目内减去。本项目可以根据“库存现金”“银行存款”“应付账款”“应付票据”“主营业务成本”等科目的记录分析填列。

⑤“支付给职工以及为职工支付的现金”项目，反映企业实际支付给职工，以及为职工支付的现金，包括本期实际支付给职工的工资、奖金、各种津贴和补贴等，以及为职工支付的其他费用。支付的在建工程人员的工资，在“购建固定资产、无形资产和其他长期资产所支付的现金”项目反映。本项目可以根据“应付工资”“库存现金”“银行存款”等科目的记录分析填列。

企业为职工支付的养老、失业等社会保险基金、补充养老保险、住房公积金、支付给职工的住房困难补助，以及支付给职工或为职工支付的其他福利费用等，应按职工的工作性质和服务对象，分别在本项目和在“购建固定资产、无形资产和其他长期资产所支付的现金”项目反映。

⑥“支付的各项税费”项目，反映企业按规定支付的各种税费，包括本期发生并支付的税费，以及本期支付以前各期发生的税费和预交的税费，如支付的教育费附加、矿产资源补偿费、印花税、房产税、所得税、土地增值税、车船使用税等。不包括计入固定资产价值的税费、实际支付的耕地占用税等，也不包括因多计等原因于本期退回的各项税费。本项目可以根据“应交税费”“库存现金”“银行存款”等科目的记录分析填列。

⑦“支付的其他与经营活动有关的现金”项目，反映企业除上述各项目外，支付的其

他与经营活动有关的现金流出，如经营租赁支付的租金、罚款支出、支付的差旅费、业务招待费现金支出、支付的保险费等，其他现金流出如价值较大的，应单列项目反映。本项目可以根据“库存现金”“银行存款”“管理费用”“营业外支出”等科目的记录分析填列。

(2) 投资活动产生的现金流量。

①“收回投资所收到的现金”项目，反映企业出售、转让或到期收回除现金等价物以外的对其他企业的权益工具、债务工具和合营中的权益等投资而收到的现金。收回债务工具实现的投资收益、处置子公司及其他营业单位收到的现金净额不包括在本项目内。本项目可以根据“可供出售金融资产”“持有者到期投资”“长期股权投资”“库存现金”“银行存款”等科目的记录分析填列。

②“取得投资收益收到的现金”项目，反映企业除现金等价物以外的对其他企业的权益工具、债务工具和合营中的权益等投资分回的现金股利和利息等，不包括股票股利。本项目可以根据“库存现金”“银行存款”“投资收益”等科目的记录分析填列。

③“处置固定资产、无形资产和其他长期资产所收回的现金净额”项目，反映企业处置固定资产、无形资产和其他长期资产所取得的现金，减去为处置这些资产而支付的有关费用后的净额。本项目可以根据“固定资产清理”“库存现金”“银行存款”等科目的记录分析填列。

④“处置子公司及其他营业单位收到的现金净额”项目，反映企业处置子公司以及其他营业单位收到的现金，减去相关处置费用以及子公司及其他营业单位持有的现金和现金等价物后的净额。本项目可以根据“长期股权投资”“银行存款”“库存现金”等科目的记录分析填列。

⑤“收到的其他与投资活动有关的现金”项目，反映企业除了上述各项以外，收到的其他与投资活动有关的现金流入。其他现金流入如价值较大的，应单列项目反映。本项目可以根据“应收股利”“应收利息”“库存现金”“银行存款”等科目的记录分析填列。

⑥“购建固定资产、无形资产和其他长期资产所支付的现金”项目，反映企业本期购买、建造固定资产，取得无形资产和其他长期资产所支付的现金，不包括为购建固定资产而发生的借款利息资本化的部分，以及融资租入固定资产支付的租赁费。借款利息和融资租入固定资产支付的租赁费，在筹资活动产生的现金流量中反映。本项目可以根据“固定资产”“在建工程”“无形资产”“库存现金”“银行存款”等科目的记录分析填列。

⑦“投资支付的现金”项目，反映企业取得除现金等价物以外的对其他企业进行权益工具、债务工具和合营中的权益投资所支付的现金以及支付的佣金、手续费等交易费用。本项目可以根据“可供出售金融资产”“持有者到期投资”“长期股权投资”“库存现金”“银行存款”等科目的记录分析填列。

⑧“取得子公司及其他营业单位支付的现金净额”项目，反映企业购买子公司及其他营业单位购买价中以现金支付的部分，减去子公司及其他营业单位持有的现金及现金等价物后的净额。本项目可以根据“长期股权投资”“库存现金”“银行存款”等科目的记录分析填列。

⑨“支付的其他与投资活动有关的现金”项目，反映企业除了上述各项以外，支付的其他与投资活动有关的现金流出。其他现金流出如价值较大的，应单列项目反映。本项目可以根据有关科目的记录分析填列。

(3) 筹资活动产生的现金流量。

①“吸收投资收到的现金”项目，反映企业收到的投资者投入的现金，本项目可以根据“实收资本(或股本)”“库存现金”“银行存款”等科目的记录分析填列。

②“借款收到的现金”项目，反映企业举借各种短期、长期借款所收到的现金。本项目可以根据“短期借款”“长期借款”“应付债券”“库存现金”“银行存款”等科目的记录分析填列。

③“收到的其他与筹资活动有关的现金”项目，反映企业除上述各项目外，收到的其他与筹资活动有关的现金流入，如接受现金捐赠等。本项目可以根据“库存现金”“银行存款”“营业外收入”等科目的记录分析填列。

④“偿还债务支付的现金”项目，反映企业以现金偿还债务的本金，包括偿还金融企业的借款本金、偿还债券本金等。企业偿还的借款利息，在“分配股利、利润或偿付利息支付的现金”项目中反映，不包括在本项目内。本项目可以根据“短期借款”“长期借款”“应付债券”“库存现金”“银行存款”等科目的记录分析填列。

⑤ “分配股利、利润或偿付利息支付的现金”项目，反映企业实际支付的现金股利，支付给其他投资单位的利润以及支付的借款利息等。本项目可以根据“应付股利”“应付利息”“财务费用”“长期借款”“库存现金”“银行存款”等科目的记录分析填列。

⑥“支付的其他与筹资活动有关的现金”项目，反映企业除了上述各项外，支付的其他与筹资活动有关的现金流出，如捐赠现金支出、融资租入固定资产支付的租赁费等。本项目可以根据“营业外支出”“长期应付款”“库存现金”“银行存款”等科目的记录分析填列。

第五节 所有者权益变动表

一、所有者权益变动表及其内容和结构

(一) 所有者权益变动表的概念

所有者权益变动表是指反映所有者权益各组成部分当期增减变动情况的报表。所有者权益变动表应当全面反映一定时期所有者权益变动的情况，不仅包括所有者权益总量的增减变动，还包括所有者权益变动的重要结构性信息，特别是要反映直接计入所有者权益的利得和损失，让报表使用者准确理解所有者权益增减变动的根源。

(二) 所有者权益变动表的内容

所有者权益变动表至少应当单独列示反映下列信息的项目：(1) 净利润；(2) 直接计入所有者权益的利得和损失项目及其总额；(3) 会计政策变更和差错更正的累积影响金额；(4) 所有者投入资本和向所有者分配利润等；(5) 按照规定提取的盈余公积；(6) 实收资本(或股本)、资本公积、盈余公积、未分配利润的期初和期末余额及其调节情况。

(三) 所有者权益变动表的结构

所有者权益变动的结构见表 9-6。

表 9-6 所有者权益变动表

会企 04 表

编制单位: ____________年度 单位：元

项目	本年金额						上年金额					
	实收资本(或股本)	资本公积	减：库存股	盈余公积	未分配利润	所有者权益合计	实收资本(或股本)	资本公积	减：库存股	盈余公积	未分配利润	所有者权益合计
一、上年年末余额												
加：会计政策变更												
前期差错更正												
二、本年年初余额												
三、本年增减变动金额(减少以“–”号列示)												
(一) 净利润												
(二) 直接计入所有权益的利得和损失												
1. 可供出售金融资产公允价值变动												
2. 权益法下被投资单位其他所有者权益变动的影响												
3. 与计入所有权权益项目相关的所得税影响												
4. 其他												
上述(一)和(二)小计												

续表

项目	本年金额						上年金额					
	实收资本(或股本)	资本公积	减：库存股	盈余公积)	资本公积	所有者权益合计	实收资本(或股本)	资本公积	减：库存股	盈余公积	资本公积	所有者权益合计
(三) 所有者投入和减少资本												
1. 所有者投入资本												
2. 股份支付计入所有者权益的金额												
3. 其他												
(四) 利润分配												
1. 提取盈余公积												
2. 对所有者(或股东)的分配												
3. 其他												
(五) 所有者权益内部结转												
1. 资本公积转增资本(或股本)												
2. 盈余公积转增资本(或股本)												
3. 盈余公积弥补亏损												
4. 其他												
四、本年年末余额												

二、所有者权益变动表的填列方法

(一) 上年金额栏的填列方法

所有者权益变动表的“上年金额”栏内各项数字，应根据上年度所有者权益变动表“本年金额”栏内所列数字填列。如果上年度所有者权益变动表规定的各个项目的名称和内容同本年度不相一致，应对上年度所有者权益变动表各项目的名称和数字按本年度的规定进行调整，填入所有者权益变动表“上年金额”栏内。

(二) 本年金额栏的填列方法

所有者权益变动表“本年金额”栏内各项数字一般应根据“实收资本(或股本)”“资本公积”“盈余公积”“利润分配”“库存股”“以前年度损溢调整”科目的发生额分析填列。

本章小结

财务会计报告是企业对外提供财务信息的主要形式，是企业会计核算的最终结果。企业对外提供的会计报表主要包括利润表、资产负债表、现金流量表、所有者权益变动表等。

资产负债表从整体上反映了企业特定日期财务状况，为报表使用者评价企业的偿债能力和资产运用效率等提供的依据。

利润表从整体上反映企业在一定期间经营成果的信息，为报表使用者评价企业的获利能力、考核管理人员的绩效等提供的依据。

现金流量表反映了企业一定期间经营活动、筹资活动和投资活动现金流转量，可揭示企业当前的偿债能力、支付能力以及预测企业未来的现金流量。

所有者权益变动表反映所有者权益各组成部分当期增减变动情况的报表。

思考题

1. 会计报表如何进行分类?
2. 编制会计报表的基本要求是什么?
3. 如何编制资产负债表? 资产负债表的作用是什么?
4. 如何编制利润表? 利润表的作用是什么?
5. 如何理解现金流量表中现金的概念和现金流量的分类?

练习题

习题 9-1

一、目的：练习资产负债表的编制。

二、资料：某股份公司 20×1 年 12 月 31 日的资产负债表(即 20×2 年年初数)及 20×2

年12月31日的科目余额表分别如表9-7和表9-8所示。

表9-7 资 产 负 债 表

编制单位：某股份公司　　20×1年12月31日　　单位：元

资　产	金　额	负债和股东权益	金额
流动资产：		流动负债：	
货币资金	1 406 300	短期借款	300 000
交易性金融资产	15 000	交易性金融负债	0
应收票据	246 000	应付票据	200 000
应收账款	299 100	应付账款	953 800
预付款项	200 000	预收款项	1 000
应收利息	0	应付职工薪酬	110 000
应收股利	0	应交税费	36 600
其他应收款	5 000	应付利息	0
存货	2 580 000	应付股利	0
一年内到期的非流动资产	0	其他应付款	50 000
流动资产合计	4 751 400	一年内到期的非流动负债	1 000 000
非流动资产：		其他流动负债	0
债权投资	0	流动负债合计：	2 651 400
其他债权投资	0	非流动负债：	
长期应收款	0	长期借款	0
长期股权投资	250 000	应付债券	600 000
投资性房地产	0	长期应付款	0
固定资产	1100 000	专项应付款	0
在建工程	1 500 000	预计负债	0
工程物资	0	递延所得税负债	0
固定资产清理	0	其他非流动负债	0
无形资产	600 000	非流动负债合计	600 000
开发支出	0	负债合计	3 251 400
商誉	0	股东权益：	
长期待摊费用	0	股本	5 000 000
递延所得税资产	0	资本公积	0
其他非流动资产	200 000	盈余公积	100 000
非流动资产合计	3 650 000	未分配利润	50 000
		股东权益合计	5 150 000
资产总计	8 401 400	负债和股东权益总计	8 401 400

注：“应收账款”科目的余额为300 000元；“坏账准备”科目的余额为900元。

表 9-8 科目余额表

20×2 年 12 月 31 日　　单位：元

科目名称	借方余额	科目名称	贷方余额
库存现金	2 000	短期借款	50 000
银行存款	1 006 135	应付票据	100 000
其他货币资金	7 300	应付账款	953 800
交易性金融资产	0	其他应付款	50 000
应收票据	46 000	应付职工薪酬	180 000
应收账款	600 000	应交税费	100 034
坏账准备	−1 800	其他应交款	105 500
预付账款	100 000	应付股利	33 315
其他应收款	5 000	长期借款	1160 000
在途物资	275 000	其中：一年内到期的长期负债	0
原材料	49 250	股本	5 000 000
包装物	38 050	盈余公积	131 186
低值易耗品	0	利润分配—未分配利润	194 500
库存商品	2 212 400		
长期股权投资	345 000		
固定资产	2 100 000		
累计折旧	−450 000		
固定资产清理	0		
工程物资			
在建工程	1 174 000		
无形资产	550 000		
合计	8 058 335	合计	8 058 335

三、要求：根据上述资料，编制该公司 20×2 年 12 月 31 日资产负债表。

习题 9-2

一、目的：练习利润表的编制。

二、资料：某公司 20×3 年损溢类科目“本年累计数”金额如表 9-9 所示。

表 9-9 某公司 20×3 年损溢类科目“本年累计数”金额

科目名称	借方发生额	贷方发生额
主营业务收入		1 250 000
主营业务成本	750 000	
税金及附加	2 000	
销售费用	20 000	
管理费用	158 000	
财务费用	41 500	
投资收益		31 500
营业外收入		50 000
营业外支出	49 700	
所得税费用	77 575	

三、要求：根据上述资料，编制该公司 20×3 年度利润表。

第十章

账务处理程序

内容提要

前面各章分别讲述了会计凭证、会计账簿和会计报表，本章在此基础上阐述各种凭证和各种账簿结合使用的方式，即账务处理程序。本章重点讲述建立账务处理程序的意义和基本要求，以及实务中常用的三种账务处理程序的特点、使用的会计凭证和账簿、账务处理的流程及适用范围。

第一节　账务处理程序概述

会计凭证、会计账簿和会计报表是组织会计核算的载体，而会计凭证、会计账簿和会计报表不是彼此孤立的，它们以一定的形式相互结合，构成一个完整的工作体系，这就形成了账务处理程序。

账务处理程序又称会计核算形式或会计核算程序，是指会计凭证、会计账簿、会计报表和记账程序与方法相互结合的组织形式。不同的账务处理程序规定了填制会计凭证、登记会计账簿、编制会计报表的不同步骤和方法。

一、账务处理程序的意义

为了更好地反映和监督企业和行政、事业等单位的经济活动，为经济管理提供系统的核算资料，必须相互联系地运用会计核算的专门方法，采用一定的组织程序，规定设置会计凭证、会计账簿及会计报表的种类和格式；规定各种凭证之间、各种账簿之间、各种报表之间的相互关系；规定各种凭证、各种账簿及各种报表之间的相互关系、填制方法和登记程序。这是会计制度设计的一个重要内容，对于提高会计工作的质量和效率，为正确、及时地编制会计报表，提供全面、连续、系统、清晰的会计核算资料，满足企业内外会计信息使用者的需要具有重要意义。

在实际工作中，由于各个企业和行政、事业单位因为业务性质的不同，组织规模大小的不同，经济业务繁简的不同，所以需要设置的凭证和账簿的格式与种类不同。各单位应根据各自的实际情况和具体条件，设计并实施适应本单位经济业务特点的账务处理程序，将会计核算工作有机地组织成为既有分工又有协作的整体。一方面能够提高会计工作的质量和效率，确保能正确、及时、完整地提供所需的会计信息；另一方面能够减少会计人员的工作量，节约单位的人力、财力和物力。

二、设计账务处理程序的要求

一个合理的、适用的账务处理程序，一般应符合以下三个要求：

(1) 要与本单位的经济活动特点、规模的大小和业务的繁简程度相适应，并有利于会计核算工作的分工协作和建立岗位责任制。

(2) 要能够全面、系统、及时、正确地提供反映本单位经济活动情况的会计信息，以满足企业外部信息使用者及企业内部经营管理的需要，满足国家宏观经济管理的需要。

(3) 要在保证会计工作质量的前提条件下，尽可能地简化会计核算手续，提高会计工作效率，节约人力、物力，节约核算费用。

三、账务处理程序的种类

根据上述要求，结合我国会计工作的实际情况，我国各经济单位采用的账务处理程序一般有以下六种：

(1) 记账凭证账务处理程序；

(2) 科目汇总表账务处理程序；

(3) 汇总记账凭证账务处理程序；

(4) 多栏式日记账账务处理程序；

(5) 日记总账账务处理程序；

(6) 通用日记账账务处理程序。

以上六种账务处理程序的主要区别，即各自的特点主要表现在登记总分类账的依据和方法不同。在这六种账务处理程序中，前三种是我国企业主要采用的账务处理程序。下面分别介绍这三种账务处理程序的特点、基本内容、操作步骤、优缺点和适用范围。

第二节　记账凭证账务处理程序

一、记账凭证账务处理程序的特点

记账凭证账务处理程序是最基本的账务处理程序，其他各种账务处理程序都是在此基础上，根据经济管理的需要发展而形成的。它的特点是：直接根据记账凭证，逐笔登记总分类账。

二、记账凭证账务处理程序设置的会计凭证和会计账簿

1．记账凭证账务处理程序设置的会计凭证

在记账凭证账务处理程序下，可设置收款凭证、付款凭证和转账凭证三种格式，也可

设置一种通用的格式，作为登记总分类账的依据。

2．记账凭证账务处理程序设置的会计账簿

在记账凭证账务处理程序下，需设置现金日记账、银行存款日记账、总分类账和明细分类账。

(1) 现金日记账和银行存款日记账一般都采用三栏式。

(2) 总分类账采用三栏式，并按每一总分类科目开设账页。

(3) 明细分类账则可根据管理的需要，采用三栏式、数量金额式、多栏式。

三、记账凭证账务处理程序的具体操作步骤

记账凭证账务处理程序的具体操作步骤如下：

(1) 根据各种原始凭证或汇总原始凭证，编制记账凭证(包括收款凭证、付款凭证和转账凭证)。

(2) 根据收款凭证、付款凭证逐笔登记现金日记账和银行存款日记账。

(3) 根据原始凭证、汇总原始凭证和记账凭证，登记各种明细账。

(4) 根据记账凭证逐笔登记总分类账。

(5) 定期将现金日记账、银行存款日记账的余额，以及各种明细分类账户的余额合计数，分别与总分类账中有关科目的余额核对相符。

(6) 期末根据核对无误的总分类账和各种明细分类账的记录，编制会计报表。

记账凭证账务处理程序的具体操作步骤如图 10-1 所示。

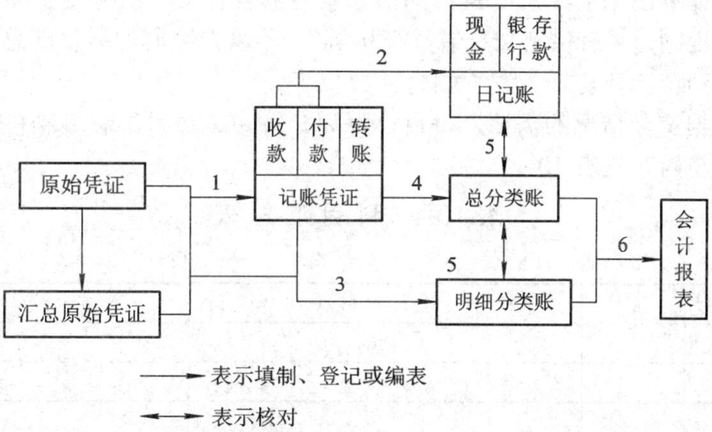

图 10-1 记账凭证账务处理程序

四、记账凭证账务处理程序的优缺点和适用范围

记账凭证账务处理程序简单明了，易于理解。总分类账较详细地记录和反映了经济业务的发生情况，来龙去脉清楚，便于了解经济业务动态和查对账目。其不足之处是登记总分类账的工作量很大。因此，这种账务处理程序一般适用于规模小且经济业务较少的经济单位。

第三节　科目汇总表账务处理程序

一、科目汇总表账务处理程序的特点

科目汇总表账务处理程序的特点是：首先，定期将所有记账凭证汇总编制科目汇总表。然后，根据科目汇总表登记总分类账。

二、科目汇总表账务处理程序设置的会计凭证和会计账簿

在科目汇总表账务处理程序下，与记账凭证账务处理程序基本相同，记账凭证一般设置收款凭证、付款凭证和转账凭证三种形式，也可设置通用格式。另外，还要设置科目汇总表；设置现金日记账和银行存款日记账，采用三栏式账页；设置总分类账，采用三栏式账页，在总分类账簿中按每一总账科目设置账页；设置各总账科目所属明细分类账，根据所记录经济业务内容，可采用三栏式账页、数量金额式账页或多栏式账页。

三、科目汇总表的编制方法

科目汇总表是根据一定时期内的全部记账凭证，按总账科目进行归类编制的。在科目汇总表中，分别计算出每一个总账科目的借方发生额合计数、贷方发生额合计数。由于借贷记账法的记账规则是“有借有贷、借贷必相等”，所以在编制的科目汇总表内，全部总账科目的借方发生额合计数与贷方发生额合计数相等。

各单位可根据实际情况的需要，每日、每周、每旬或每月汇总编制科目汇总表。每月汇总一次的格式与内容见表 10-1。

表 10-1　科目汇总表

年　　月　　日　　　　　　　　第　　号

借方金额	√	会计科目	贷方金额	√
		合计		

会计主管　　　　记账　　　　审核　　　　制表

科目汇总表每旬汇总一次，每月编制一张，其格式与内容见表 10-2。

表 10-2 科目汇总表

年 月 日 第 号

会计科目	1～10日		11～20日		21～31日		合 计		总账页数
	借方	贷方	借方	贷方	借方	贷方	借方	贷方	
合计									

附单据 张

四、科目汇总表账务处理程序的具体操作步骤

科目汇总表账务处理程序的具体操作步骤如下：

(1) 根据原始凭证或汇总原始凭证，编制收款凭证、付款凭证和转账凭证等记账凭证。

(2) 根据收款凭证和付款凭证，逐笔登记现金日记账和银行存款日记账。

(3) 根据原始凭证、汇总原始凭证和记账凭证登记各种明细账。

(4) 根据一定时期内的全部记账凭证，汇总编制科目汇总表。

(5) 根据定期编制的科目汇总表，登记总分类账。

(6) 定期将现金日记账、银行存款日记账的余额，以及各种明细分类账户的余额合计数，分别与总分类账中有关科目的余额核对相符。

(7) 期末根据核对无误的总分类账和各明细分类账的记录，编制会计报表。

科目汇总表账务处理程序的具体操作步骤如图 10-2 所示。

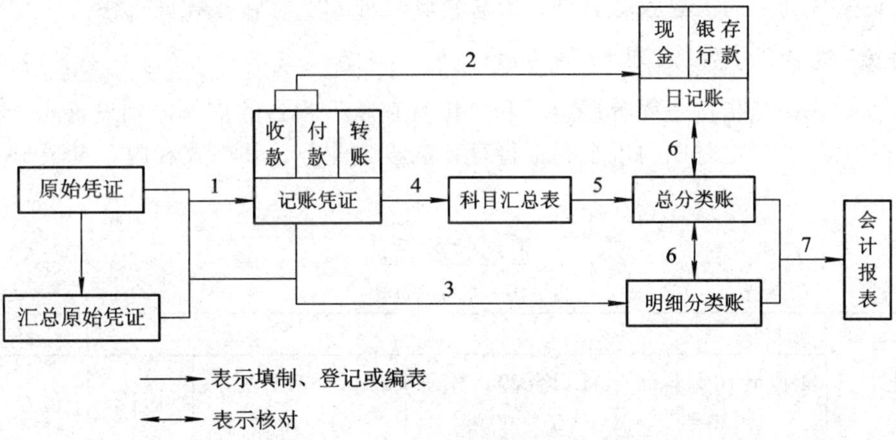

图 10-2 科目汇总表账务处理程序

五、科目汇总表账务处理程序的优缺点和适用范围

科目汇总表账务处理程序与记账凭证账务处理程序相比，其突出的优点是：由于总分类账是根据定期编制的科目汇总表登记的，大大减少了登记总账的工作量；科目汇总表编制方便，并可根据科目汇总表上本期借、贷方发生额合计数之间的相等关系进行试算平衡，

以确保账簿记录的正确性。其不足之处在于，科目汇总表是按总账科目汇总编制的，科目汇总表以及据以登记的总分类账不能反映各个账户的对应关系及经济业务的来龙去脉，不便于查对账目。科目汇总表账务处理程序适用于经济业务量较多的经济单位。

第四节　汇总记账凭证账务处理程序

一、汇总记账凭证账务处理程序的特点

汇总记账凭证账务处理程序的特点是：先定期将全部记账凭证(收、付款凭证和转账凭证)编制成汇总记账凭证(汇总收、付款凭证和汇总转账凭证)，然后根据汇总记账凭证登记总分类账。

二、汇总记账凭证账务处理程序设置的记账凭证和账簿

在汇总记账凭证账务处理程序下，除设置收款凭证、付款凭证和转账凭证外，还应设置汇总收款凭证、汇总付款凭证和汇总转账凭证，作为登记总分类账的依据。与记账凭证核算形式和科目汇总表核算形式相同，设置现金日记账和银行存款日记账，一般采用三栏式；设置总分类账，按每一总账科目设置账页，采用三栏式；设置各种明细分类账，根据需要可采用三栏式、数量金额式或多栏式。

三、汇总记账凭证的编制方法

汇总记账凭证分为汇总收款凭证、汇总付款凭证和汇总转账凭证三种。

(一) 汇总收款凭证及其编制方法

汇总收款凭证是指按“库存现金”和“银行存款”科目的借方分别设置的一种汇总记账凭证，它汇总了一定时期内现金和银行存款的收款业务。其格式和内容见表10-3。

表10-3

汇总收款凭证

借方科目：库存现金　　19××年12月　　第1号

贷方科目	金额				总账页数	
	1日至10日凭证 1～30号	11日至20日凭证 31～60号	21日至31日凭证 61～90号	合计	借方	贷方
其他应收款	80			80	95	10
主营业务收入	600	20		620	95	200
其他业务收入		50	100	150	95	180
管理费用			50	50	95	300
财务费用			100	100	95	100
合计	680	70	250	1000	—	—

汇总收款凭证的编制方法是：将需要进行汇总的收款凭证，按其对应的贷方科目进行归类，计算出每一个贷方科目的发生额合计数，填入汇总收款凭证中。一般可5天或10天汇总一次，每月编制一次。月终，根据计算出的每个贷方科目发生额合计数，据以登记总分类账。

(二) 汇总付款凭证及其编制方法

汇总付款凭证是指按“库存现金”和“银行存款”科目的贷方分别设置的一种记账凭证，它汇总了一定时期内现金和银行存款的付款业务。其格式和内容见表10-4。

表10-4

汇总付款凭证

贷方科目：银行存款　　　　19××年12月　　　　第4号

借方科目	金额				总账页数	
	1日至10日凭证 1～30号	11日至20日凭证 31～60号	21日至31日凭证 61～90号	合计	借方	贷方
应付账款	10 000	5 000		15 000	100	190
材料采购	20 000	10 000	20 000	50 000	260	190
固定资产	20 700			20 700	30	190
应付利息			300	300	50	190
管理费用	200	300	500	1000	300	190
合计	50 900	15 300	20 800	87 000	—	—

汇总付款凭证的编制方法是：将需要进行汇总的付款凭证，按其对应的借方科目进行归类，计算出每一个借方科目的发生额合计数，填入汇总付款凭证中。一般可5天或10天汇总一次，每月编制一张。月终，根据计算出的每个借方科目发生额合计数，据以登记总账。

(三) 汇总转账凭证及其编制方法

汇总转账凭证是指按转账凭证中每一贷方科目分别设置的，用来汇总一定时期内转账业务的一种汇总记账凭证。其格式和内容见表10-5。

表10-5

汇总转账凭证

贷方科目：原材料　　　　19××年12月　　　　第15号

借方科目	金额				总账页数	
	1日至10日凭证 1～30号	11日至20日凭证 31～60号	21日至31日凭证 61～90号	合计	借方	贷方
生产成本		10 000	5 000	20 000	120	240
制造费用	5 000		2 000	2 000	200	240
管理费用		1 000	3 000	4 000	300	240
合计	5 000	11 000	10 000	26 000	—	—

汇总转账凭证的编制方法是：将需要汇总的转账凭证，按其对应的借方科目进行归类，计算出每一个借方科目的发生额合计数，填入汇总转账凭证。一般可以5天或10天汇总一

次，每月编制一张。月终，根据计算出的每个借方科目发生额合计数，据以登记总账。

由于汇总转账凭证上的科目对应关系是一个贷方科目与一个或几个借方科目相对应，因此，在汇总记账凭证账务处理程序下，为了便于编制汇总转账凭证，所有转账凭证也只能按一个贷方科目与一个或几个借方科目对应来填制，不能填制一个借方科目与几个贷方科目相对应的转账凭证。也就是说，可以填制一借一贷和一贷多借的转账凭证，而不能填制一借多贷和多借多贷的转账凭证。

四、汇总记账凭证账务处理程序下总分类账的登记方法

在汇总记账凭证核算形式下，总分类账的登记，是在月终时，根据汇总收款凭证的合计数，记入总分类账中“库存现金”或“银行存款”科目的借方，以及有关科目的贷方；根据汇总付款凭证的合计数，记入总分类账中“库存现金”科目或“银行存款”科目的贷方，以及有关科目的借方；根据汇总转账凭证的合计数，记入总分类账中设证科目的贷方，以及有关科目的借方。采用汇总记账凭证登记总分类账的具体格式和内容见表 10-6 和表 10-7。

表 10-6

总 分 类 账

会计科目：银行存款　　　　第 3 页

19××年		凭证号	摘　要	借方	贷方	借或贷	余额
月	日						
10	1		期初余额			借	106 000
10	10	汇 3	根据银行存款汇总收款凭证	230 000			
10	20	汇 4	根据银行存款汇总付款凭证		100 000	借	236 000
10	20	汇 4	根据银行存款汇总付款凭证		71 060	借	164 940
10	31	汇 3	根据银行存款汇总收款凭证	103 000			
10	31	汇 4	根据银行存款汇总付款凭证		60 900	借	207 040
10	31		本月合计	333 000	231 960	借	207 040

表 10-7

总 分 类 账

会计科目：生产成本　　　　第 9 页

19××年		凭证号	摘　要	借方	贷方	借或贷	余额
月	日						
10			期初余额			借	6 000
10	1	汇 5	根据“原材料”科目贷方汇总转账凭证	104 000		借	110 000
10	10	汇 6	根据“应付职工薪酬”科目贷方汇总转账凭证	50 000			
10	20	汇 7	根据“应付职工薪酬”科目贷方汇总转账凭证	7 000			
10	20	汇 4	根据“银行存款”汇总付款凭证	8 000		借	175 000
10	31	汇 13	根据“制造费用”科目贷方汇总转账凭证	32 000		借	207 000
10	31	汇 14	根据“生产成本”科目贷方汇总转账凭证		200 500	借	6 500
10	31		本月合计	201 000	200 500	借	6 500

五、汇总记账凭证账务处理程序的具体操作步骤

汇总记账凭证财务处理程序的具体操作步骤如下：

(1) 根据原始凭证或汇总原始凭证，编制收款凭证、付款凭证和转账凭证。

(2) 根据收款凭证和付款凭证，登记现金日记账和银行存款日记账。

(3) 根据原始凭证、汇总原始凭证和记账凭证，登记各种明细分类账。

(4) 根据一定时期内的全部记账凭证汇总编制汇总收款凭证、汇总付款凭证和汇总转账凭证。

(5) 根据定期编制的汇总收款凭证、汇总付款凭证和汇总转账凭证，登记总分类账。

(6) 定期将现金日记账、银行存款日记账的余额，及各种明细分类账户的余额合计数，分别与总分类账中有关科目的余额核对相符。

(7) 期末根据核对无误的总分类账和各明细分类账的记录，编制会计报表。

汇总记账凭证账务处理程序的具体操作步骤如图 10-3 所示。

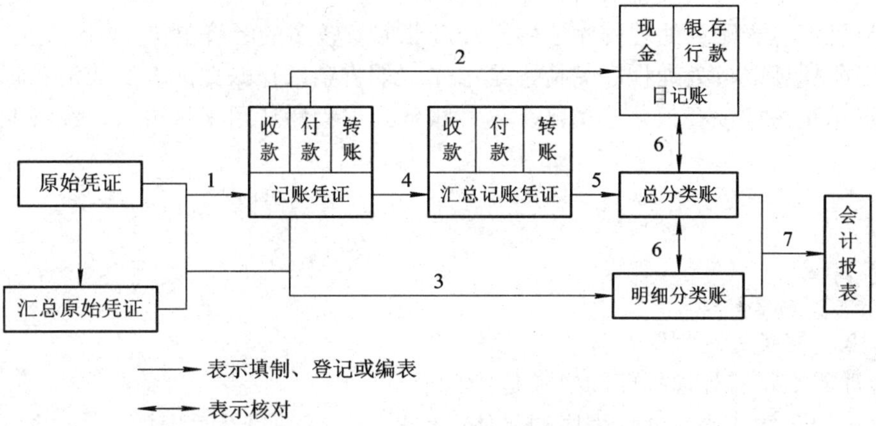

图 10-3　汇总记账凭证财务处理程序

六、汇总记账凭证账务处理程序的优缺点和适用范围

汇总记账凭证账务处理程序与记账凭证账务处理程序和科目汇总表账务处理程序相比，其优点是：由于汇总记账凭证是根据一定时期内全部记账凭证，按照科目对应关系进行归类、汇总编制的，所以便于通过有关科目之间的对应关系，了解经济业务的来龙去脉，这一点克服了科目汇总表的缺点；在汇总记账凭证核算形式下，总分类账根据汇总记账凭证，于期末时一次登记入账，减少了登记总分类账的工作量，这一点就克服了记账凭证账务处理程序的缺点。其不足之处在于，汇总转账凭证是按每一贷方科目，而不是按经济业务的性质归类、汇总的，因而不利于会计核算工作的分工，当转账凭证量多时，编制汇总转账凭证的工作量较大。这种账务处理程序适用于规模大、经济业务较多的经济单位。

本章小结

账务处理程序又称会计核算形式或会计核算程序，是指会计凭证、会计账簿、会计报表和记账程序与方法相互结合的组织形式。各单位应根据各自的实际情况和具体条件，设计并实施适应本单位经济业务特点的账务处理程序。我国各种经济单位采用的账务处理程序一般有六种。

记账凭证财务处理程序是最基本的账务处理程序，它的特点是：直接根据记账凭证，逐笔登记总分类账。记账凭证账务处理程序简单明了，易于理解，其不足之处是登记总分类账的工作量很大。因此，这种账务处理程序一般适用于规模小且经济业务较少的经济单位。

科目汇总表账务处理程序的特点是：首先，定期将所有记账凭证汇总编制科目汇总表。然后，根据科目汇总表登记总分类账。科目汇总表账务处理程序，由于总分类账是根据定期编制的科目汇总表登记的，减少了登记总账的工作量；科目汇总表编制方便，并可根据科目汇总表上本期借、贷发生额合计数之间的相等关系进行试算平衡，以确保账簿记录的正确性。科目汇总表账务处理程序适用于经济业务量较多的经济单位。

汇总记账凭证账务处理程序的特点是：先定期将全部记账凭证编制成汇总记账凭证，然后根据汇总记账凭证登记总分类账。这种账务处理程序适用于规模大、经济业务较多的经济单位。

思考题

1. 什么是账务处理程序？其核心是什么？
2. 合理组织账务处理程序的要求是什么？
3. 试述记账凭证账务处理程序的具体操作步骤、优缺点及适用性。
4. 如何编制科目汇总表？
5. 试述科目汇总表账务处理程序的具体操作步骤、优缺点及适用性。
6. 试述汇总记账凭证账务处理程序的具体操作步骤、优缺点及适用性。

练习题

习题 10-1

一、目的：练习记账凭证账务处理程序。

二、资料：某工厂200×年1月的有关资料如下。

(一) 总分类账户的期初余额如下：

账户名称	借方余额	账户名称	贷方余额
库存现金	960	短期借款	210 000
银行存款	141 200	应付账款	67 470

应收账款	66 000	应付职工薪酬	12 250
其他应收款	1 280	应交税费	15 030
原材料	88 600	应付股利	16 000
生产成本	63 760	应付利息	5 760
库存商品	102 000	累计折旧	41 800
固定资产	328 000	实收资本	400 000
		盈余公积	15 600
		利润分配	7 890
合计	791 800	合计	791 800

(二) 各有关明细分类账户的期初余额如下：

(1) 应收账款——东风公司明细分类账户 66 000 元。

(2) 原材料明细分类账：

A 材料	数量	1240 千克	单价	40 元	金额	49 600 元
B 材料	数量	1500 千克	单价	26 元	金额	39 000 元

(3) 生产成本——乙商品明细分类账户 63 760 元。

其中：直接材料 46 200 元，直接人工 10 940 元，制造费用 6 620 元。

(三) 200×年 1 月发生下列经济业务(增值税税率按 17%计算)：

(1) 2 日，以银行存款预付本年度财产保险费 13 200 元。

(2) 3 日，向中信工厂购进 A 材料 2 000 千克，每千克 38 元。A 材料已验收入库，货款尚未支付。

(3) 4 日，以银行存款支付 2 000 千克 A 材料运输费 3 400 元，装卸费 600 元。

(4) 4 日，上项 A 材料已采购完毕，结转其实际采购成本。

(5) 5 日，以银行存款偿还前欠郑化工厂材料款 62 500 元。

(6) 5 日，采购员李明预支差旅费 900 元，以现金付讫。

(7) 6 日，销售给广灵公司甲商品 200 箱，每箱 260 元，货款尚未收到。

(8) 7 日，以银行存款交纳消费税 6 450 元、所得税 8 580 元。

(9) 7 日，以银行存款支付分配给投资者利润 16 000 元。

(10) 7 日，向银行提取现金 1 100 元，备用。

(11) 8 日，收到东风公司付来以前所欠货款 66 000 元，存入银行。

(12) 8 日，向郑化工厂购进 B 材料 3 000 千克，每千克 25 元。B 材料已验收入库，货款以银行存款支付。

(13) 9 日，以银行存款支付 3 000 千克 B 材料运输费 2 400 元、装卸费 600 元。

(14) 9 日，上项 B 材料已采购完毕，结转其实际采购成本。

(15) 10 日，生产甲商品领用 A 材料 1 500 千克，每千克 40 元；生产乙商品领用 B 材料 1800 千克，每千克 26 元；生产车间一般耗用 A 材料 60 千克，每千克 40 元；予以转账。

(16) 11 日，采购员李清出差回来报销差旅费 960 元，扣除已预付的 900 元，今补付其现金 60 元，以结清其预支款。

(17) 12 日，销售给东风公司乙商品 350 箱，每箱 220 元，货款尚未收到。

(18) 12 日，以银行存款支付销售乙商品运输费 3 500 元。

(19) 13 日，以银行存款支付办公费 4 000 元，其中，生产车间负担 360 元，行政管理部门负担 3640 元。

(20) 14 日，向中信工厂购进 A 材料 1 500 千克，每千克 38 元，A 材料已验收入库，货款尚未支付。

(21) 14 日，以银行存款支付 1 500 千克 A 材料运输费 2 600 元、装卸费 400 元。

(22) 14 日，上项 A 材料已采购完毕，结转其实际采购成本。

(23) 15 日，收到广灵公司前欠货款 60 840 元，存入银行。

(24) 15 日，提取现金 33 000 元，备发工资。

(25) 15 日，以现金 33 000 元发放本月份职工工资。

(26) 16 日，分配本月份职工工资，其中，生产甲商品工人工资 18 000 元，生产乙商品工人工资 9 000 元，车间管理人员 2 500 元，行政管理人员工资 3 500 元。

(27) 17 日，以本月份职工工资总额 14% 计提职工福利费。

(28) 19 日，以银行存款 8 500 元捐赠希望工程。

(29) 20 日，生产甲商品领用 A 材料 1 200 千克，每千克 40 元；生产乙商品领用 B 材料 2 500 千克，每千克 26 元；予以转账。

(30) 21 日，向郑化工厂购进 B 材料 1 200 千克，每千克 25 元。B 材料已验收入库，货款尚未支付。

(31) 22 日，以银行存款支付 1 200 千克 B 材料运输费 1 000 元、装卸费 200 元；B 材料已采购完毕，结转其采购成本。

(32) 23 日，销售给广灵公司甲商品 320 箱，每箱 260 元，货款尚未收到。

(33) 24 日，以银行存款支付推销商品的广告费 2 780 元。

(34) 25 日，收到东风公司前欠货款 90 090 元。

(35) 26 日，销售给东风公司乙商品 160 箱，每箱 220 元，货款尚未收到。

(36) 27 日，计提本月份固定资产折旧费 6 760 元，其中，生产车间 5 040 元，行政管理部门 1720 元。

(37) 28 日，经盘点发现盘亏 A 材料 10 千克，每千克 40 元；盘亏甲商品 2 箱，每箱 260 元，予以转账。

(38) 29 日，经查明盘亏 A 材料 10 千克属于定额损耗，经批准予以转账；盘亏甲商品系管理员王强工作中的差错，经批准 50% 作为企业损失，50% 由王强负责赔偿，并收到其付来的赔偿现金。

(39) 30 日，生产甲商品领用 A 材料 500 千克，每千克 40 元；生产车间一般耗用 B 材料 150 千克，每千克 26 元；予以转账。

(40) 31 日，摊销应由本月份负担的财产保险费，其中，生产车间负担 900 元，行政管理部门负担 200 元。

(41) 31 日，按生产工时分配制造费用，其中，生产甲商品耗用 18 000 工时，生产乙商品耗用 12 000 工时。

(42) 31 日，本月份生产的 1 200 箱乙商品已全部完工，验收入库，结转其生产成本。

(43) 31 日，本月份销售甲商品 520 箱，每箱成本 195 元，销售乙商品 510 箱，每箱成本 160 本，结转其销售成本。

(44) 31 日，按销售商品收入的 3%计提消费税。

(45) 31 日，应付周桥工厂货款 1 600 元，因该企业已被撤销，无法支付，经批准作为资本公积处理。

(46) 31 日，预提本月份短期借款利息 2 628 元。

(47) 31 日，将损溢类账户结转“本年利润”账户。

(48) 31 日，按 33%税率计提所得税，并将所得税结转“本年利润”账户。

(49) 31 日，按净利润的 20% 计提盈余公积金。

(50) 31 日，按净利润的 70% 计提应分配给投资者的利润。

三、要求：

(1) 根据“资料(一)”设置总分类账户、现金日记账和银行存款日记账。

(2) 根据“资料(二)”设置明细分类账户。

(3) 根据“资料(三)”编制收款凭证、付款凭证、转账凭证。

(4) 根据记账凭证登记日记账、总分类账和明细分类账，并结账。

(5) 根据总分类账编制本期发生额及余额试算表。

(6) 根据明细分类账编制应收账款明细分类账户本期发生额及余额试算表和原材料明细分类账本期发生额及余额试算表，并与总分类账进行核对。

(7) 根据总分类账和明细分类账编制资产负债表和利润表。

习题 10-2

一、目的：练习科目汇总表账务处理程序。

二、资料：

(1) 本章习题 10-1 的“资料(一)”。

(2) 本章习题 10-1 编制的收款凭证、付款凭证、转账凭证。

三、要求：

(1) 根据习题 10-1 的“资料(一)”设置总分类账户。

(2) 根据习题 10-1 的“资料(二)”编制科目汇总表。

(3) 根据科目汇总表登记总分类账户，并进行结账。

第十一章

会计电算化

内容提要

会计电算化是计算机技术与现代会计相结合的产物。计算机在会计中的应用，不仅是会计核算工具的改变，更重要的是对会计实务和会计理论的影响。本章主要介绍会计电算化的含义及基本内容，电算化会计信息的构成及岗位设置，电算化会计与手工会计的区别，电子商务与网络会计对会计的影响。

第一节 会计数据处理技术的历史演变

一、会计数据处理技术的历史演变

会计数据处理技术是指对会计数据进行采集、存储、加工和传输等过程中所采用的方法。从信息系统的角度来看，会计是一个旨在提高微观经济效益，加强管理而在组织范围内建立的以提供财务信息为主的经济信息系统，它通过收集、存储、加工和传输会计数据，产生会计信息，向信息的使用者报告信息，来达到预定的目标。会计信息系统的发展与数据处理技术的发展密不可分。会计数据处理技术经历了手工处理、机械处理、电子计算机处理三个阶段，相应地人们也将会计划分为手工会计、机械会计、计算机会计。

(1) 手工会计信息系统阶段。手工会计信息系统阶段的主要特征是对会计数据的收集、分类、汇总、计算和报告等会计数据处理工作，依靠手工操作的方式进行。手工处理方式是最早的会计数据处理方式，它的最大优点是其具有良好的适应性和可靠性。比如当会计规范发生变化，需要对相关会计业务的处理进行调整时，人工操作往往比机器更具灵活性；会计业务的正常处理也不会因电力等外因而中止，更具安全可靠性。但它的缺点也显而易见：效率低、速度慢、准确性差。

(2) 机械会计信息系统阶段。机械会计信息系统阶段的主要特征是在会计数据的处理过程中，会计人员借助各种机电设备，结合一定的手工操作完成各项工作。这一方式中的机电设备主要是指一系列用来完成某一数据处理功能的各种单元处理装置，如穿孔机、验孔机、分类机、卡片整理机、机械式计算机、制表机等。机械处理方式出现于 19 世纪末 20 世纪初西方资本主义国家工业经济大发展时期，它实现了数据处理的半自动化，但由于机械设备笨重、成本过高、操作困难及稳定性差，因此没有得到进一步地推广应用。

(3) 计算机会计信息系统阶段。计算机会计信息系统阶段的主要特征是以电子计算机作为会计数据处理的主要工具，数据的分类、汇总、计算、存储和编报等处理过程由电子计算机自动完成。1946 年世界上第一台电子计算机在美国问世，1954 年美国通用电器公司首次利用电子计算机计算职工薪金，引起会计数据处理技术的变革，开创了利用计算机处理会计数据的新纪元。随着计算机技术地不断发展，计算机逐渐地取代手工操作，成为最主要的数据处理工具。电子计算机数据处理方式不仅大大提高了会计人员的工作效率，而且更为重要的是提高了会计信息的准确性和及时性，给会计的发展带来深远的影响。

二、会计电算化的含义

在我国，计算机技术应用于会计数据处理起步比较晚，会计电算化是计算机在会计工作中的应用的简称。1979 年财政部拨款 500 万元，在长春第一汽车制造厂进行电算化的试点。1981 年 8 月，在长春召开的“财务、会计、成本应用计算机专题讨论会”上，将电子计算机在会计中的应用简称为“会计电算化”，从那之后，会计电算化一词应用开来。随着我国会计电算化事业的发展，其含义也在发展，有广义和狭义之分。

狭义的会计电算化是指以电子计算机为主体的当代电子信息技术在会计工作中的应用。广义的会计电算化则是指与实现会计工作电算化有关的所有工作，包括会计电算化软件的开发和应用，会计电算化人才的培训，会计电算化的宏观规划和管理，会计电算化的制度建设等等。

三、企业实施会计电算化的意义

会计电算化是会计发展史上的一次革命，与手工会计系统相比，不仅仅是处理工具上的变化，在会计数据处理流程、处理方式、内部控制方式及其组织机构等方面都与手工处理处理有许多不同之处，它的产生对会计理论与实务有重大影响，对于提高会计核算的质量、促进会计职能转变、提高经济效益和管理水平意义重大。

(一) 提高会计核算的水平和质量

会计电算化提高会计核算的水平和质量主要表现在以下几个方面：

(1) 减轻会计人员的劳动强度，提高工作效率。在手工会计信息系统中，会计数据处理全部或主要是靠人工操作。因此会计数据处理效率低、错误多、工作量大。实现会计电算化后，只要将会计数据按规定的格式要求输入计算机，计算机便自动、高速、准确地完成数据的校验、加工、传递、存储、检索和输出工作。会计人员可以从繁重的记账、算账、报账工作中解脱出来，凭借计算机的自动化处理，能及时完成各项会计核算任务，因此会计人员的工作效率大大提高。

(2) 缩短会计数据处理的周期，提高会计数据的时效性。在手工操作情况下，企业会计核算工作在信息的及时性上难以适应经济管理的要求。实现会计电算化后，会计凭证进入计算机后，即可审核入账，产生最新账户余额和发生额资料。手工操作条件下表现为一个周期(月、季、年)的会计循环在会计电算化条件下能以实时方式完成。

(3) 提高会计数据处理的正确性和规范性。在手工操作条件下，会计核算不规范，核算工作出现误差是不可避免的现象。实现会计电算化后，由于数据处理工作由计算机根据规范的会计软件自动处理，只要保证输入会计数据的正确性和合法性，一般也保证了整个会计数据处理过程及其结果的正确性和合法性。

(二) 促进会计理论的研究与发展

计算机在会计实务中的应用，不只是核算工具的变革，更重要的是会对会计核算的内容、方法、程序、对象等会计理论和技术产生影响，从而推进会计理论的研究和发展。

(三) 提高企业管理水平

会计电算化提高企业管理水平表现在：

(1) 为经验管理向科学化管理转变创造了条件。在手工操作条件下，受人工处理信息能力的限制，日常企业管理很难建立在科学及时的定量决策基础上，管理和决策的随意性较大。实现会计电算化后，使准确及时地提供各类管理所需信息成为可能，这为实现科学化管理创造了条件。

(2) 为从事后管理向事中控制、事先预测转变创造了条件。在手工操作条件下，受人工处理信息能力的限制，日常企业管理是建立在事后定期核算基础上的。实现会计电算化后，可以实现对经营管理过程的事中控制、反馈和管理，还可通过计算机决策模型对各项管理活动进行事先预测，企业管理现代化水平大大提高。

(3) 为企业全面管理现代化奠定基础。会计电算化的实现，为企业建立全面的管理信息系统奠定了基础。会计信息系统是企业管理信息系统中最重要的一个子系统，企业组织的成员均在一定程度上参与会计数据的产生，并且管理人员均在一定程度上利用会计信息。在实际工作中，企业管理信息系统的建立常常是从会计信息系统开始的，并以会计信息系统为中心发展起来的。

第二节 会计电算化的基本内容和系统概况

一、会计电算化的基本内容

会计电算化的内容比较广泛，可以从不同的角度进行归纳。

(一) 从电算化会计信息系统的角度看

从电算化会计信息系统的角度看，会计电算化是一个人机相结合的系统，它的基本内容包括人员、计算机硬件、计算机软件和会计规范。

(1) 人员，指从事会计电算化工作的人员，如电算化会计主管、系统开发人员、系统维护人员、凭证录入人员、凭证审核人员、会计档案保管人员等。

(2) 计算机硬件，指进行会计数据输入、处理、存储及输出的各种电子设备。

(3) 计算机软件，指系统软件和应用软件。系统软件包括操作系统、数据库管理系统等。会计软件是一种应用软件，是专门用于会计数据处理的软件。

(4) 会计规范，指对会计电算化系统的运行进行控制的各种准则、岗位责任制、内部控制制度等。

(二) 从会计电算化的工作内容看

会计电算化按其工作内容可分为会计核算电算化和会计管理电算化。

(1) 会计核算电算化。会计核算电算化完成的工作主要包括：账务处理电算化、报表编制电算化、核算电算化。账务处理是会计工作中最基础、最重要的部分，主要包括记账凭证的处理、登记会计账簿、进行银行对账等；报表编制电算化是指报表的编制工作由计算机自动进行；核算电算化主要包括工资核算、固定资产核算、存货核算、成本核算等，这些单项核算都应具备由使用者自己设定核算方式的能力和自动编制凭证并自动记账的能力。

(2) 会计管理电算化。会计管理电算化是在会计核算电算化的基础上，利用会计核算提供的数据和其他经济数据，借助计算机会计管理软件提供的功能，帮助会计管理人员合理地进行财务预算、财务预测、财务分析和财务控制等工作。

二、系统概况

(一) 电算化会计信息系统的主要子系统

电算化会计信息系统(又称为计算机会计信息系统)的功能是通过多个子系统来实现的，每个子系统处理特定部分的会计信息，同时各子系统间通过信息传递和核对相互作用，形成完整的会计信息系统。一般将电算化会计信息系统划分为账务处理、工资管理、固定资产管理、往来账款管理、成本管理、存货管理、会计报表、财务分析等子系统。

(1) 账务处理子系统，又称总账子系统，是会计信息系统的核心。该系统的主要功能是以凭证为原始数据，通过凭证的输入、审核处理，在此基础上进行记账、结账、银行对账、账簿查询及打印输出等工作。

(2) 工资管理子系统。该系统的主要功能是以职工个人的原始工资数据为基础，完成职工工资的计算、工资费用的汇总和分配，个人所得税的计算，查询、统计和打印各种工资表，自动编制工资费用分配转账凭证并传递给账务处理系统等工作。

(3) 固定资产管理子系统。该系统的主要功能是存储和管理固定资产卡片，对固定资产的增减变动进行核算，计提折旧和减值准备，生成各种统计报表，生成相应的转账凭证并传递给账务处理系统等。

(4) 往来账款管理子系统。往来账款管理是对应收款项和应付款项等往来业务的管理。通过该系统完成对各种应收账款、应付账款的登记、核销等工作，动态反映往来客户信息，进行账龄分析、计提坏账准备，提供详细的账表统计分析等。

(5) 成本管理子系统。该系统主要提供成本计划、成本核算、成本预测和成本分析等功能。其中，成本核算的基本任务是通过用户对成本核算对象的定义、对成本核算方法的选择，以及对各种费用分配方法的选择，归集和分配成本费用，计算产品总成本和单位成本，输出用户需要的成本核算资料，并编制转账凭证传递给账务处理系统。

(6) 存货管理子系统。该系统主要核算企业存货的收发存业务，及时反映存货的入库、耗用和结存情况，动态地反映企业资金的增减变动，提供存货资金周转和占用分析，为降低库存、减少资金积压、加速资金周转提供决策依据。

(7) 会计报表子系统。该系统主要根据会计核算数据，完成各种会计报表的编制与汇总工作，生成各种内部报表、外部报表及汇总报表，并根据报表数据生成各种分析表和分析图等。

(8) 财务分析子系统。该系统的基本功能是利用会计核算数据，进行财务分析。

(二) 账务处理子系统的主要功能结构

账务处理子系统是电算化会计系统最核心的部分，其主要功能结构如下：

1. 系统初始设置

系统初始化是会计软件启用前根据本单位的具体业务要求对系统的基本设置，包括本单位的会计核算规则、方法和基础数据。主要包括以下内容：

(1) 建立账套。一个账套代表一个核算主体完整的账簿体系。账套设置包括单位名称和性质、启用时间、科目编码规则。

(2) 人员设置，包括操作员姓名、操作权限、操作密码的设置。

(3) 科目及余额设置，包括科目编码、名称、性质、类别，以及科目的年初余额、月初余额、数量数据等基础数据的设置和校验。

(4) 其他设置，如摘要代码设置、内部核算代码设置、凭证类别设置、未达账项设置。

2. 凭证处理

凭证处理是利用账务处理系统进行日常会计核算业务中最经常性的工作，也是日常使用账务处理系统中最基础性的工作。目前的电算化会计系统主要以记账凭证数据作为系统的最基础数据，记账凭证数据的正确性是决定系统输出结果正确与否的基础。一般账务处理系统的凭证处理功能主要包括凭证输入、凭证修改、凭证审核和记账。

3. 账簿输出

在电算化账务处理系统中，所有会计数据和系统处理产生的会计信息，都以电子数据的方式在系统中存放，系统通过应用程序实现了对这些数据和信息的输出。主要包括记账凭证的输出、各科目对应账户的输出及各种日报表的输出等。无论哪一种输出，都是在系统程序的控制下，首先对系统数据进行临时的处理形成该输出所需数据，然后按用户要求的输出方式和输出格式进行输出。

4. 期末业务处理

期末业务处理主要完成期末结转业务记账凭证的自动编制和期末结账工作。

5. 系统维护

系统维护主要包括数据备份、数据恢复、数据清理、口令修改、科目维护等工作。

(三) 电算化会计岗位的设置

单位实现会计电算化后，要按照会计电算化工作的特点和要求，对会计岗位进行调整，增设电算化会计岗位。电算化会计岗位是指直接管理、操作、维护计算机及会计软件系统的岗位。大中型企业的电算化会计可设立如下岗位：

(1) 电算主管。电算主管负责协调计算机及会计软件系统的运行工作，要求具备会计和计算机知识以及相关的会计电算化组织管理的经验。电算化主管可由会计主管兼任，采用中小型计算机和计算机网络会计软件的单位，应设立此岗位。

(2) 软件操作。负责输入记账凭证和原始凭证等会计数据，输出记账凭证、会计账簿、会计报表和进行部分会计数据处理工作，要求具备会计软件操作知识，达到会计电算化初级知识培训的水平，可由基本会计岗位的会计人员兼任。

(3) 审核记账。负责对输入计算机的会计数据进行审核，以保证凭证的合法性、正确性和完整性；负责记账处理，账表的查询、打印输出等。此岗位可由主管会计兼任。

(4) 电算维护。负责保证计算机硬件、软件的正常运行，管理机内会计数据。采用大型、小型计算机和网络会计软件的单位应设立此岗位，并由专职人员担任，要求具备计算机和会计知识，经过会计电算化中级知识培训。维护员一般不对实际会计数据进行操作。

(5) 电算审查。负责监督计算机及会计软件系统的运行，防止利用计算机进行舞弊。采用大中型计算机和大型会计软件的单位可设立此岗位，可由会计稽核人员兼任。

(6) 数据分析。负责对计算机内的会计数据进行分析，采用大型、小型计算机和网络会计软件的单位可设立此岗位，由主管会计兼任。

三、电算化会计与手工会计的区别

电算化会计系统与手工会计系统相比，不仅仅是处理工具的变化，它在数据处理方式、数据处理流程、人员构成和工作组织体制、内部控制方式等方面都与手工处理有不同之处。

(一) 手工会计系统的工作方式

手工会计系统的工作方式包括：

(1) 数据处理方式。手工系统的数据处理工具是算盘或计算器，计算过程中每运算一次需要重复操作一次。信息的载体是纸张构成的单、证、账、表，纸介质记录的内容具有很强的证据性，对于会计工作这是一个很重要的优点。

(2) 数据处理流程。数据处理流程反映了数据从产生、传递到处理、审核以及存档的整个处理过程。在手工会计系统中，财会人员收集各种原始凭证，根据原始凭证填制和审核记账凭证；出纳根据收款凭证和付款凭证，登记现金日记账和银行存款日记账；根据企业业务量的大小，分别由多个会计登记各种明细账；总账会计负责登记总账、编制会计报表等。在实际工作中，由于各单位业务性质不同，组织规模大小不同，经济业务繁简不同，因而形成了记账凭证账务处理程序、科目汇总表账务处理程序、汇总记账凭证账务处理程序等不同的账务处理流程。这些程序的主要区别在于登记总账的依据与方法的不同。

手工会计数据处理流程是在漫长的手工操作环境下逐步发展起来的，它体现着会计固有的基本特征，同时在整个账务处理过程中又反映着基于手工操作这一技术特征。人工操作随时都存在着出差错的可能，为保证操作的正确可靠，手工会计的处理分别由不同的会计人员，根据会计凭证个别地或汇总地登记账簿，通过不同会计人员的不同途径的重复记账、账账核对、试算平衡来保证整个会计数据处理的正确性。

(3) 人员构成和工作组织体制。手工会计系统中的人员都是专业会计人员，根据会计业务的不同内容分成一系列的专业组(工作岗位)，各专业组(工作岗位)完成会计数据的一部分处理工作。整个会计数据的处理分散在各个专业组(工作岗位)中进行，各专业组(工作岗位)间通过信息资料传递、交换建立联系，并相互稽核牵制，使系统正常运转。

(4) 内部控制方式。手工系统对会计凭证的正确性，一般从经济活动的内容、数量、单价、金额、对应科目、记账方向等项目来核对，并通过制单、审核等不同岗位分工来互相促进、互相监督账目的正确性。此外还通过账证核对、账账核对、账实核对来保证数据的正确性。

(二) 电算化会计系统的工作方式

电算化会计系统的工作方式包括：

(1) 数据处理方式。电算化会计系统的数据处理工具是电子计算机。在电算化会计系统中，所有会计数据以文件的形式组织和存放，其存放介质为硬盘或软盘等磁性介质。查看这些会计资料必须通过程序，将数据显示在显示器或通过打印机打印成文字资料。磁介质记录的信息复制方便、查找迅速，但也有修改难以保留痕迹的问题。

电算化会计系统与手工会计系统一样要从原始凭证中获取会计的原始数据，为了计算机自动处理的需要，计算机会计系统必须对会计原始数据进行规范化、标准化处理；原始数据大多由人工输入计算机，再由计算机集中进行处理。由于存在人工操作，出现差错在所难免，一旦出现输入错误，将会导致一系列错误发生，因此在电算化会计系统中必须加强对采集、输入数据的校验，以保证数据的正确性和可靠性。

(2) 数据处理流程。在电算化会计系统中，日常会计数据的处理表现为：人工采集、进行标准化处理并输入计算机；由计算机集中、自动地进行处理；计算机根据使用者的需要自动输出各种会计信息。除输入过程外，数据的计算、处理的过程中几乎没有发生错误的可能性，因此在会计电算化条件下，只要保证会计数据输入的正确性，也就保证了整个数据处理过程的正确性。这样贯穿于手工会计整个数据处理过程的重复记账、账账核对、试算平衡等操作不复存在，同时也废除了手工会计中不同的账务处理程序，使数据处理流程更加简捷、合理。

(3) 人员构成和工作组织体制。电算化会计信息系统中，除了专业会计人员外，还需要计算机操作人员和维护人员共同进行工作。会计工作组织形式发生较大变化，通常按照数据的处理阶段分工组织。

(4) 系统的内部控制。在电算化会计系统中，原来手工系统内部控制制度的基本原则，例如必须有明确的职责分工，账、钱、物分管等仍然是系统内部控制的基本原则。但计算机在硬件和软件结构、环境要求、文档保存等方面的特点决定了电算化会计系统内部控制的变化：控制范围从财务部门扩大到财会部门和计算机处理部门；控制的具体方式从单纯的手工控制转化为组织管理控制、手工控制和计算机程序控制相结合的全面内部控制，控制内容更为广泛，控制的要求也更为严格。

第三节　我国会计电算化发展的现状和趋势

一、我国会计电算化发展

会计电算化发展的过程是一个从实践应用，到会计实务变更，再到会计理论突破的过程，是会计学科发展的必由之路。我国会计电算化的发展相对于西方发达国家，起步晚，主要经历了以下几个阶段：

(一) 缓慢发展阶段

1983年前，我国只有少数大型单位自行组织开发会计软件，在单项会计业务上进行电算化的开发和应用。这个阶段是我国会计电算化工作的起步阶段，但由于会计电算化人才缺乏，计算机硬件昂贵等诸多原因使得其发展缓慢。

(二) 自发发展阶段

1983—1987年，我国电算化会计进入自发发展阶段。微机在国内市场上大量的出现为计算机在会计领域的应用创造了良好的条件，这个时期全国掀起了计算机应用热潮，更多的企业组织力量自行开发会计软件，但基本上处于各自为战、闭门造车的局面。

(三) 稳步发展阶段

自1988我国出现第一批专业软件公司后，商品化会计软件发展迅速，逐步形成了商品化会计软件市场；国家也逐步开始对会计电算化工作进行组织和管理。1989年财政部制定了第一个全国性会计电算化管理的规章《会计核算软件管理的几项规定》，这之后又制定并颁发了一系列文件《会计电算化管理办法》(1994年)、《会计核算软件基本功能规范》(1994年)、《会计电算化工作规范》(1996 年)，使得我国会计电算化工作走上了有组织、有计划的发展轨道，并得到蓬勃发展。

(四) 普及提高发展阶段

自20世纪90年代中后期至今，随着企业与信息技术的发展，我国会计电算化工作发展迅速，计算机被广泛应用到企业会计核算工作，普及率大大提高。同时会计软件的发展也由核算型会计软件进一步向管理型会计软件发展，企业会计电算化向会计信息化发展。

二、我国会计电算化发展趋势

会计电算化发展趋势是不断发展、不断完善的过程。

(1) 会计电算化普及程度及应用水平将进一步提升。随着会计软件的发展，会计电算化人才的培养，企业管理水平的提高，会计电算化将会进一步普及到基层单位，会计软件的应用水平会进一步提升。

(2) 会计电算化管理将更加规范。现有的会计电算化的管理法规对促进我国会计电算化工作的快速发展起到了良好作用，但随着网络技术和现代信息技术的飞速发展与企业管理信息化的不断发展，原有的很多规定已无法规范目前环境下的会计信息系统。作为会计电算化主管部门的财政部，定会在前些年实践摸索的基础上，进一步完善会计电算化管理制度，同时加强实施力度，使会计电算化管理工作更加规范。

(3) 从会计电算化向会计信息化发展。会计信息化是采用现代信息技术，对传统会计模型进行重构，并在重构的现代会计基础上建立技术与会计高度融合的现代信息系统。简而言之，会计信息化是指会计工作与信息技术的结合。会计电算化以计算机为主要技术手段，主要是实现会计处理的自动化；而会计信息化是以计算机网络和通信等现代技术为主，以业务核算为基础，在此基础上进行会计信息管理和决策分析，是企业管理信息系统的重要组成部分。

(4) 财务软件向广度与深度发展。会计电算化的发展与财务软件的发展密不可分，随着我国软件市场的进一步成熟与发展，财务软件的发展会呈现如下的趋：大型数据库将成为财务软件的主流；网络财务将是Internet和电子商务背景下财务软件的必然发展趋；财务软件本身功能日趋增强，功能进一步细分。

第四节　电子商务和网络会计对会计的影响

一、电子商务和网络会计

电子商务在20世纪90年代初首先由美国带头发起并迅速向全球发展。现在一般从狭义和广义两个层次来定义电子商务：狭义的电子商务是指利用信息技术手段在网上进行的商品交易活动；广义的电子商务也称电子商业，是指利用Web进行的全部商业活动，这些商业活动可以发生在公司内部。

网络会计是基于Internet/Intranet技术，以会计系统为核心，以整合实现企业电子商务为目标，将业务管理与财务管理一体化，实现各种远程操作(如远程记账、远程报表、远程查账、远程审计、远程监控等)和事中动态会计核算与在线财务管理，能够处理电子单据和进行电子货币结算的一种全新的财务、会计模式，是电子商务的重要组成部分。

二、电子商务和网络会计对会计的影响

电子商务造就了自动化、无纸化、数字化的社会经济环境，改变了企业的生产方式和管理模式，从而也改变了传统会计运作的环境。电子商务和网络会计的发展给传统的会计带来很大的冲击，影响着会计理论与实务。

(一) 对传统会计理论的冲击

会计理论是建立在相应的会计环境上的，电子商务极大地改变了传统会计的环境，必然会对会计理论带来影响。如电子商社作为一个虚拟的企业，加上其在存续时间上存在不稳定性，这就给会计主体的认定、持续经营的判别带来困难。又如网络上的数字化产品，无法用物质资产的方法对其进行会计确认与计量，传统的会计要素理论及相应的计量原则受到挑战。

(二) 对相关会计法规的冲击

电子商务的数字签名代替了纸面签名，这必然对传统的适应于纸面交易的现行商业法规包括会计法规带来冲击。需要解决的问题包括交易双方身份认证办法在会计上的确认、电子合同的合法性程序在会计上的确认及电子支付的管理，等等。

(三) 对传统货币及其结算体系的冲击

在电子商务下，传统支票、现金的结算方式将逐步被数字货币所替代。数字货币是采

用电子技术和通信手段在市场上流通的按照法定货币单位来反映商品价值的信用货币。如何保证数字货币的安全、保证对方的真实性等问题将成为电子商务网上支付的最突出问题。

(四) 财务软件的发展问题

电子商务环境中的财务软件必须是建立在Internet的基础上的，因此我国财务软件面临着向网络财务软件提升的任务，并处理好财务与业务在网上的协同问题。

本章小结

会计数据处理技术经历了手工处理、机械处理、电子计算机处理三个阶段。会计电算化是将电子计算机技术应用到会计业务处理工作中，应用会计软件，由计算机代替手工对会计信息进行加工、处理。开展会计电算化工作可以提高企业会计核算的水平和质量；促进会计理论的研究与发展；提高企业的管理水平。

在电算化会计系统中，账务处理系统是其最基本、最核心的子系统，企业开展会计电算化工作基本都是从账务处理子系统开始的。本章第二节简要的介绍财务处理子系统的主要功能结构。

会计电算化是会计发展史上的一次革命，我国会计电算化起步晚，主要经历了四个发展阶段：缓慢发展阶段、自发发展阶段、稳步发展阶段和普及提高发展阶段。我国会计电算化发展趋势是不断发展，不断完善的过程。

随着信息技术的发展，电子商务和网络会计给传统会计带来很大的冲击，影响着会计理论与实务。

思考题

1. 电算化会计信息系统主要包括哪些子系统？各子系统的基本功能是什么？
2. 比较电算化会计系统手工会计系统的异同。
3. 电算化会计岗位有哪些？其主要权限是什么？
4. 简述我国财务软件的发展。
5. 简述电子商务对会计的影响。

练习题

一、单项选择题

1. 电算化会计信息中核心子系统是(　　)子系统。

   A. 账务处理　　B. 存货　　C. 报表处理　　D. 工资

2. 一个会计软件系统一般由(　　)功能模块组成。

   A. 1个　　B. 2个　　C. 3个　　D. 多个

3．会计电算化简单说就是(　　)在会计工作中的应用。

A．会计理论　　B．会计准则
C．计算机技术　　D．会计法规

4．账务处理模块能够处理(　　)。

A．记账凭证的录入　　B．工资计算
C．固定资产卡片输出　　D．输出工资明细数据

5．在会计电算化环境下，不属于软件操作员的责任是(　　)。

A．负责输入输出数据工作　　B．审核凭证、对软硬件故障进行维护
C．负责数据备份　　D．数据输入完毕可进行自检核对工作

6．账务处理系统初始化工作包括(　　)。

A．设置账套　　B．凭证录入
C．记账　　D．期末业务处理

7．我国第一部全国性会计电算化管理的规章是(　　)。

A．《会计核算软件管理的几项规定》　　B．《会计电算化管理办法》
C．《会计核算软件基本功能规范》　　D．《会计电算化工作规范》

8．会计核算软件是一种(　　)。

A．记账规则　　B．计算机应用软件
C．系统软件　　D．计算机语言

9．会计电算化可以提高(　　)。

A．会计人员的工作乐趣　　B．会计理论的可理解性
C．会计人员的劳动强度　　D．会计核算的质量

10．在会计软件中，初始化的作用是设置具体核算规则和(　　)。

A．建立账簿　　B．建立会计科目
C．输入有关基础数据通信　　D．输入会计科目余额

二、判断题

1．会计电算化方式下数据处理流程与手工方式没有区别。(　　)

2．一般来说，实行计算机记账后，只要记账凭证录入正确，计算机自动记账后各种账簿都应是正确的。(　　)

3．会计数据的处理技术经历了手工处理和计算机处理两个阶段。(　　)

4．电算化会计系统是一个人机系统，由人员、计算机硬件、计算机软件及会计规范四个部分组成。(　　)

5．工资管理子系统、固定资产管理子系统独立于账务处理子系统，不存在数据的传递关系。(　　)

6．电算化下，企业的会计岗位与手工会计岗位的设置没有差别。(　　)

7．一般账务处理系统的凭证处理功能主要包括凭证输入、凭证修改、凭证审核和记账。(　　)

8．会计电算化只能提高会计数据处理的时效性，并不能提高数据的准确性。(　　)

9．会计核算软件不包括报表处理功能。(　　)

10．会计电算化的概念有狭义和广义之分。(　　)

第十二章

会计工作组织

内容提要

本章主要介绍合理组织会计工作的意义和要求，以及会计机构的设置、会计人员的配备、会计规范的建立、会计档案管理等会计工作组织以及会计工作交接的内容和要求。

第一节　会计工作组织的意义和要求

一、会计工作组织的意义

会计工作组织，从广义讲，凡是与组织会计工作有关的一切事项都可以包括在会计组织之内。从狭义来讲，会计工作组织仅包括会计人员的配备、会计机构的设置、会计法规的制定与执行以及会计档案的保管。科学地组织会计工作对全面完成会计任务，充分发挥会计在经济管理中的作用，具有重要意义。

1．有利于保证会计工作质量，提高会计工作效率

会计工作是一项严密而细致的工作，会计所反映的经济活动是错综复杂的，必须经过会计凭证、会计账簿、会计报表等一系列方法以及相应的手续和程序对数据进行记录、计算、分类、汇总、分析、检查等，来连续、系统、全面地反映和监督单位的财务收支和经营成果。如果没有专职的机构和工作人员，没有一套科学的工作制度和严密的工作程序，就不能圆满地完成会计的任务，保证会计工作的质量和效率。

2．有利于会计工作与其他经济管理工作的相互协调、相互配合，共同完成经济管理的任务

会计工作是一项综合性的经济管理工作，它既具有相对独立性，又同其他经济管理工作有着十分密切的联系。只有科学地组织会计工作，使会计工作同其他经济管理工作在加强科学管理、提高效益的目标下，相互协调、相互补充、相互配合，才能共同完成经济管理的多项任务。

3．有利于加强单位内部经济责任制

经济责任制是各单位实行内部经济管理的重要手段，而实行内部经济责任制离不开会计工作。内部经济责任制中业绩考核和评价、预测和决策等工作，都需要会计所提供的信息，都离不开会计工作的支持和配合。只有科学地组织会计工作，才能促使单位内部各部门更好地履行自己的经济责任，加强经济核算，从而巩固和加强单位内部经济责任制。

4．有利于会计法规、制度的执行，维护相关方面的经济利益和社会经济秩序

作为单位内部的一项管理活动，会计主要对本单位的经济活动进行核算和监督。但会计工作所处理的经济业务事项涉及单位内部和外部各方面的利益关系。因此，科学地组织会计工作，才能从组织上保证国家有关会计法规、制度的贯彻执行，才能维护包括国家在内的各相关方面的经济利益和良好的社会经济秩序。

二、组织会计工作的要求

科学地组织会计工作，应符合以下要求。

1．组织会计工作要符合国家对会计工作的统一要求

在社会主义市场经济条件下，会计所提供的会计信息，除了满足有关各方了解会计主体财务状况、经营成果和现金流量的需要和加强内部经营管理的需要，还应当符合国家宏观经济管理的要求。因此，会计资料是一项重要的社会性资源，必须规范会计工作才能保证会计工作在经济管理中的作用。我国《会计法》明确规定：我国实行统一的会计制度，国务院财政部门主管全国的会计工作，各企业、事业和行政机关等单位组织会计工作，必须符合国家的统一要求。

2．组织会计工作要适应各单位生产经营的特点

各会计主体由于经济业务特点不同、管理要求不同，在组织会计工作中也不能千篇一律。在不违背国家的统一要求下，还要结合实际情况和具体要求，适应本单位的特点，对会计机构的设置和会计人员的配备与分工，以及对统一会计法规的执行等方面，都要结合本单位业务经营的特点和经济规模大小等具体情况来确定。

3．组织会计工作要协调同其他经济管理工作的关系

经济管理工作是一个系统，会计则是这一系统的重要组成部分，各个组成部分只有按系统目标的要求相互协调、相互配合，系统才能有效地运行。因此，组织会计工作时，必须坚持协调好会计工作与其他经济管理工作的关系。

4．组织会计工作要不断提高会计工作质量，讲求工作效率，节约费用

组织会计工作时，在完成会计任务和保证会计工作质量的前提下，还要坚持成本效益原则，要合理、精简地设置会计机构，配备会计人员及建立会计工作的各项程序和手续，防止和避免机构臃肿、重复劳动和无效劳动等情况的发生。

第二节 会计机构

会计机构是直接从事和组织领导会计工作的职能部门。建立和健全会计机构是加强会计工作、保证会计工作顺利进行的重要条件。

一、会计机构的设置

企业、事业等单位都要设置从事会计工作的专职机构。在我国，由于会计工作和财务工作都是综合性经济管理工作，它们之间的关系非常密切，因此通常把两者合并在一起，设置一个财务会计机构，例如，企业设置的财务会计科(处)或称财务科(处)等。所以会计机构通常是指财务会计部门。

为了保证会计工作顺利进行和充分发挥作用，各企业、事业等单位一般都应单独设置会计机构。在一些规模小、会计业务简单的单位，如果不单独设置会计机构，应在有关机构中设置会计人员并指定会计主管人员，以保证会计工作的正常进行。在一些规模大、会计业务复杂且量大的单位，可根据“统一领导，分级管理”的原则，在单位内部设置各级、各部门的会计组织。各单位可以根据会计业务量的多少，单独设置会计组织或设会计人员。

基层单位的会计机构一般称为会计(财务)处、科、股、组等。各单位的会计机构在行政领导人的领导下开展会计工作。在设置总会计师的单位，其会计机构由总会计师直接领导，同时也接受上级财务会计部门的指导和监督。

各级主管部门一般设置会计(财务)司、局、处、科。这些会计机构要负责组织、领导和监督所属单位的会计工作，它们的主要任务是：根据国家统一会计法规、制度的要求，制定本系统适用的会计法规、制度的实施细则；审核并批复所属单位上报的会计报表，同时汇总编制本系统的汇总会计报表；检查和指导所属单位的会计工作，帮助其解决工作上的问题；总结并组织交流所属单位会计工作的先进经验；核算本单位与财政机关以及上下级之间有关款项缴拨的会计事项等。

会计机构是一个综合性经济管理部门，它和单位内部其他各职能部门、各生产经营业务单位的工作有着十分密切的联系，会计机构要主动为各职能部门、各业务单位服务，并依靠各职能部门和业务单位共同做好会计工作，完成会计任务。

会计机构要接受上级管理机构以及国家财政、税务和审计等部门的指导与监督，并按规定向这些部门报送会计报表。

二、会计工作的组织形式

会计机构内部应当建立稽核制度。出纳人员不得兼任稽核、会计档案保管，以及收入、支出、费用、债权债务账目的登记工作。独立核算单位会计工作的组织形式一般分为集中核算和非集中核算两种。

集中核算就是把整个单位的会计工作主要集中在会计部门进行。单位内部的其他部门，以及下属单位只对其发生的经济业务填制原始凭证或原始凭证汇总表，送交会计部门。原始凭证或原始凭证汇总表由会计部门审核，然后据以填制记账凭证，登记有关账簿，编制会计报表。

非集中核算又称分散核算，是将会计工作分散在各有关部门进行，各会计部门负责本单位范围内的会计工作，单位内部会计部门以外的其他部门和下属单位，在会计部门的指导下，对发生在本部门或本单位的经济业务进行核算。

在一个单位内部，对各部门和下属单位所发生的经济业务可以分别采取集中核算和非集中核算。实行集中核算或非集中核算主要取决于经营管理的需要。如果该单位内部要实行内部经济核算制，需要实行分级管理、分级核算，一般应实行非集中核算，这有利于各部门及时利用核算资料进行日常考核和分析，因地制宜地解决生产、经营管理上的问题。如果该单位规模较小，经济业务不多，实行集中核算可以减少核算层次，精简机构，减少会计人员。

在实行内部经济核算制的单位中，各部门和下属单位都有一定的经营管理权，负有完成各项任务的责任，并可按照工作成果取得一定的物质利益。这些部门为了反映和考核各自的经营成果，可以进行比较全面的核算。但这些部门和单位不能单独与外单位签订购销合同，也不能在银行开设结算户，同外单位发生的债权债务的结算要通过会计部门负责办理。因此，实行内部经济核算制单位的各部门和下属单位并不是独立核算单位。所谓独立核算单位，是对本身生产经营活动或业务活动过程及其结果进行全面、系统、独立会计核算的单位。这些单位通常拥有一定量的资金，在银行独立开户，对外办理结算，独立编制计划，单独计算盈亏和编报会计报表，并具有完整的凭证、账簿系统，完整、全面地进行记账、算账，定期编报会计报表，并对其经济活动进行分析与检查。而非独立核算单位又称报账单位，是向上级机构领取一定量物资和备用金从事业务活动，定期地报送日常业务资料，由上级机构综合进行会计核算的单位。这些单位取得的一切收入全数上交给上级机构，发生的各项开支则向上级机构报销，平时只进行原始凭证的填制、整理和汇总，以及现金账、实物明细账的登记工作，没有完整的会计核算，不独立计算盈亏，不单独编制会计报表。

会计机构对单位内部各个非独立核算单位的核算工作应加强指导和监督。

三、会计机构的岗位责任制

会计机构的岗位责任制，又称会计人员岗位责任制，指在会计机构内部按照会计工作的内容和会计人员的配备情况，将会计机构的工作划分为若干个岗位，并为每个岗位规定职责和要求的责任制度。各单位应本着有利于加强会计管理，改进工作作风，提高工作效率，以及有利于分清职责、严明纪律、考核干部的要求，建立健全会计机构岗位责任制。

实践证明，建立会计机构的岗位责任制，使每一项会计工作都有专人负责，每一个会计人员都有明确的职责，办事有要求，工作有检查，可以加强会计管理，提高工作效率，保证会计工作有秩序地进行，并且有利于考核会计人员的工作成绩。

各单位建立会计机构的岗位责任制要同本单位的经济责任制相联系，实行以责定权、权责明确、严格考核、有奖有惩的原则。

各单位建立会计机构的岗位责任制要从本单位会计业务量和会计人员配备的实际情况出发，按照效益和精简的原则划分工作岗位。会计人员的工作岗位一般可分为：会计主管、出纳、财产物资核算、工资核算、成本费用核算、收入利润核算、资金核算、往来结算、总账报表、稽核等。这些岗位可以一人一岗、一人多岗或一岗多人，各单位可以根据自身特点具体确定。为贯彻内部牵制原则，出纳人员不得兼管稽核，会计档案保管及收入、费用、债权债务账目的登记工作。在较大规模的单位中，会计业务量大，会计人员较多，会计机构内部可以按经济业务的类别划分岗位，设立若干职能组，分别负责各项业务工作。如设立综合财务组、工资组、资金组、成本组、会计组等，并按分管的业务明确职责要求。有些单位按经济业务和会计方法相结合的原则进行分工，设置资金核算组、成本核算组、综合报表组、审核分析组和计划决策组等，以便发挥会计的职能作用。

各个岗位上的会计人员在完成本职工作的同时，要与其他岗位上的会计人员密切配合、互相协作，共同做好本单位的会计工作。实行会计人员岗位责任制，并不要求会计人员长期固定在某一工作岗位上，会计人员之间的分工，应该有计划地进行轮换，以便会计人员能够比较全面地了解和熟悉各项会计工作，提高业务水平，便于相互协作，提高工作效率，把会计工作做得更好。

四、内部会计监督制度

《会计法》规定，各单位应当建立、健全本单位内部会计监督制度。单位内部会计监督制度应当符合下列要求：① 记账人员与经济业务事项和会计事项的审批人员、经办人员、财物保管人员的职责权限应当明确，并相互分离、相互制约。即会计事项相关人员的职责权限应当明确，将失误、舞弊等问题控制到最低限度。② 重大对外投资、资产处置、资金调度和其他重要经济业务事项的决策和执行的相互监督、相互制约程序应当明确。③ 财产清查的范围、期限和组织程序应当明确。④ 对会计资料定期进行内部审计的办法和程序应当明确。

单位内部会计监督制度是一个单位为了保护其资产的安全完整，保证其经营活动符合国家法律、法规和内部规章要求，提高经营管理效率，防止舞弊，控制风险等目的，而在单位内部采取的一系列相互联系、相互制约的制度和方法。单位内部会计监督制度的内容非常广泛，不同经济性质、经营规模、管理基础的单位对内部会计监督制度有不同的内容和要求，各单位应根据本单位管理的需要和实际情况将《会计法》的规定加以具体化。

第三节 会 计 人 员

会计人员，是指直接从事会计工作的人员。建立健全会计机构，配备数量和素质相当，具备从业资格的会计人员，是各单位做好会计工作、充分发挥会计职能作用的重要保证。

为了充分发挥和调动会计人员的积极性和主动性，使全体会计人员更好地完成会计工作任务，在《会计法》和有关会计人员管理的法规中，对会计人员的职责与权限、专业职务、任免和奖惩等都作了明确的规定。

一、会计人员的职责与权限

(一) 会计人员的职责

会计人员的职责概括起来是，及时提供真实可靠的会计信息，认真贯彻执行和维护国家财经制度和财经纪律，积极参与经营管理，提高经济效益。根据《会计法》的规定，会计人员的主要职责有以下几方面：

(1) 进行会计核算。会计人员要以实际发生的经济业务为依据，记账、算账、报账，做到手续完备、内容真实、数字准确、账目清楚、日清月结、按期报账，如实反映财务状况、经营成果和财务状况变动，满足国家宏观经济管理、企业加强内部经营管理和有关各方决策的需要。

进行会计核算，及时提供真实可靠的、能满足有关各方需要的会计信息是会计人员最基本的职责，也是做好会计工作的最起码的要求。

(2) 实行会计监督。各单位的会计机构、会计人员对本单位实行会计监督。会计人员对不真实、不合法的原始凭证不予受理；对记载不准确、不完整的原始凭证予以退回，要求更正补充；发现账簿记录与实物、款项不符时，应当按照有关规定进行处理；无权自行处理的，应当立即向本单位行政领导人报告，请求查明原因，作出处理；对违反国家统一会计制度规定的收支不予办理。

各单位必须接受审计机关、财政机关和税务机关依照法律和国家有关规定进行的监督，如实提供会计凭证、会计账簿、会计报表和其他会计资料以及有关情况，不得拒绝、隐匿、谎报。

(3) 拟定本单位办理会计事务的具体办法。国家制定的统一会计法规只对会计工作管理和会计事务处理办法作出一般规定。各单位要依据国家颁发的会计法规，结合本单位的特点和需要，建立、健全本单位内部使用的会计事项处理办法。例如：建立会计人员岗位责任制、内部牵制和稽核制度，制定分级核算、分级管理办法和费用开支报销手续办法等。

(4) 参与拟定经济计划、业务计划，考核、分析预算、财务计划的执行情况。各单位编制的经济计划或业务计划是指导该单位经济活动或业务活动的主要依据，也是会计人员编制财务计划的重要依据，会计人员参与经济计划、业务计划的制订，不仅有利于编制切实可行的财务计划，而且可以发挥会计人员联系面广泛、经济信息灵通的优势，在拟定经济计划、业务计划方面起到参谋作用。

会计人员通过会计核算和会计监督，可以考核、检查各项收支预算或财务计划的执行情况，提出进一步改善经营管理、提高经济效益的建议和措施。

(5) 办理其他会计事务。发展经济离不开会计，经济越发展，社会分工越细，生产力水平越高，人们对经济管理的要求也就越高，作为经济管理的重要组成部分的会计也就越重要、越发展，会计事务也必然日趋丰富多样。例如：实行责任会计、经营决策会计、电算化会计等。

会计人员的职责是考核会计人员工作质量的重要标准。会计人员应守职尽责，努力做好会计核算、会计监督、会计分析、会计检查等各项会计工作，为经济建设服务。

(二) 会计人员的工作权限

为了保障会计人员能够顺利地履行自己的职责，国家对他们赋予了必要的工作权限，主要有以下几方面：

(1) 有权要求本单位有关部门、人员认真执行国家批准的计划、预算，遵守国家法律及财经纪律和会计制度。如有违反法律、法规的情况，会计人员有权拒绝付款、拒绝报销或拒绝执行，并向本单位领导人报告。对于弄虚作假、营私舞弊、欺骗上级等违法乱纪行为，会计人员必须坚决拒绝执行，并向本单位领导人或上级机关执法部门报告。

会计人员对于违反制度、法令的事项不拒绝执行，又不向领导人或上级机关、财政部门报告的，应同有关人员负连带责任。

(2) 有权参与本单位编制计划、制定定额、签订经济合同等活动，以及参加有关的生产、经营管理会议。单位领导和有关部门对会计人员提出的财务开支和经济效益方面的问题和意见要认真考虑，合理的意见要加以采纳。

(3) 有权监督、检查本单位有关部门的财务收支、资金使用和财产保管、收发、计量、检验等情况。有关部门要提供资料，如实反映情况。

为了保障会计人员行使工作权力，各级领导和有关人员要支持会计人员行使工作权力。本单位领导人、上级机关和执法部门对会计人员反映的有关损害国家利益、违反财经纪律等问题，要认真及时地调查处理。如果反映的情况属实，不及时采取措施加以纠正，由领导人和上级机关负责。如果有人对会计人员坚持原则、反映情况进行刁难、阻挠或打击报复，上级机关要查明情况，严肃处理，情节严重的，要给以党纪国法制裁。确立上述法律责任，就能从法律上保护并鼓励会计人员为维护国家利益、维护财政制度和财务制度、保护公共财产、加强经济管理、提高经济效益而坚持原则，履行自己的职责。

二、会计人员的条件

《会计法》规定，会计人员应当具备从事会计工作所需要的专业能力。

担任单位会计机构负责人（会计主管人员）的，应当具备会计师以上专业技术职务资格或者从事会计工作三年以上经历。

会计人员应当遵守职业道德，提高业务素质。

三、会计人员专业技术职务

为了合理使用会计人员，充分发挥会计人员的积极性和创造性，企业、事业等单位的会计人员依据学历、从事财务会计工作的年限、业务水平和工作成绩，并通过专业技术资格考试后，可以确定专业技术职务。目前会计专业职务名称定为：会计员、助理会计师、会计师、高级会计师。会计员和助理会计师为初级职务，会计师为中级职务，高级会计师为高级职务。

会计专业技术资格，是指担任会计专业职务的任职资格，分为初级资格、中级资格和高级资格。初级、中级会计资格的取得试行全国统一考试制度；高级会计师资格试行考试与评比相结合制度。

(一) 会计员的基本条件

初步掌握财务会计知识和技能，熟悉并能遵照执行有关会计法规和财务会计制度，能担负一个岗位的财务会计工作，大学专科或中等专业学校毕业，在财务会计工作岗位上见习 1 年期满，并通过初级会计专业技术资格考试。会计员的基本职责为：负责具体审核和办理财务收支，编制记账凭证，登记会计账簿，编制会计报表和办理其他会计事务。

因有提供虚假财务会计报告，做假账、隐匿或者故意销毁会计凭证、会计账簿、财务会计报告，贪污、挪用公款等与会计职务有关的违法行为并被处以刑事责任的人员，不得取得或者重新取得会计从业资格证书。

(二) 助理会计师的基本条件

掌握一般的财务会计基础理论和专业知识，熟悉并能正确执行有关财经方针、政策和财务会计法规、制度，能担负一个方面或某个重要岗位工作，取得硕士学位或取得第二学士学位，或研究生结业证书，具备履行助理会计师职责的能力；或大学本科毕业，在财务会计工作岗位上见习 1 年期满；或大学专科毕业并担任会计员职务 2 年以上；或中等专业学校毕业并担任会计员职务 4 年以上，并通过初级会计专业技术资格考试。

助理会计师的基本职责为：负责草拟一般的财务会计制度、规定、办法；解释、解答财务会计法规、制度中的一般规定；分析、检查某一方面或某些项目的财务收支和预算的执行情况。

(三) 会计师的基本条件

较系统地掌握财务会计基础理论和专业知识，掌握并能正确贯彻执行有关的财经方针、政策和财务会计法规、制度，具有一定的财务会计工作经验，能担负一个单位或管理一个地区、一个部门、一个系统某个方面的财务会计工作，取得博士学位，并具有履行会计师职责的能力；取得硕士学位并担任助理会计师职务 2 年左右；或取得第二学士学位或研究生结业证书，并担任助理会计师职务 2 年～3 年；或大学本科或大学专科毕业并担任助理会计师职务 4 年以上，掌握一门外语，并通过中级会计专业技术资格考试。

会计师的基本职责为：负责草拟比较重要的财务会计制度、规定、办法；解释、解答财务会计法规、制度中的重要问题；分析、检查财务收支和预算的执行情况；培养初级会计人员。

(四) 高级会计师的基本条件

较系统地掌握经济、财务会计理论和专业知识，具有较高的政策水平和丰富的财务会计工作经验，能担负一个地区、一个部门或一个系统的财务会计管理工作，取得博士学位并担任会计师职务 2 年～3 年；或取得硕士学位、第二学士学位或研究生结业证书，或大学本科毕业并担任会计师职务 5 年以上，并通过高级会计专业技术资格考试。

高级会计师的基本职责为：负责草拟和解释、解答在一个地区、一个部门、一个系统或在全国施行的财务会计法规、制度、办法；组织和指导一个地区或一个部门、一个系统的经济核算和财务会计工作；培养中级会计人员。

确定专业职务对学历和从事财务会计工作年限都有相应的要求，但对确有真才实学、成绩显著、贡献突出、符合任职条件的，在确定其相应专业职务时，可以不受学历和工作年限的限制。

四、总会计师

我国从 1961 年开始在规模较大的国有企业中逐步试行总会计师制度。1978 年，国务院颁发施行的《会计人员职权条例》中规定，企业要建立总会计师经济责任制。大中型企业要设置总会计师，主管本单位的经济核算和财务会计工作；小型企业要指定一名副厂长行使总会计师的职权。1990年底，为了确定总会计师的职权和地位，发挥总会计师在加强经济管理、提高经济效益中的作用，国务院发布施行了《总会计师条例》。条例明确规定，总会计师是单位行政领导成员，协助单位主要行政领导人工作，直接对单位主要行政领导人负责；总会计师组织领导本单位的财务管理、成本管理、预算管理、会计核算和会计监督等方面的工作，参与本单位重要经济问题的分析和决策，并具体组织本单位执行国家有关财经法律、法规、方针、政策和制度，保护国家财产。2000年施行的《会计法》规定国有和国有资产占控股地位或者主导地位的大中型企业必须设置总会计师。

总会计师是一个行政职位，而不是会计人员专业技术职务。但总会计师必须是取得会计师任职资格后主管一个单位或者单位内一个重要方面的财务会计工作时间不少于3年的会计人员。

(一) 总会计师的基本职责

总会计师的基本职责有：

(1) 负责组织本单位的下列工作：编制和执行预算、财务收支计划、信贷计划，拟定资金筹措和使用方案，开辟财源，有效地使用资金；进行成本费用预测、计划、控制、核算、分析和考核，督促本单位有关会计人员依法行使职权。

(2) 协助单位主要行政领导人对企业的生产经营、业务发展以及基本建设投资等问题作出决策；参与新产品开发、技术改造、科技研究、商品(劳务)价格和工资奖金等方案的制订；参与重大经济合同和经济协议的研究、审查。

(二) 总会计师的工作权限

总会计师的工作权限主要有以下几点：

(1) 对违反国家财经法律、法规、方针、政策、制度和有可能在经济上造成损失、浪费的行为，有权制止或者纠正；制止、纠正无效时，提请单位主要行政领导人处理。

(2) 有权组织本单位各职能部门、直属基层组织的经济核算、财务会计和成本管理方面的工作。

(3) 主管审批财务收支工作。除一般的财务收支可以由总会计师授权的财会机构负责人或者其他指定人员审批外，重大的财务收支需经总会计师审批或者由总会计师报单位主要行政领导人批准。

(4) 预算与财务收支计划、成本和费用计划、信贷计划、财务专题报告、会计决算报表需经总会计师签署；涉及财务收支的重大业务计划、经济合同、经济协议等在单位内部需经总会计师会签。

(5) 会计人员的任用、晋升、调动、奖惩应当事先征求总会计师的意见；财会机构负责人或者会计主管人员的人选应当由总会计师进行业务考核，依照有关规定审批。

企业的总会计师由本单位主要行政领导人提名，政府主管部门任命或聘任；免职或者解聘程序与任命或聘任程序相同。

实践证明，不断完善总会计师制度，有利于协调企业内部的各项管理工作，改善经营管理，提高经济效益。

五、会计人员的法律责任

《会计法》规定会计人员的法律责任主要有以下几个方面：

(一) 违反《会计法》的法律责任

会计人员违反《会计法》的行为主要有：

(1) 不依法设置会计账簿的行为；

(2) 私设会计账簿的行为；

(3) 未按照规定填制、取得原始凭证或者填制不符合规定的行为；取得的原始凭证不符符合规定的行为；

(4) 以未经审核的记账凭证为依据登记会计账簿或者登记会计账簿不符合规定的行为；

(5) 随意变更会计处理方法的行为；

(6) 向不同的会计资料使用者提供的财务会计报告编制依据不一致的行为；未按照规定使用会计记录文字或者记账本位币的行为；未按照规定保管会计资料，致使会计资料毁损、灭失的行为；

(7) 未按照规定建立并实施单位内部会计监督制度或者拒绝依法实施监督，或者不如实提供有关会计资料及有关情况的行为；

(8) 任用会计人员不符合本法规定的行为。

会计人员如果出现有上述行为之一的，由县级以上人民政府财政部门责令限期改正，可以对单位并处3000元以上5万元以下的罚款；对其直接负责的主管人员和其他直接责任人员，可以处以2000元以上2万元以下的罚款；属于国家工作人员的，还应当由其所在单位或者有关单位依法给予行政处分。

(二) 违反《刑法》的法律责任

会计人员违反《刑法》的行为主要有：

(1) 伪造、变造会计凭证、会计账簿，编制虚假财务会计报告，构成犯罪的，依法追究刑事责任。未构成犯罪的，由县级以上人民政府财政部门予以通报，可以对单位并处5 000元以上10万元以下的罚款；对其直接负责的主管人员和其他直接责任人员，可以处以3 000元以上5万元以下的罚款；属于国家工作人员的，还应当由其所在单位或者有关单位依法给予撤职直至开除的行政处分；对其中的会计人员，由县级以上人民政府财政部门吊销会计从业资格证书。

(2) 隐匿或者故意销毁依法应当保存的会计凭证、会计账簿、财务会计报告，构成犯罪的，依法追究刑事责任。未构成犯罪的，由县级以上人民政府财政部门予以通报，可以对单位并处5000元以上10万元以下的罚款；对其直接负责的主管人员和其他直接责任人员，可以处以3000元以上5万元以下的罚款；属于国家工作人员的，还应当由其所在单位或者有关单位依法给予撤职直至开除的行政处分；对其中的会计人员，由县级以上人民政府财政部门吊销会计从业资格证书。

(3) 授意、指使、强令会计机构、会计人员及其他人员伪造、变造会计凭证、会计账簿，编制虚假财务会计报告或者隐匿、故意销毁依法应当保存的会计凭证、会计账簿、财务会计报告，构成犯罪的，依法追究刑事责任。未构成犯罪的，可以对单位并处 5 000 元以上 5 万元以下的罚款；属于国家工作人员的，还应当由其所在单位或者有关单位依法给予降级、撤职、开除的行政处分。

第四节　会 计 档 案

会计档案是指会计凭证、会计账簿和财务会计报告等会计核算专业材料，是记录和反映单位经济业务的重要资料和证据。会计档案是国家档案的重要组成部分，也是各单位的重要档案之一，对于总结经济工作，加强经济管理，查验经济财务问题，防止贪污舞弊具有重要作用。各级人民政府部门和档案行政管理部门共同负责会计档案工作的指导、监督和检查。各单位必须加强对会计档案管理工作的领导，建立会计档案的立卷、归档、保管、查阅和销毁等管理制度，保证会计档案妥善保管，有序存放、方便查阅，严防毁损、散失和泄密。

各单位的会计人员要按照国家和上级关于会计档案管理办法的规定和要求，对本单位的各种会计凭证、会计账簿、会计报表、财务计划、单位预算和重要的经济合同等会计资料，定期收集，审查核对，整理立卷，编制目录，装订成册。具体的归档要求如下：

一、会计档案的立卷与归档

会计档案可以分为四类，一是会计凭证类，包括原始凭证、记账凭证、汇总凭证和其他会计凭证；二是会计账簿类，包括总账、明细账、日记账、固定资产卡片、辅助账簿和其他会计账簿；三是财务报告类，包括中期、年度和其他财务报告。财务报告中包括会计报表主表、附表、附注及文字说明；四是其他类，包括银行存款余额调节表、银行对账单、会计档案移交清册、会计档案保管清册，会计档案销毁清册和其他应当保存的会计核算专业资料。

各单位每年形成的会计档案，应当由会计机构按照归档要求，负责整理立卷，装订成册，编制会计档案保管清册。当年形成的会计档案，在会计年度终了后，可暂由会计机构保管一年，期满之后，应当由会计机构编制移交清册，移交本单位档案机构统一保管；未设立档案机构的，应当在会计机构内部指定专人保管。出纳人员不得兼管会计档案。

移交本单位档案机构保管的会计档案，原则上应当保持原卷册的封装。个别需要拆封重新整理的，档案机构应当会同会计机构和经办人员共同拆封整理，以分清责任。

二、会计档案的调阅

财政部和国家档案局发布的《会计档案管理办法》规定，各单位保存的会计档案不得借出。如有特殊需要，经本单位负责人批准，可以提供查阅或者复制，并办理登记手续。单位应设置“会计档案调阅登记簿”，详细登记调阅日期、调阅人、调阅理由、归还日期等。本单位人员调阅会计档案，需经会计主管人员同意。外单位人员调阅或复制会计档案，要有正式单位介绍信，经本单位负责人批准。查阅或者复制会计档案的人员，严禁在会计档案上涂画、拆封和抽换。

三、会计档案的移交

单位之间交接会计档案的，交接双方应当办理会计档案交接手续。移交会计档案的单位，应当编制会计档案移交清册，列明应当移交的会计档案名称、卷名、册数、起止年度和档案编号、应保管期限和已保管期限等内容。

交接会计档案时，交接双方应当按照会计档案移交清册所列内容逐项交接，并由交接双方的单位负责人负责监交。交接完毕后，交接双方经办人和监交人应当在会计档案移交清册上签名或者盖章。

四、会计档案的保管期限

会计档案的保管期限，根据保管资料的具体情况，分为永久、定期两类。其中年度财务会计报告、会计档案保管清册、会计档案销毁清册、会计档案鉴定意见书为永久保管会计档案，其他为定期保管会计档案。定期保管期限分为 10 年和 30 年两种。会计档案的保管期限从会计年度终了后的第一天算起。各类会计档案的保管期限原则上应当按照表 12-1 执行。该表规定的会计档案保管期限为最低保管期限。

表 12-1　企业和其他组织会计档案保管期限表

序号	档案名称	保管期限	备　注
一	会计凭证		
1	原始凭证	30 年	
2	记账凭证	30 年	
二	会计账簿		
3	总账	30 年	
4	明细账	30 年	
5	日记账	30 年	
6	固定资产卡片		固定资产报废清理后保管 5 年
7	其他辅助性账簿	30 年	
三	财务会计报告		
8	月度、季度、半年度财务会计报告	10 年	
9	年度财务会计报告	永久	
四	其他会计资料		
10	银行存款余额调节表	10 年	
11	银行对账单	10 年	
12	纳税申报表	10 年	
13	会计档案移交清册	30 年	
14	会计档案保管清册	永久	
15	会计档案销毁清册	永久	
16	会计档案鉴定意见书	永久	

五、会计档案的销毁

会计档案在保管期满后，需要销毁。销毁时必须严格执行会计档案保管的规定，任何人不得随意销毁。保管期满的会计档案，一般可以按照以下程序销毁：

(1) 由本单位档案机构会同会计机构提出销毁意见，编制会计档案销毁清册，列明销毁会计档案的名称、卷号、册数、起止年度和档案编号、应保管期限、已保管期限、销毁时间等内容。

(2) 单位负责人在会计档案销毁清册上签署意见。

(3) 销毁会计档案时，应当由档案机构和会计机构共同派员监销。国家机关销毁会计档案时，应当由同级财政部门、审计部门派员参加监销。财政部门销毁会计档案时，应当由同级审计部门派员参加监销。

(4) 监销人员在销毁会计档案前，应当按照会计档案销毁清册所列内容清点核对要销毁的会计档案；销毁后，应当在会计档案销毁清册上签名盖章，并将监销情况报告本单位负责人。

应当指出的是，保管期满但未结清的债权债务原始凭证和涉及其他未了事项的原始凭证，不得销毁，应当单独抽出立卷，保管到未了事项完结时为止。单独抽出立卷的会计档案，应当在会计档案销毁清册和会计档案保管清册中列明。正在项目建设期间的建设单位，其保管期满的会计档案不得销毁。

本章小结

本章主要阐述有关会计工作组织的问题。会计工作组织包括会计人员、会计机构和会计档案等内容。从广义上讲，凡是与组织会计工作有关的一切事项都可以包括在会计组织之内。从狭义上讲，会计工作组织仅包括会计人员的配备、会计机构的设置与执行以及会计档案的保管。科学地组织会计工作对全面完成会计任务，充分发挥会计在经济管理中的作用具有重要意义。

会计机构是直接从事和组织领导会计工作的职能部门。建立和健全会计机构是加强会计工作、保证会计工作顺利进行的重要条件。企业、事业等单位都要设置从事会计工作的专职机构。在一些规模小、会计业务简单的单位，如果不单独设置会计机构，应在有关机构中设置会计人员并指定会计主管人员，以保证会计工作的正常进行。会计机构内部应当建立稽核制度。出纳人员不得兼任稽核、会计档案保管和收入、支出、费用、债权债务账目的登记工作。独立核算单位会计工作的组织形式一般分为集中核算和非集中核算两种。

会计人员是从事会计工作、处理会计业务、完成会计任务的人员。会计人员的职责主要有以下几方面：进行会计核算，实行会计监督，拟定本单位办理会计事务的具体办法，参与拟定经济计划、业务计划，考核、分析预算、财务计划的执行情况，办理其他会计事务。从事会计工作的人员必须取得会计从业资格证书。担任单位会计机构负责人的，除取得会计从业资格证书外，还应当具备会计师以上专业技术职务资格或者从事会计工作 3 年以上经历。目前会计专业职务名称定为：会计员、助理会计师、会计师、高级会计师。总会计师是一个行政职位，而不是会计人员专业技术职务。但是，总会计师必须是取得会计师任职资格后，主管一个单位或者在单位内一个重要方面的财务会计工作时间不少于 3 年的会计人员。

会计档案是指会计凭证、会计账簿和会计报表等会计核算专业资料，它是记录和反映经济业务的重要史料和证据。会计档案是国家档案的重要组成部分，也是各单位的重要档案之一。各单位必须加强对会计档案管理工作的领导，建立和健全会计档案的立卷、归档、保管、调阅和销毁等管理制度，切实把会计档案管好。

思考题

1．组织会计工作的意义和要求有哪些?
2．国家对会计机构的设置有何要求?
3．会计人员的职责和权限是什么?
4．何谓会计档案?
5．会计工作组织形式有哪些?

参考文献

[1] 庄明来. 会计信息化教程. 北京：北京师范大学出版社，2007.

[2] 黄正瑞，黄微平. 会计信息系统. 广州：暨南大学出版社，2005.

[3] 杨周南. 初级会计电算化及应试指南. 北京：经济科学出版社，2005.

[4] 王景新，郭新平. 计算机在会计中的应用. 北京：经济管理出版社，2000.

[5] 陈良华，李文，缪云霞. 基于供应链理论的会计信息重构研究. 南京：东南大学出版社，2004.

[6] 中国会计学会. 会计信息化专题(2004). 北京：中国财政经济出版社，2004.